Disfrute gratuitamente **DURANTE UN AÑO** de los eBook y audiolibros de las obras de Editorial Colex*

- Acceda a la página web de la editorial **www.colex.es**
- Identifíquese con su usuario y contraseña. En caso de no disponer de una cuenta regístrese.
- Acceda en el menú de usuario a la pestaña «Mis códigos» e introduzca el que aparece a continuación:

RASCAR PARA VISUALIZAR EL CÓDIGO

- Una vez se valide el código, aparecerá una ventana de confirmación y su eBook y/o audiolibro estará disponible **durante 1 año desde su activación** en la pestaña «Mis libros» en el menú de usuario.

* Los audiolibros están disponibles en las ediciones más recientes de nuestras obras. Se excluyen expresamente las colecciones «Códigos comentados», «Biblioteca digital» y los productos de www.vademecumlegal.es.

No se admitirá la devolución si el código promocional ha sido manipulado y/o utilizado.

¡Gracias por confiar en nosotros!

La obra que acaba de adquirir incluye de forma gratuita la versión electrónica. Acceda a nuestra página web para aprovechar todas las funcionalidades de las que dispone en nuestro lector.

Funcionalidades eBook

Acceso desde cualquier dispositivo con conexión a internet

Idéntica visualización a la edición de papel

Navegación intuitiva

Tamaño del texto adaptable

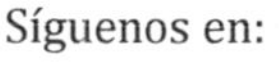

LOS REGÍMENES ESPECIALES EN EL IMPUESTO SOBRE SOCIEDADES

Conozca los principales regímenes especiales del IS y las claves para aplicarlos con éxito

LOS REGÍMENES ESPECIALES EN EL IMPUESTO SOBRE SOCIEDADES

Conozca los principales regímenes especiales del IS y las claves para aplicarlos con éxito

EDICIÓN 2025

Obra realizada por el Departamento de Documentación de Iberley

COLEX 2025

© Editorial Colex, S.L.
Calle Costa Rica, número 5, 3° B (local comercial)
A Coruña, C.P. 15004
info@colex.es
www.colex.es

I.S.B.N.: 979-13-7011-192-2
Depósito legal: C 930-2025

SUMARIO

ANEXO I. CASOS PRÁCTICOS

1.
LOS REGÍMENES TRIBUTARIOS ESPECIALES EN EL IMPUESTO SOBRE SOCIEDADES

Los regímenes tributarios especiales en el Impuesto sobre Sociedades

El Impuesto sobre Sociedades (IS) es un tributo de carácter directo y naturaleza personal que grava la renta de las sociedades y demás entidades jurídicas de acuerdo con las normas de la Ley 27/2014, de 27 de noviembre (LIS). Sin embargo, lo cierto es que no todos los contribuyentes seguirán exactamente el mismo régimen de tributación en el impuesto, puesto que la normativa prevé una serie de **regímenes tributarios especiales** que introducen particularidades más o menos intensas sobre el régimen general, en relación con distintos elementos del impuesto, y que resultarán de aplicación en los supuestos específicos que en cada caso se determinen. Normalmente, su aplicación dependerá de la naturaleza de los sujetos afectados o de la naturaleza de los hechos, actos u operaciones realizados.

El establecimiento de todos estos regímenes especiales responde a muy variadas motivaciones. Por ejemplo, en algunas ocasiones, las especialidades buscarán adaptar el régimen de tributación a las peculiaridades de ciertos sujetos pasivos (piénsese, por ejemplo, en las agrupaciones de interés económico y las uniones temporales de empresas) o a las características específicas de la actividad desarrollada (minería, investigación y explotación de hidrocarburos). Sin embargo, otras veces el objetivo podrá ser combatir la evasión o la elusión fiscal, o bien incentivar la realización de determinadas actividades u operaciones.

Sea como fuere, buena **parte de estos regímenes tributarios especiales se regulan en el título VII de la LIS, pero otros se establecen en leyes específicas**. Ese sería el caso, por ejemplo y entre otros, del régimen fiscal de las cooperativas, recogido en la Ley 20/1990, de 19 de diciembre; del régimen fiscal especial de las entidades sin fines lucrativos, previsto en la Ley 49/2002, de 23 de diciembre; o del régimen especial de las sociedades anónimas cotizadas de inversión en el mercado inmobiliario (SOCIMI), regulado en la Ley 11/2009, de 26 de octubre.

2.
ESTUDIO DE LOS PRINCIPALES REGÍMENES TRIBUTARIOS ESPECIALES EN EL IMPUESTO SOBRE SOCIEDADES

Los principales regímenes especiales aplicables en el IS

Como decimos, la mayoría de los regímenes tributarios especiales del IS se regulan en el título VII de la LIS, que se divide en 16 capítulos, mientras que otros se prevén en normas específicas. En concreto, en los siguientes apartados del índice abordaremos los principales:

- Agrupaciones de interés económico, españolas y europeas, y uniones temporales de empresas.
- Entidades dedicadas al arrendamiento de vivienda.
- Sociedades y fondos de capital-riesgo y sociedades de desarrollo industrial regional.
- Instituciones de Inversión Colectiva.
- Régimen de consolidación fiscal.
- Régimen de las fusiones, escisiones, aportaciones de activos, canje de valores y cambio de domicilio social (régimen FEAC).
- Régimen fiscal de la minería.
- Régimen fiscal de la investigación y explotación de hidrocarburos.
- Transparencia fiscal internacional.
- Entidades de reducida dimensión.
- Régimen fiscal de determinados contratos de arrendamiento financiero.
- Régimen de las entidades de tenencia de valores extranjeros.
- Régimen de las entidades parcialmente exentas.
- Régimen de las comunidades titulares de montes vecinales en mano común.
- Régimen de las entidades navieras en función del tonelaje.

A TENER EN CUENTA. Los regímenes tributarios especiales enumerados hasta ahora se regulan en los diferentes capítulos en los que se divide el título VII de la LIS. Las normas contenidas en tal título se aplicarán, con carácter preferente, respecto de las previstas en el resto de los títulos de la LIS, que tendrán carácter supletorio.

- Régimen fiscal de las cooperativas, previsto en la Ley 20/1990, de 19 de diciembre.
- Régimen fiscal de las entidades sin fines lucrativos de la Ley 49/2002, de 23 de diciembre.
- Régimen fiscal de Canarias.
- Régimen fiscal de las Illes Balears.
- Régimen de las sociedades anónimas cotizadas de inversión en el mercado inmobiliario (SOCIMI), regulado en la Ley 11/2009, de 26 de octubre.
- Otros.

CUESTIÓN

¿La LIS regula los mismos regímenes especiales que contemplaba el antiguo Real Decreto Legislativo 4/2004, de 5 de marzo (TRLIS)?

No, el TRLIS regulaba dos regímenes tributarios especiales que la LIS no contempla: el régimen de las sociedades patrimoniales y el de las entidades deportivas.

Por lo que se refiere en concreto al régimen de las sociedades patrimoniales, el TRLIS lo reguló en su capítulo VI del título VII, aunque dicho régimen especial fue derogado antes incluso que el propio TRLIS, por la disposición derogatoria segunda de la LIRPF y con efectos para los períodos impositivos iniciados a partir de 1 de enero de 2007.

2.1. Agrupaciones de interés económico españolas

Disposiciones comunes de aplicación a las agrupaciones de interés económico y uniones temporales de empresas

Debemos comenzar señalando una serie de reglas que resultan de aplicación tanto a las agrupaciones de interés económico, españolas o europeas, como a las uniones temporales de empresas. Estas reglas comunes se encuentran en los artículos 46 y 47 de la LIS y en el artículo 46 del RIS.

Criterios de imputación

El artículo 46 de la LIS señala que las imputaciones se efectuarán a las personas o entidades que ostenten los derechos económicos inherentes a la cualidad de socio o de empresa miembro el día de la conclusión del período impositivo de la entidad sometida al presente régimen, en la proporción que resulte de los estatutos de la entidad.

La imputación se efectuará:

- Cuando los socios o empresas miembros sean entidades sometidas a este régimen, en la fecha de finalización del período impositivo de la entidad sometida a este régimen.
- En los demás supuestos, en el siguiente período impositivo, salvo que se decida hacerlo de manera continuada en la misma fecha de finalización del período impositivo de la entidad sometida a este régimen.

La opción se manifestará en la primera declaración del impuesto en que haya de surtir efecto y deberá mantenerse durante tres años.

|| Identificación de socios o empresas miembros

Las entidades a las que resulte de aplicación el régimen especial del capítulo III, del título VII de la LIS deberán presentar, conjuntamente con su declaración del IS, una relación de las personas que ostenten derechos inherentes o la cualidad de socio o empresa miembro el último día de su período impositivo, así como la proporción en la que cada una de ellas participe en los resultados de dichas entidades. Deberán incluir en la memoria de las cuentas anuales, conforme dispone el artículo 46 del RIS la siguiente información:

- Identificación, domicilio fiscal y porcentaje de participación de los socios o de las personas o entidades que ostenten los derechos económicos inherentes a la cualidad de socio.
- Importe total de las cantidades a imputar a las personas o entidades que ostenten los derechos inherentes o la cualidad de socio o empresa miembro que sean residentes en territorio español o no residentes con establecimiento permanente en el mismo, relativas a los siguientes conceptos:
  - » Resultado contable.
  - » Gastos financieros netos no deducidos por la entidad.
  - » Reserva de capitalización no aplicada por la entidad.
  - » Base imponible, minorada o incrementada, en su caso, en las cantidades derivadas de la aplicación de la reserva de nivelación.
  - » Base de las deducciones para evitar la doble imposición internacional y, en su caso, porcentaje de participación en la entidad de al que procede la renta.
  - » Base de las bonificaciones.
  - » Base de las deducciones para incentivar la realización de determinadas actividades, así como en su caso la base de la deducción por inversiones en elementos del inmovilizado material nuevos.
  - » Retenciones e ingresos a cuenta correspondientes a la agrupación de interés económico.

- Dividendos y participaciones en beneficios distribuidos con cargo a reservas, distinguiendo los que correspondan a ejercicios en que a la entidad no le hubiese sido aplicable el régimen especial.

Especialidades aplicables a las agrupaciones de interés económico españolas

Las especialidades aplicables a las agrupaciones de interés económico españolas se encuentran reguladas en el artículo 43 de la LIS. Con relación a estas agrupaciones se aplicarán las normas generales del Impuesto de Sociedades con las siguientes especialidades:

- Estarán sujetas a las obligaciones tributarias derivadas de la aplicación de la LIS, a excepción del pago de la deuda tributaria por la parte de base imponible imputable a los socios residentes en territorio español. En el supuesto de que la entidad aplique la modalidad de pagos fraccionados del artículo 40.3 de la LIS, la base del cálculo no incluirá la parte de la base imponible atribuible a los socios que deban soportar la imputación de la base imponible. En ningún caso procederá la devolución a que se refiere el artículo 41 de la LIS en relación con esa misma parte.
- Se imputarán a sus socios residentes en territorio español o no residentes con establecimiento permanente en el mismo:
  - » Los gastos financieros netos que, conforme con el artículo 16 de la LIS, no hayan sido objeto de deducción en estas entidades en el período impositivo. Los gastos financieros netos que se imputen a sus socios no serán deducibles por la entidad.
  - » La reserva de capitalización que, de acuerdo con lo dispuesto en el artículo 25 de la LIS, no haya sido aplicada por estas entidades en el período impositivo. La reserva de capitalización que se impute a sus socios no podrá ser aplicada por la entidad, salvo que el socio sea contribuyente del IRPF.
  - » Las bases imponibles positivas, minoradas o incrementadas, en su caso, en la reserva de nivelación a que se refiere el artículo 105 de la LIS, o negativas obtenidas por estas entidades. Las bases imponibles negativas que se imputen a sus socios no serán compensables por la entidad que las obtuvo.
  - » Las bases de las deducciones y de las bonificaciones en la cuota a las que tenga derecho la entidad. Las bases de las deducciones y bonificaciones se integrarán en la liquidación de los socios, minorando la cuota según corresponda por aplicación de las normas del IS o del IRF.
  - » Las retenciones e ingresos a cuenta correspondientes a la entidad.

A TENER EN CUENTA. La reserva de nivelación a que se refiere el artículo 105 de la LIS se adicionará, en su caso, a la base imponible de la agrupación de interés económico.

En los supuestos de dividendos y participaciones en beneficios que correspondan a socios que deban soportar la imputación de la base imponible y procedan de períodos impositivos durante los cuales la entidad se hallase en el presente régimen, no tributarán ni por el IS ni por el IRPF. El importe de estos dividendos o participaciones en beneficios no se integrará en el valor de adquisición de las participaciones de los socios a quienes hubiesen sido imputadas. Tratándose de los socios que adquieran las participaciones con posterioridad a la imputación, se disminuirá en dicho importe.

A los efectos de esta no tributación de los dividendos y participaciones en beneficios las agrupaciones deberán incluir en la memoria de las cuentas anuales la siguiente información:

- Beneficios aplicados a reservas que correspondan a períodos impositivos en los que tributaron en régimen general.
- Beneficios aplicados a reservas que correspondan a períodos impositivos en los que tributaron en el régimen especial, distinguiendo entre los que correspondieron a socios residentes en territorio español de aquellos que correspondieron a socios no residentes en territorio español.
- En caso de distribución de dividendos y participaciones en beneficios con cargo a reservas, designación de la reserva aplicada de entre las tres a las que, por la clase de beneficios de los que procedan, se refieren los puntos anteriores.

Estas menciones en la memoria anual deberán ser efectuadas mientras existan reservas que correspondan a períodos impositivos en los que tributaron en el régimen especial, aun cuando la entidad no tribute en el régimen especial.

CUESTIÓN

¿Cómo tributan los socios en el caso de que no residan en territorio español?

En este caso los dividendos y participaciones en beneficios que correspondan a socios no residentes en territorio español tributarán en tal concepto, de conformidad con la LIRNR y los convenios para evitar la doble imposición suscritos por España.

En la transmisión de participaciones en el capital, fondos propios o resultados de entidades acogidas al presente régimen, el valor de adquisición se incrementará en el importe de los beneficios sociales que, sin efectiva distribución, hubiesen sido imputados a los socios como rentas de sus participaciones en el período de tiempo comprendido entre su adquisición y transmisión.

Así mismo, el valor de adquisición minorará en el importe de las pérdidas sociales que hayan sido imputadas a los socios. No obstante, cuando así lo establezcan los criterios contables, el valor de adquisición se minorará en el importe de los gastos financieros, las bases imponible negativas, la reserva de capitalización, y las deducciones y bonificaciones, que hayan sido imputadas a los socios en el período de tiempo comprendido entre su adquisición y transmisión, hasta que se anule el referido valor, integrándose en la base imponible igualmente el correspondiente ingreso financiero.

El régimen especial de las agrupaciones españolas de interés económico no será aplicable en aquellos períodos impositivos en que se realicen actividades distintas de las adecuadas a su objeto o se posean directa o indirectamente, participaciones en sociedades que sean socios suyos, o dirijan o controlen, directa o indirectamente las actividades de sus socios o terceros.

RESOLUCIÓN ADMINISTRATIVA

Consulta vinculante del Dirección General de Tributos (V1922-24), de 3 de septiembre de 2024

Asunto: Aplicación de la deducción del art. 35 de la LIS en el caso de agrupaciones de interés económico domiciliadas en Canarias

«En virtud de lo anterior, dado que la AIE no tributará por el Impuesto sobre Sociedades, por la parte de base imponible imputable a los socios residentes en territorio español y dado que la misma imputa, entre otras, sus bases de deducción a sus socios, son éstos quienes deberán aplicar la deducción por actividades de I+D+i, en sus respectivas autoliquidaciones, sobre las respectivas bases de deducción que les hubieran sido imputadas.

Al respecto, es preciso traer a colación en este punto el criterio manifestado por este Centro Directivo, en su consulta vinculante V2889-14, de 29 de octubre de 2014, en la que, tratándose de una AIE con domicilio fiscal en Canarias que lleva a cabo actividades de I+D+i, se establece que a la parte de la base de deducción que se corresponda con inversiones y gastos realizados en Canarias, y que se impute a los socios de la AIE, se le aplicará un porcentaje de deducción superior en un 80% al porcentaje de deducción aplicable en régimen común con un diferencial mínimo de 20 puntos porcentuales, siempre que los socios de la AIE sean personas físicas o jurídicas, residentes en Canarias, o entidades que cuentan con un establecimiento en territorio canario. En particular, siguiendo lo dispuesto en la referida consulta, "(...) se entenderá que las inversiones que se incluyen en la base de la deducción prevista en el artículo 35 del TRLIS, se han realizado en Canarias cuando los activos en los que se materialicen estén situados o se reciban en el archipiélago canario, sean utilizados en el mismo y se encuentren afectos a las actividades I+D+i desarrolladas en el territorio canario. Asimismo, se entenderá que los gastos que forman parte de la base de dicha deducción se han realizado en Canarias cuando tengan como destino el desarrollo de las actividades de I+D+i llevadas a cabo en dicho territorio."

En virtud de todo lo anterior, en el supuesto concreto planteado, la entidad consultante es socio de una AIE cuyo domicilio fiscal está en Canarias y dicha agrupación desarrolla una actividad de I+D+i, realizando inversiones y gastos en I+D+i en el archipiélago canario. Sin embargo, la consultante no es residente fiscal en Canarias ni cuenta con un establecimiento en territorio canario, por lo que no podrá aplicar los porcentajes de deducción incrementados en un 80%, con un diferencial mínimo de 20 puntos porcentuales, respecto de los aplicables en régimen común (artículo 35 LIS), ni los límites de aplicación de la deducción incrementados en un 80%, con un diferencial mínimo de 35 puntos porcentuales, respecto de los aplicables en régimen común (artículo 39 LIS), por cuanto a los socios de las AIE, residentes en España, se les imputan bases de deducción no deducciones».

Especialidades aplicables a las agrupaciones de interés económico europeas

El artículo 44 de la LIS recoge las especialidades del IS para las agrupaciones europeas de interés económico reguladas en el Reglamento (CEE) n.° 2137/85 del Consejo, de 25 de julio de 1985, y de sus socios. A estas agrupaciones, además de las especialidades que el artículo 43 de la LIS establece para las agrupaciones españolas, también les será de aplicación las siguientes especialidades:

- Estarán sujetas a las obligaciones tributarias derivadas de la aplicación de la LIS, a excepción del pago de la deuda tributaria. Estas entidades no efectuarán los pagos fraccionados a los que se refiere el artículo 40 de la LIS, ni tampoco procederá para ellas la devolución regulada en el artículo 41 de la LIS.
- Si la entidad no es residente en territorio español, sus socios residentes en España integrarán la base imponible del IS o del IRPF, según proceda, la parte correspondiente de los beneficios o pérdidas determinadas en la agrupación, corregidas por la aplicación de las normas para determinar la base imponible establecida en la LIS. Cuando la actividad realizada por los socios a través de la agrupación hubiera dado lugar a la existencia de un establecimiento permanente en el extranjero, serán de aplicación las normas previstas en la LIS o en el respectivo convenio para evitar la doble imposición internacional suscrito por España.
- Los socios no residentes en territorio español, con independencia de que la entidad resida en España o fuera de ella, estarán sujetos por el Impuesto sobre la Renta de no Residentes únicamente si, de acuerdo con lo establecido en el artículo 13 de la LIRNR o en el respectivo convenio de doble imposición internacional, resultase que la actividad realizada por aquéllos a través de la agrupación da lugar a la existencia de un establecimiento permanente en dicho territorio.
- Los beneficios imputados a los socios no residentes en territorio español que hayan sido sometidos a tributación en virtud de normas del IRNR no estarán sujetos a tributación por razón de su distribución.

Las especialidades que hemos señalado no resultarán de aplicación en el período impositivo en que la agrupación europea de interés económico realice actividades distintas a las propias de su objeto. Tampoco serán aplicables cuando realice algunas de las siguientes actividades que aparecen prohibidas por el artículo 3.2 del Reglamento (CEE) n.° 2137/85, del Consejo, de 25 de julio de 1985:

- Ejercer, directa o indirectamente, el poder de dirección o de control de actividades propias de sus miembros o de las actividades de otra empresa, en particular en los sectores relativos al personal, las finanzas y las inversiones.
- Poseer, directa o indirectamente, por cualquier título, ninguna participación o acción, en cualquier forma, en una empresa miembro; la posesión de participaciones o de acciones en otra empresa sólo es posible en la medida en que es necesaria para alcanzar el objetivo de la agrupación y si tiene lugar por cuenta de sus miembros.
- Emplear más de quinientos asalariados.
- Ser utilizada por una sociedad para efectuar un préstamo a un directivo de una sociedad, o a cualquiera otra persona relacionada con él, cuando tales préstamos están sujetos a restricción o a control según las leyes de los Estados miembros aplicables a las sociedades. Una

agrupación tampoco debe utilizarse para la transferencia de un bien entre una sociedad y un directivo, o cualquier otra persona relacionada con él excepto en la medida permitida por las leyes de los Estados miembros aplicables a las sociedades.

A TENER EN CUENTA. Para los fines del punto anterior el préstamo engloba cualquier operación de efecto similar y el bien puede tener carácter mobiliario o inmobiliario.

- Ser miembro de otra agrupación europea de interés económico.

Especialidades aplicables a las uniones temporales de empresas

El artículo 45 de la LIS se encarga de regular el régimen especial de las uniones temporales de empresas reguladas en la Ley 18/1982, de 26 de mayo, e inscritas en el registro especial del Ministerio de Hacienda, así como a sus empresas miembros.

CUESTIÓN

¿Qué se entiende por uniones temporales de empresas?

Para los efectos del régimen especial del IS debemos atender al concepto que recoge el artículo séptimo de la Ley 18/1982, de 26 de mayo, el cual establece que tendrá la consideración de unión temporal de empresas el sistema de colaboración entre empresarios por tiempo cierto, determinado o indeterminado para el desarrollo o ejecución de una obra, servicio o suministro.

El artículo séptimo de la Ley 18/1982, de 26 de mayo, establece que la colaboración entre las empresas para que pueda considerarse una unión temporal no puede tener carácter permanente. Los límites a la duración de esta colaboración se encuentran regulados en el artículo octavo de la Ley 18/1982, de 26 de mayo. Con relación a ese carácter temporal se ha pronunciado la consulta vinculante de la Dirección General de Tributos (V0095-20), de 17 de enero de 2020, la cual señala:

> «Al amparo de lo dispuesto en el artículo 8 de la Ley 18/1982 pueden ser miembros de la UTE tanto las personas físicas como las jurídicas, y en ambos casos residentes en territorio nacional o extranjero. El objeto de la UTE ha de concretarse en el desarrollo o ejecución de una obra, servicio o suministro concreto, dentro o fuera del territorio nacional, pudiendo llevar a cabo obras y servicios complementarios y accesorios al objeto principal. Su duración ha de ser idéntica a la de la obra, servicio o suministro que constituye su objeto, no pudiendo exceder de 25 años, sin perjuicio de lo establecido en el artículo 8 arriba señalado.
>
> Debe quedar claro que una UTE no constituye un mecanismo de colaboración permanente entre empresarios. De este modo, si una vez ejecutada la obra o servicio que fundamenta la UTE los empresarios decidieran continuar su colaboración, deberán constituir una UTE con la finalidad de ejecutar cada uno de sus próximos proyectos»

El régimen aplicable en estos supuestos será el previsto en el artículo 43 de la LIS para las agrupaciones de interés económico españolas. Sin embargo, en el caso de las uniones temporal el valor de adquisición se minorará en el importe de las pérdidas sociales que hayan sido imputadas a los socios, sin que sea posible aplicar la regla de valoración prevista en el párrafo segundo del artículo 43.4 de la LIS.

En el caso de que la unión temporal opere en el extranjero, así como las entidades que participen en obras, servicios o suministros que realicen o presten en el extranjero mediante fórmulas de colaboración análogas a las uniones temporales, podrán acogerse por las rentas procedentes del extranjero:

- Exención prevista en el artículo 22 de la LIS para las rentas obtenidas en el extranjero a través de un establecimiento permanente.
- O, a la deducción por doble imposición prevista en el artículo 31 de la LIS.

A TENER EN CUENTA. El régimen especial de las uniones temporales de empresas no será aplicable en aquello períodos impositivos en los que el contribuyente realice actividades distintas a aquellas en que debe consistir su objeto social.

2.2. Entidades dedicadas al arrendamiento de vivienda

El régimen especial de las entidades dedicadas al arrendamiento de vivienda en el Impuesto sobre Sociedades

La Ley 27/2014, de 27 de noviembre, del Impuesto sobre Sociedades (LIS) dedica el capítulo III de su título VII —artículos 48 y 49 de la LIS— al régimen tributario especial de las entidades dedicadas al arrendamiento de vivienda.

Este régimen especial podrá ser aplicado por las **sociedades que tengan como actividad económica principal el arrendamiento de viviendas situadas en territorio español que hayan construido, promovido o adquirido**.

En este sentido hay que destacar lo dispuesto en el artículo 5.1 de la LIS que establece que por actividad económica se entiende la ordenación por cuenta propia de los medios de producción y de recursos humanos o de uno de ambos con la finalidad de intervenir en la producción o distribución de bienes o servicios, especificando que en el supuesto de arrendamiento de inmuebles se entiende que existe actividad económica, únicamente cuando para su ordenación se utilice, al menos, una persona empleada con contrato laboral y jornada completa.

Con relación a este requisito la Dirección General de Tributos en su consulta vinculante (V2329-24), de 8 de noviembre de 2024, aclara:

> «En el caso concreto de arrendamiento de inmuebles, la LIS establece que dicha actividad tiene la condición de económica cuando para su ordenación se utilice, al menos, una persona empleada con contrato laboral y jornada completa.

> En este sentido, es criterio de este Centro Directivo (ver las consultas vinculantes V1437-18, de 29 de mayo de 2018 y la V2705-19, de 3 de octubre de 2019) que no se entenderá cumplido este requisito por el hecho de tener dos o más trabajadores con contrato laboral a media jornada, sino que, al menos, uno de ellos ha de tener contrato laboral a jornada completa».

Se entenderá por «arrendamiento de vivienda» el definido en el apartado 1 del artículo 2 de la Ley 29/1994, de 24 de noviembre, de Arrendamientos Urbanos (LAU), siempre que se cumplan los requisitos y condiciones establecidos en dicha ley para los contratos de arrendamiento de viviendas, es decir, se considera arrendamiento de vivienda **aquel arrendamiento que recae sobre una edificación habitable cuyo destino primordial sea satisfacer la necesidad permanente de vivienda del arrendatario cuando cumpla los requisitos de la LAU.**

Además, se asimilarán a viviendas el mobiliario, los trasteros, las plazas de garaje con el máximo de dos, y cualesquiera otras dependencias, espacios arrendados o servicios cedidos como accesorios de la finca por el mismo arrendador, excluidos los locales de negocio, siempre que unos y otros se arrienden conjuntamente con la vivienda.

Para poder aplicar este régimen especial la LIS exige que se cumplan los siguientes requisitos:

- Que **el número de viviendas arrendadas** u ofrecidas en arrendamiento por la entidad en cada período impositivo **sea como mínimo de 8 viviendas.**
- **Que permanezcan arrendadas** u ofrecidas en arrendamiento **como mínimo 3 años.**

  En el caso de que se incumpliese este requisito, se perdería la bonificación que hubiera correspondido para cada vivienda. Junto con la cuota del período impositivo en el que se produjo el incumplimiento, deberá ingresarse el importe de las bonificaciones aplicadas en la totalidad de los períodos impositivos en los que hubiera resultado de aplicación este régimen especial, sin perjuicio de los intereses de demora, recargos y sanciones que, en su caso, resulten procedentes.
- **Que las actividades de promoción inmobiliaria y de arrendamiento sean objeto de contabilización separada para cada inmueble adquirido o promovido,** con el desglose que resulte necesario para conocer la renta correspondiente a cada vivienda, local o finca registral independiente en que éstos se dividan.
- En el caso de entidades que desarrollen actividades complementarias a la actividad económica principal de arrendamiento de viviendas, que sean susceptibles de generar rentas que tengan derecho a la aplicación de la bonificación a la que se refiere el artículo 49.1 de la LIS alguno de los siguientes porcentajes alternativamente:

  » **Al menos el 55% de las rentas del período impositivo** (excluidas las derivadas de la transmisión de los inmuebles arrendados una vez transcurrido el período mínimo de mantenimiento de 3 años).

» **Al menos el 55% del valor del activo de la entidad.**

La opción por este régimen deberá ser comunicada a la Administración tributaria, y en su virtud, se aplicará este régimen fiscal especial a los siguientes períodos impositivos:

- El período impositivo que finalice con posterioridad a la comunicación.
- Los sucesivos que concluyan antes de que se comunique a la Administración tributaria la renuncia al régimen.

Si a la entidad le resultase de aplicación cualquiera de los otros regímenes especiales regulados en el título VII de la LIS, a excepción del de consolidación fiscal, transparencia fiscal internacional y el de las fusiones, escisiones, aportaciones de activo, canje de valores y el de determinados contratos de arrendamiento financiero, no podrá optar por el régimen de arrendamiento de vivienda.

Sin embargo, las entidades a las que, conforme al artículo 101 de esta ley, les sean de aplicación los incentivos fiscales para las empresas de reducida dimensión previstos en el capítulo XI del título VII de la LIS, podrán optar entre aplicar dichos incentivos o aplicar el régimen regulado en este capítulo.

CUESTIONES

1. A efectos de aplicar este régimen especial, ¿es compatible el arrendamiento de viviendas con la realización de otras actividades complementarias?

Sí, y así lo recoge el apartado 1 del artículo 48 de la LIS que establece la compatibilidad del arrendamiento de viviendas con la realización de otras actividades complementarias, y con la transmisión de los inmuebles arrendados una vez transcurrido el período mínimo de mantenimiento de 3 años.

2. ¿Cómo se computa el plazo de 3 años en el que las viviendas deben permanecer arrendadas u ofrecidas en arrendamiento establecido en el artículo 48.2.b) de la LIS?

Este plazo se computará de la manera siguiente:

» En el caso de viviendas que figuren en el patrimonio de la entidad antes del momento de acogerse al régimen, desde la fecha de inicio del período impositivo en que se comunique la opción por el régimen, siempre que a dicha fecha la vivienda se encontrara arrendada.

» En el caso de viviendas adquiridas o promovidas con posterioridad por la entidad, desde la fecha en que fueron arrendadas por primera vez por ella.

RESOLUCIONES ADMINISTRATIVAS

Consulta vinculante de la Dirección General de Tributos (V1857-24), de 6 de agosto de 2024

Asunto: Análisis de los requisitos para cada período

«En este punto cabe señalar que el cumplimiento de *los requisitos exigidos en el artículo 48.2 de la LIS debe analizarse de manera aislada en cada uno de los períodos impositivos en los que vaya a resultar de aplicación la bonificación prevista en el artículo 49.1 de la LIS*, a excepción del requisito previsto en el artículo 48.2 b) del mismo texto legal. El incumplimiento de alguno de los requisitos previstos en el artículo 48.2 de la LIS (a excepción del contenido en la letra b)) no impedirá que, en los ejercicios futuros, mientras la entidad no renuncie al régimen especial, la consultante pueda aplicar la bonificación prevista en el artículo 49 de la Ley, siempre y cuando cumpla todos los requisitos legalmente establecidos. Asimismo, tal incumplimiento no afectará a las bonificaciones que, en su caso, se hubieran aplicado en períodos impositivos anteriores en los que sí se cumplieron los requisitos legalmente establecidos para la aplicación del régimen especial.

*Respecto al incumplimiento del **requisito establecido en el artículo 48.2 b) de la LIS**, si el consultante incumpliera el plazo mínimo de tres años de arrendamiento, en los términos legalmente establecidos, respecto de alguna de las viviendas arrendadas, **perdería el derecho a la bonificación que la entidad hubiera disfrutado respecto de las rentas derivadas del arrendamiento de la referida vivienda durante todos aquellos períodos impositivos de aplicación del régimen especial** (2019 y 2020). En cuanto al período impositivo en el que tenga lugar el incumplimiento (2021), la entidad deberá ingresar junto con la cuota del IS de dicho período, el importe de las bonificaciones aplicadas en la totalidad de los períodos impositivos anteriores en los que hubiera aplicado el régimen especial, sin perjuicio de los intereses de demora, recargos y sanciones que, en su caso, resulten procedentes. Asimismo, en el período impositivo en el que se produce el incumplimiento (2021), la entidad consultante no podrá aplicar el régimen especial, por lo que la entidad no podrá aplicar la bonificación respecto de ninguna de las rentas obtenidas en dicho período.*

***Si posteriormente** (ejercicio 2022 o siguientes) **se volviesen a cumplir los requisitos** necesarios para la aplicación de la bonificación respecto de alguna de las viviendas anteriormente señaladas (que originaron el incumplimiento), **el régimen especial podría aplicarse de nuevo**, respecto de las rentas derivadas de su arrendamiento, siempre condicionado a que se cumpliesen todos los requisitos legalmente establecidos, y en particular, el requisito del plazo de tres años de la letra b) del apartado 2 del artículo 48 de la LIS.*

En este punto debe señalarse que a efectos del cómputo del plazo mínimo de tres años durante los cuales las viviendas deben permanecer arrendadas u ofrecidas en arrendamiento, únicamente debe tomarse en consideración aquellos períodos en los que ha resultado de aplicación el régimen especial, de manera que si en algún período impositivo se han incumplido los requisitos para su aplicación (ratio de rentas o inversión; contabilización separada; número mínimo de viviendas arrendadas), dicho período no se consideraría computable en el plazo mínimo de tres años, sin perjuicio de que si en períodos posteriores, en tanto la entidad no renuncie al régimen, se deba continuar aplicando el régimen especial, por cumplirse de nuevo los requisitos legalmente establecidos, tales períodos si puedan incluirse en el cómputo».

Consulta vinculante de la Dirección General de Tributos (V2299-23), de 31 de julio de 2023

Asunto: Compatibilidad del régimen especial de las entidades dedicadas al arrendamiento de vivienda con el régimen especial de consolidación fiscal en el caso de un grupo de sociedades

*«Dada la compatibilidad del régimen especial de las entidades dedicadas al arrendamiento de vivienda con el régimen especial de consolidación fiscal, prevista en el apartado 4 del artículo 48 de la LIS, **si el grupo de sociedades aplica el régimen de consolidación fiscal y alguna de las sociedades integrantes del grupo cumple los requisitos para poder aplicar el régimen de las entidades dedicadas al arrendamiento de viviendas, ambos regímenes no son incompatibles, y pueden aplicarse simultáneamente.** En este sentido, los requisitos para la aplicación del régimen de las entidades dedicadas al arrendamiento de viviendas han de cumplirse por parte de aquellas sociedades del grupo, individualmente consideradas, que tengan la intención de acogerse al mismo, sin que se tengan en cuenta las actividades y rentas del resto de entidades que integran el grupo fiscal.*

Así, la bonificación regulada en el régimen especial de arrendamiento de viviendas, prevista en el capítulo III del Título VII de la LIS, no está incluida en el artículo 71 de la LIS, entre las bonificaciones cuyos requisitos deben cumplirse referidos al grupo fiscal.

Por tanto, ***los requisitos para la aplicación del régimen de las entidades dedicadas al arrendamiento de viviendas han de cumplirse por parte de cada una de las sociedades del grupo que tengan la intención de acogerse al mismo, sin que se tengan en cuenta las actividades, las rentas y los activos del resto de entidades que integran el grupo fiscal.***

En virtud de lo anterior, en caso de tributación en el régimen especial de consolidación fiscal, la bonificación del artículo 49 de la LIS, correspondiente a cada una de las sociedades del grupo que haya optado por la aplicación del régimen especial de entidades dedicadas al arrendamiento de vivienda, se aplicará sobre la cuota íntegra del grupo fiscal, determinada según las normas que establece el régimen especial de consolidación fiscal, y se aplicará sobre la parte de dicha cuota íntegra que se corresponda con las rentas positivas derivadas del arrendamiento de viviendas de la sociedad del grupo respecto de todas las rentas positivas que integran la base imponible del período impositivo del grupo.

Para determinar qué parte de la cuota íntegra del grupo fiscal corresponde a dichas rentas, se determinará la proporción que representan las rentas derivadas del arrendamiento de viviendas de la sociedad del grupo acogida al régimen especial de las entidades dedicadas al arrendamiento de viviendas respecto de todas las rentas positivas que integran la base imponible del período impositivo del grupo, por cuanto solamente las rentas positivas generan cuota íntegra.

En este punto debe señalarse que, de acuerdo con lo establecido en el artículo 62 de la LIS, anteriormente transcrito, en la determinación de la base imponible del grupo fiscal se tendrán en cuenta las eliminaciones de resultados por operaciones internas efectuadas en el período impositivo; resultados eliminados que se incorporarán a la base imponible del grupo fiscal cuando se realicen frente a terceros, siguiendo lo dispuesto en el artículo 64 de la LIS».

Bonificaciones en el régimen especial de las entidades dedicadas al arrendamiento de vivienda

En cuanto a las **bonificaciones** por la tributación en este régimen fiscal, el art. 49 de la LIS establece que tendrá una bonificación del 40 % la parte de cuota íntegra que corresponda a las rentas derivadas del arrendamiento de viviendas que cumplan los requisitos del art. 48 de LIS. Esta bonificación será incompatible, en relación con las rentas bonificadas, con la reserva de capitalización prevista en el artículo 25 de la ley.

A TENER EN CUENTA. El artículo 49 de la LIS ha sido modificado por la Ley 22/2021, de 28 de diciembre, de Presupuestos Generales del Estado para el año 2022, disminuyendo el porcentaje de la bonificación del 85 % al 40 % para aquellos períodos impositivos iniciados a partir del 1 de enero de 2022.

La renta que se bonifica derivada del arrendamiento estará integrada para cada vivienda por el ingreso íntegro obtenido, minorado en los gastos fiscalmente deducibles directamente relacionados con la obtención de dicho ingreso y en la parte de los gastos generales que correspondan proporcionalmente al citado ingreso, es decir:

Renta bonificada = Ingreso íntegro obtenido - (Gastos fiscalmente deducibles relacionados con la obtención de dicho ingreso + Parte proporcional de los gastos generales correspondientes al ingreso)

Cuando se trata de viviendas adquiridas en virtud de los **contratos de arrendamiento financiero** a los que se refiere el capítulo XII del título VII de la LIS (aquellos en los que el arrendador sea una entidad de crédito o un establecimiento financiero), a la hora de calcular la renta que se bonifica no se tendrán en cuenta las correcciones derivadas de la aplicación del citado régimen especial.

Por otra parte, en el caso de dividendos o participaciones en beneficios distribuidos con cargo a las rentas a las que haya resultado de aplicación la bonificación, la exención prevista en el artículo 21 de la LIS (exención sobre dividendos y rentas derivadas de la transmisión de valores representativos de los fondos propios de entidades residentes y no residentes en territorio español) se aplicará sobre el 50% de su importe. No serán objeto de eliminación dichos dividendos o participaciones en beneficios cuando la entidad tribute en el régimen de consolidación fiscal. A estos efectos, se considerará que el primer beneficio distribuido procede de rentas no bonificadas.

El último párrafo del artículo 49 de la LIS regula otra especialidad para el caso de rentas derivadas de la transmisión de participaciones en el capital de entidades que hayan aplicado este régimen fiscal, disponiendo que, si bien se aplicarán las reglas generales del Impuesto sobre Sociedades, en el caso de que proceda la aplicación del artículo 21 de la LIS, la parte de la renta que se corresponda con reservas procedentes de beneficios no distribuidos bonificados, tendrá derecho a la exención prevista en el mismo sobre el 50% de dichas reservas. No serán objeto de eliminación dichas rentas cuando la transmisión corresponda a una operación interna dentro de un grupo fiscal.

CUESTIONES

¿Qué se entiende por ingreso íntegro obtenido por el arrendamiento de viviendas?

En palabras de la **Dirección General de Tributos en su consulta vinculante (V1857-24), de 6 de agosto de 2024**, «*(...) este ingreso íntegro es el obtenido por el arrendamiento de las viviendas tal y como se define en el artículo 2.1 de la Ley 29/1994, es decir, por el arrendamiento propiamente dicho, percibido, en principio, del arrendatario cuya necesidad permanente de vivienda se trata de satisfacer con la edificación correspondiente*».

2.3. Sociedades y fondos de capital-riesgo y sociedades de desarrollo industrial regional

Las entidades de capital-riesgo

Las entidades de capital-riesgo (ECR) son entidades de inversión colectiva de tipo cerrado que obtienen capital de una serie de inversores por medio de una actividad comercial cuyo fin mercantil es generar ganancias o rendimientos para los inversores.

La Ley 22/2014, de 12 de noviembre, define las entidades de capital-riesgo en el apartado primero del artículo 3 indicando que «*se entenderá por entidades de capital-riesgo (ECR) aquellas entidades de inversión colectiva de tipo cerrado que obtienen capital de una serie de inversores mediante una actividad comercial cuyo fin mercantil es generar ganancias o rendimientos para los inversores y cuyo objeto principal viene definido en el artículo 9 de esta Ley*».

Las ECR son entidades que han de ser gestionadas por sociedades gestoras autorizadas conforme a lo dispuesto en la Ley 22/2014, de 12 de noviembre, pudiendo adoptar la forma jurídica de sociedades de capital riesgo o de fondos de capital riesgo.

> **A TENER EN CUENTA**. En virtud de lo dispuesto en el artículo 4 de la Ley 22/2014, de 12 de noviembre, «*se entenderá por entidades de inversión colectiva de tipo cerrado (EICC) aquellas entidades de inversión colectiva que, careciendo de un objetivo comercial o industrial, obtienen capital de una serie de inversores, mediante una actividad de comercialización, para invertirlo en todo tipo de activos financieros o no financieros, con arreglo a una política de inversión definida*».

El régimen jurídico de las sociedades de capital-riesgo se encuentra en los artículos 26 a 29 de la Ley 22/2014, de 12 de noviembre, y el de los fondos de capital riesgo en el artículo 30 y siguientes de la misma. Por su parte, el artículo 50 de la LIS establece una exención en el impuesto respecto a dichas sociedades.

|| Actividad

Por lo que respecta a la actividad de las ECR, esta se encuentra regulada en los artículos 9 y 10 de la Ley 22/2014, de 12 de noviembre.

Su **actividad principal** consiste en la toma de participaciones temporales en el capital de empresas de naturaleza no inmobiliaria ni financiera que, en el momento de la toma de participación, no coticen en el primer mercado de bolsas de valores o en cualquier otro mercado regulado equivalente de la Unión Europea o del resto de países miembros de la OCDE.

Además de lo anterior, pueden extender su objeto principal a:

- La inversión en valores emitidos por empresas cuyo activo esté constituido en más de un 50 % por inmuebles. Esto siempre que al menos los inmuebles que representen el 85 % del valor contable total de los inmuebles de la entidad participada estén afectos, ininterrumpidamente durante el tiempo de tenencia de los valores, al desarrollo de una actividad económica en los términos previstos en la LIRPF.
- La toma de participaciones temporales en el capital de empresas no financieras que coticen en el primer mercado de bolsas de valores o en cualquier otro mercado regulado equivalente de la Unión Europea o del resto de países miembros de la OCDE, siempre y cuando tales empresas sean excluidas de la cotización dentro de los 12 meses siguientes a la toma de la participación.

- La inversión en otras ECR, conforme a lo dispuesto en la Ley 22/2014, de 12 de noviembre.
- La inversión en entidades financieras cuya actividad se encuentre sustentada principalmente en la aplicación de tecnología a nuevos modelos de negocio, aplicaciones, procesos o productos.

Para desarrollar su objeto social principal, las ECR podrán realizar **actividades complementarias** como:

- Conceder préstamos participativos y otras formas de financiación.
- Realizar actividades de asesoramiento a empresas que constituyan el objeto principal de inversión de las ECR, estén o no participadas por las propias ECR.

A TENER EN CUENTA. En el caso de los fondos de capital-riesgo o FCR, las actividades complementarias anteriores se realizarán por las sociedades gestoras y en el caso de las SCR, podrán ser realizadas por ellas mismas o por sus sociedades gestoras.

Tanto las SCR, dentro de su objeto social, como las FCR, dentro de su objeto principal, no podrán desarrollar actividades que no se encuentren amparadas en la Ley 22/2014, de 12 de noviembre.

|| Sociedades de capital-riesgo (SCR)

Las SCR son aquellas entidades de capital-riesgo que revisten la forma de sociedades anónimas. Se rigen por la Ley 22/2014, de 12 de noviembre, y en lo no previsto en esta, por la LSC.

Las SCR podrán realizar las actividades contempladas en los artículos 9 y 10 de la Ley 22/2014, de 12 de noviembre, por ellas mismas o a través de una SGEIC. Esto es, podrán realizar las actividades mencionadas en el apartado anterior respecto de las ECR.

|| Fondos de capital-riesgo o FCR

El artículo 30 de la Ley 22/2014, de 12 de noviembre, define los FCR como «*patrimonios separados sin personalidad jurídica, pertenecientes a una pluralidad de inversores, cuya gestión y representación corresponde a una sociedad gestora, que ejerce las facultades de dominio sin ser propietaria del fondo*».

Las actividades que realizarán los FCR son la principal y complementarias previstas para las ECR —artículos 9 y 10 de la Ley 22/2014, de 12 de noviembre— y mencionadas anteriormente. Su realización corresponde a la sociedad gestora.

Sociedades de desarrollo industrial regional

Las sociedades de desarrollo industrial regional se encuentran reguladas en la Ley 18/1982, de 26 de mayo. Son sociedades de carácter público dedicadas a promover la actividad industrial de una determinada región.

Regulación en el Impuesto sobre Sociedades del régimen especial

En el capítulo IV de la LIS se regulan exenciones respecto de las ECR y sus socios, así como de las sociedades de desarrollo industrial regional, siendo su régimen como se detalla a continuación.

|| ECR y sus socios

El artículo 50 de Ley 27/2014, de 27 de noviembre, del Impuesto sobre Sociedades establece, en su primer apartado que «*las **entidades de capital-riesgo**, reguladas en la Ley 22/2014, de 12 de noviembre, por la que se regulan las entidades de capital-riesgo, otras entidades de inversión colectiva de tipo cerrado y las sociedades gestoras de entidades de inversión colectiva de tipo cerrado, y por la que se modifica la Ley 35/2003, de 4 de noviembre, de Instituciones de Inversión Colectiva, **estarán exentas en el 99 por ciento de las rentas positivas que obtengan en la transmisión de valores representativos de la participación en el capital o en fondos propios de las entidades de capital-riesgo** a que se refiere el artículo 3 de la Ley 22/2014, **en relación con aquellas rentas que no cumplan los requisitos establecidos en el artículo 21 de esta Ley**, siempre que la transmisión se produzca a partir del inicio del segundo año de tenencia computado desde el momento de adquisición o de la exclusión de cotización y hasta el decimoquinto, inclusive*».

Excepcionalmente, podrá admitirse una ampliación de este último plazo, hasta el vigésimo año, inclusive. Reglamentariamente se determinarán los supuestos, condiciones y requisitos que habilitan para dicha ampliación.

Con excepción del supuesto previsto en el párrafo anterior, **no se aplicará la exención en el primer año y a partir del decimoquinto.**

Además, el artículo 50.1, en sus párrafos cuarto y quinto, establece **otras condiciones para la aplicación de dicha exención:**

- Tratándose de rentas que se obtengan en la transmisión de valores representativos de la participación en el capital o en fondos propios de las empresas a que se refiere el artículo 9.2.a) de Ley 22/2014, de 12 de noviembre, que no cumplan los requisitos establecidos en el artículo 21 de la LIS, **la aplicación de la exención quedará condicionada a que, al menos, los inmuebles que representen el 85 % del valor contable total de los inmuebles de la entidad participada estén afectos, ininterrumpidamente durante el tiempo de tenencia de los valores, al desarrollo de una actividad económica** en los términos previstos en el IRPF, distinta de la financiera, tal y como se define en la Ley 22/2014, de 12 de noviembre.
- **En el caso de que la entidad participada acceda a la cotización en un mercado de valores regulado,** la aplicación de la exención prevista en los párrafos anteriores quedará condicionada a que la ECR proceda a transmitir su participación en el capital de la empresa participada en un plazo no superior a 3 años, contados desde la fecha en que se hubiera producido la admisión a cotización de esta última.

Las entidades de capital-riesgo, podrán aplicar la exención prevista en el apartado 1 del artículo 21 de la LIS a los dividendos y participaciones en beneficios que procedan de las sociedades o entidades que promuevan o fomenten, cualquiera que sea el porcentaje de participación y el tiempo de tenencia de las acciones o participaciones.

Los **dividendos o participaciones en beneficios percibidos por los socios de las ECR tendrán el siguiente tratamiento**:

- Darán derecho a la exención prevista en el apartado 1 del artículo 21 de la LIS cualquiera que sea el porcentaje de participación y el tiempo de tenencia de las acciones o participaciones, cuando su perceptor sea un contribuyente de este Impuesto o del Impuesto sobre la Renta de no Residentes con establecimiento permanente en España.
- No se entenderán obtenidas en territorio español cuando su perceptor sea una persona física o entidad contribuyente del Impuesto sobre la Renta de no Residentes sin establecimiento permanente en España.

Respecto a las **rentas positivas puestas de manifiesto en la transmisión o reembolso de acciones o participaciones representativas del capital o los fondos propios de las ECR, estas:**

- Darán derecho a la exención prevista en el apartado 3 del artículo 21 de la LIS, cualquiera que sea el porcentaje de participación y el tiempo de tenencia de las acciones o participaciones, cuando su perceptor sea un contribuyente de este impuesto o del Impuesto sobre la Renta de no Residentes con establecimiento permanente en España.
- No se entenderán obtenidas en territorio español cuando su perceptor sea una persona física o entidad contribuyente del Impuesto sobre la Renta de no Residentes sin establecimiento permanente en España.

Lo dispuesto no resulta de aplicación en relación con aquella renta obtenida a través de un país o territorio calificado como jurisdicción no cooperativa (anteriormente denominados «paraíso fiscal») o cuando el adquirente resida en dicho país o territorio.

No será aplicable la exención del 99 % en caso de no cumplirse los requisitos establecidos en el artículo 21 de la LIS, cuando:

- El adquirente resida en un país o territorio calificado como jurisdicción no cooperativa;
- La persona o entidad adquirente esté vinculada con la ECR, (salvo que sea otra ECR, en cuyo caso, esta última se subrogará en el valor y la fecha de adquisición de la entidad transmitente).
- Los valores transmitidos fueren adquiridos a una persona o entidad vinculada con la ECR.

|| Sociedades de desarrollo industrial regional y sus socios

Por su parte, el artículo 51 de la LIS establece que los dividendos o participaciones en beneficios percibidos de las sociedades participadas por las sociedades de desarrollo industrial regional que se encuentran reguladas en la Ley 18/1982, de 26 de mayo, disfrutarán de la **exención sobre dividendos o participaciones en beneficios de entidades**, prevista en el artículo 21.1 de la LIS, cualquiera que sea el porcentaje de participación y el tiempo de tenencia de las acciones o participaciones.

2.4. Instituciones de inversión colectiva

El régimen especial en el Impuesto sobre Sociedades de las instituciones de inversión colectiva

De los regímenes tributarios especiales, el de las instituciones de inversión colectiva está regulado en el capítulo V, del título VII de la LIS, desglosado en 3 artículos: 52, 53 y 54.

Como punto de partida conviene destacar que tal y como se define en el artículo 1 de la Ley 35/2003, de 4 de noviembre, de Instituciones de Inversión Colectiva, se entiende por instituciones de inversión colectiva aquellas que tienen por objeto la captación de fondos, bienes o derechos del público para gestionarlos e invertirlos en bienes, derechos, valores u otros instrumentos, financieros o no, siempre que el rendimiento del inversor se establezca en función de los resultados colectivos. Estas instituciones pueden revestir la forma de sociedad de inversión o fondo de inversión y pueden ser de carácter financiero o no financiero

El artículo 52 de la Ley 27/2014, de 27 de noviembre, del Impuesto sobre Sociedades (LIS), dispone que las Instituciones de Inversión Colectiva reguladas en la Ley 35/2003, de 4 de noviembre, de Instituciones de Inversión Colectiva con excepción de las sometidas al tipo general de gravamen, **no tendrán derecho:**

- A la exención prevista en el artículo 21 de la LIS para evitar la doble imposición de dividendos o participaciones en beneficios de entidades.
- Ni a las deducciones para evitar la doble imposición internacional previstas en los artículos 31 y 32 de la LIS.

Si el importe de los pagos fraccionados, retenciones e ingresos a cuenta practicados sobre los ingresos supera la cuantía de la cuota íntegra, **la Administración tributaria de oficio devolverá el exceso que se produjere.**

Continúa el artículo 53 de la LIS regulando la tributación de los socios o partícipes de las Instituciones de inversión colectiva, y en este sentido establece que los socios o partícipes de las citadas Instituciones de Inversión Colectiva, que tengan la consideración de contribuyentes del Impuesto sobre Sociedades, o del Impuesto sobre la Renta de no Residentes que obtengan sus rentas mediante establecimiento permanente en territorio español, **integrarán en la base imponible:**

- **Los dividendos o participaciones en beneficios distribuidos por esas Instituciones.**

- Así como las **rentas derivadas de la transmisión de acciones o participaciones o del reembolso de estas,** sin que les resulte posible aplicar la exención prevista en el artículo 21 de la Ley, ni las deducciones para evitar la doble imposición internacional previstas en los artículos 31 y 32 de la LIS.

A TENER EN CUENTA. Este régimen especial previsto en el artículo 53 de la LIS será de aplicación a los socios o partícipes de instituciones de inversión colectiva, reguladas por la Directiva 2009/65/CE del Parlamento y del Consejo, de 13 de julio de 2009, por la que se coordinan las disposiciones legales, reglamentarias y administrativas sobre determinados organismos de inversión colectiva en valores mobiliarios, distintas de las previstas en el artículo 54 de la LIS, constituidas y domiciliadas en algún Estado miembro de la Unión Europea e inscritas en el registro especial de la Comisión Nacional del Mercado de Valores, a efectos de su comercialización por entidades residentes en España. Citando a la Dirección General de Tributos en su consulta vinculante (V1593-17), de 21 de junio de 2017, cabe mencionar que: «*La aplicación de este régimen conlleva que la tributación por las inversiones en la IIC tendrá lugar con ocasión de la realización de una distribución o con ocasión del reembolso o transmisión de la participación, lo que excluye la aplicación del régimen especial de imputación de rentas positivas obtenidas por entidades no residentes previsto en el artículo 100 de la LIS*».

En cuanto a la **tributación de los socios o partícipes de las Instituciones de Inversión Colectiva** constituidas en países o territorios calificados como paraísos fiscales, el art. 54 de Ley 27/2014, de 27 de noviembre, del Impuesto sobre Sociedades, determina que los contribuyentes del Impuesto sobre Sociedades y del Impuesto sobre la Renta de no Residentes que obtengan sus rentas a través de un establecimiento permanente en territorio español, que participen en IIC constituidas en paraísos fiscales, integrarán en la base imponible la diferencia positiva entre el valor liquidativo de la participación al día del cierre del período impositivo y su valor de adquisición.

A estos efectos, se tomará como valor de adquisición el valor liquidativo el primer día del primer período impositivo al que haya sido de aplicación la LIS, respecto de las participaciones y acciones que en aquél hubiera poseído el contribuyente. La diferencia entre dicho valor y el valor efectivo de adquisición no se tomará como valor de adquisición a los efectos de la determinación de las rentas derivadas de la transmisión o reembolso de las acciones o participaciones. Además, los dividendos y participaciones en beneficios distribuidos por las instituciones de inversión colectiva que procedan de beneficios obtenidos con anterioridad a la entrada en vigor de la LIS, se integrarán en la base imponible de los socios o partícipes de los mismos (disposición transitoria 7.ª de la LIS).

Se presumirá, salvo prueba en contrario, que la diferencia es el 15 % del valor de adquisición de la acción o participación.

La **cantidad integrada en la base imponible** se considerará mayor valor de adquisición.

Los beneficios que distribuya esta Institución de Inversión Colectiva no se integrarán en esta base imponible y minorarán el valor de adquisición de la participación.

Es importante recordar que en virtud de lo dispuesto en la **disposición adicional tercera de la Ley 23/2005, de 18 de noviembre, de reformas en materia tributaria para el impulso a la productividad**, establece en su primer apartado que «*En los supuestos previstos en el artículo 13 de la Ley 35/2003, de 4 de noviembre, de Instituciones de Inversión Colectiva, no resultará de aplicación el régimen especial de tributación previsto en la Ley del Impuesto sobre Sociedades con efectos desde el período impositivo en el que se hubieran producido las circunstancias determinantes de la suspensión o revocación acordada por la Comisión Nacional del Mercado de Valores*».

CUESTIÓN

¿Qué ocurre cuando una Institución de Inversión Colectiva pierde su condición de Sociedad de Inversión?

Tal y como se recoge en la sentencia de la Audiencia Nacional, rec. 379/2016, de 31 de octubre de 2019, ECLI:ES:AN:2019:4176:

«Como consecuencia del acuerdo y resolución anteriores, la Sociedad ha perdido su condición de Sociedad de Inversión de Capital Variable, por lo que no se encuentra acogida al estatuto de Instituciones de inversión Colectiva (IIC) como sociedad de Inversión de Capital Variable (SICAV). Por todo lo anterior, la sociedad pasa a estar sujeta al régimen común de las sociedades anónimas.'

No es, pues, sino la constatación de un efecto que, con independencia del acuerdo de la Junta General, ya se ha producido.

En estos casos, pues, prima lo previsto en la Disposición Adicional Tercera de la Ley 23/2005, de 18 de noviembre, respecto a las efectos temporales de la revocación, cuando dispone que no resultará de aplicación el régimen especial de tributación previsto en la Ley del Impuesto sobre Sociedades con efectos desde el período impositivo en el que se hubieran producido las circunstancias determinantes de la suspensión o revocación acordada por la Comisión Nacional del Mercado de Valores, sin que se contenga una previsión equivalente a la recogida en el artículo 26.2.d) del TRLIS».

A TENER EN CUENTA. Las sociedades de inversión de capital variable reguladas por la Ley 35/2003, de 4 de noviembre, de Instituciones de Inversión Colectiva, siempre que el número de accionistas requerido sea, como mínimo, el previsto en su artículo 9.4, es decir mínimo de 100 accionistas, tributarán al tipo del 1 %, conforme a lo dispuesto en el artículo 29.4 de la LIS.

2.5. Consolidación fiscal

El régimen de consolidación fiscal en el Impuesto sobre Sociedades

Los **grupos fiscales podrán optar por el régimen de consolidación fiscal** previsto en el **capítulo VI del título VII de la LIS**. En tal caso, las entidades que en ellos se integran no tributarán en régimen individual; entendiéndose por régimen individual de tributación el que correspondería a cada entidad en caso de no ser de aplicación el régimen de consolidación fiscal.

Así, **la entidad representante del grupo fiscal estará sujeta al cumplimiento de las obligaciones tributarias materiales y formales que se deriven del régimen de consolidación fiscal.** Tendrá la consideración de entidad representante del grupo fiscal la entidad dominante cuando sea residente en territorio español o aquella entidad del grupo fiscal que este designe cuando no exista ninguna entidad residente en territorio español que cumpla los requisitos para tener la condición de dominante.

Las entidades que integren el grupo fiscal estarán igualmente sujetas a las obligaciones tributarias que se derivan del régimen de tributación individual, excepción hecha del pago de la deuda tributaria.

Las actuaciones administrativas de comprobación o investigación realizadas frente a cualquier entidad del grupo fiscal, con el conocimiento formal de la entidad representante del mismo, interrumpirán el plazo de prescripción del Impuesto sobre Sociedades que afecta al citado grupo fiscal. Hay que tener en cuenta que **las entidades del grupo fiscal responderán solidariamente del pago de la deuda tributaria, excluidas las sanciones.**

|| Definición de grupo fiscal

Un grupo fiscal es un conjunto de entidades residentes en España que cumplan los requisitos establecidos en el artículo 58 de la LIS y tengan la forma de sociedad anónima, de responsabilidad limitada y comanditaria por acciones, así como determinadas fundaciones bancarias (artículo 58.3 de la LIS), que tributan de forma unificada en el Impuesto sobre Sociedades.

Cuando una entidad no residente en España ni residente en país o territorio calificado como jurisdicción no cooperativa (anteriormente denominado «paraíso fiscal») con personalidad jurídica y sujeta y no exenta a un impuesto idéntico o análogo al IS español tenga la consideración de entidad dominante respecto de dos o más entidades dependientes, el grupo fiscal estará constituido por todas las entidades dependientes de la misma.

Los establecimientos permanentes de entidades no residentes se considerarán entidades residentes a efectos de la aplicación del régimen de consolidación fiscal.

|| Requisitos de la entidad dominante:

1. Tener personalidad jurídica y estar sujeta y no exenta al Impuesto sobre Sociedades o a un impuesto análogo al IS español, siempre que no resida en un país territorio con la consideración de jurisdicción no cooperativa. Un establecimiento permanente de una entidad de estas características puede ser considerado entidad dominante.
2. Que tenga una participación, directa o indirecta de al menos el 75 % del capital social y posea la mayoría de derechos de voto de las enti-

dades dependientes. Si fueran entidades cuyas acciones estén admitidas a negociación en un mercado regulado, el porcentaje será del 70 %; y también se aplicará este último porcentaje cuando se tengan participaciones indirectas en otras entidades siempre que se alcance dicho porcentaje a través de entidades participadas cuyas acciones estén admitidas a negociación en un mercado regulado.

3. Que dicha participación y los derechos de voto se mantengan durante todo el período impositivo (salvo en caso de disolución de la entidad participada).
4. Que no sea dependiente, directa o indirectamente, de otra que se pueda considerar dominante.
5. Que no esté sometida al régimen especial de agrupaciones de interés económico, españolas y europeas, de las UTE o regímenes análogos a ambos.
6. Que, tratándose de establecimientos permanentes de entidades no residentes en territorio español, dichas entidades no sean dependientes, directa o indirectamente, de ninguna otra que reúna los requisitos para ser considerada como dominante y no residan en un país o territorio calificado como jurisdicción no cooperativa.

|| Requisitos de la entidad dependiente:

Se entenderá por tal aquella que sea residente en territorio español sobre la que la entidad dominante posea una participación que reúna los requisitos contenidos en los puntos 2 y 3 anteriores, así como los establecimientos permanentes de entidades no residentes en territorio español respecto de las cuales una entidad cumpla los requisitos establecidos en el apartado anterior.

También tendrán esta misma consideración las entidades de crédito integradas en un sistema institucional de protección a que se refiere el artículo 8.3.d) de la Ley 13/1985, de 25 de mayo, de coeficientes de inversión, recursos propios y obligaciones de información de los intermediarios financieros, siempre que la entidad central del sistema forme parte del grupo fiscal y sea del 100 % la puesta en común de los resultados de las entidades integrantes del sistema y que el compromiso mutuo de solvencia y liquidez entre dichas entidades alcance el 100 % de los recursos propios computables de cada una de ellas. Se considerarán también entidades dependientes las fundaciones bancarias a que se refiere el artículo 43.1 de la Ley 26/2013, de 27 de diciembre, de cajas de ahorro y fundaciones bancarias, siempre que no tengan la condición de entidad dominante del grupo fiscal, así como cualquier entidad íntegramente participada por aquellas a través de las cuales se ostente la participación en la entidad de crédito.

A TENER EN CUENTA. La Ley 13/1985, de 25 de mayo, ha sido derogada por la Ley 10/2014, de 26 de junio, de ordenación, supervisión y solvencia de entidades de crédito.

|| ¿Qué entidades no pueden formar parte de un grupo fiscal?

El artículo 58 de la LIS también enumera aquellas entidades que no podrán formar parte de un grupo fiscal, estableciendo aquellas en las que concurran alguna de las siguientes circunstancias:

- Que no sean residentes en territorio español.
- Que estén exentas del impuesto.
- Que al cierre del período impositivo se haya declarado en concurso y durante los períodos impositivos en que surta efecto esa declaración.
- Que al cierre del período impositivo se encuentre en la situación patrimonial prevista en el artículo 363.1.e) de la LSC de acuerdo con sus cuentas anuales, aun cuando no tuvieran la forma de sociedades anónimas, a menos que a la conclusión del ejercicio en el que se aprueban las cuentas anuales esta última situación hubiese sido superada. A este respecto, el artículo 363.1.e) de la LSC regula las causas de disolución y determina que la sociedad de capital deba disolverse «*por pérdidas que dejen reducido el patrimonio neto a una cantidad inferior a la mitad del capital social, a no ser que éste se aumente o se reduzca en la medida suficiente, y siempre que no sea procedente solicitar la declaración de concurso*».
- Que las entidades dependientes estén sujetas al IS a un tipo de gravamen diferente al de la entidad representante del grupo fiscal, salvo el supuesto del apartado 5 del artículo 58 de la LIS.

  A pesar de ello, cuando se cumplan el resto de requisitos para la configuración de un grupo fiscal en el que se integre, al menos, una entidad de crédito, sea como entidad dominante o como entidad dependiente, con otras entidades sujetas al tipo general de gravamen, se podrá optar por la inclusión de las referidas entidades de crédito dentro del grupo fiscal, con aplicación al grupo del régimen previsto en este capítulo. La inclusión requerirá la adopción del correspondiente acuerdo por parte de la entidad de crédito y, en su caso, por parte de la entidad dominante el grupo fiscal y será comunicada a la Administración tributaria en los términos previstos en el artículo 61 de la LIS.
- Las entidades dependientes cuyo ejercicio social, determinado por imperativo legal, no pueda adaptarse al de la entidad dominante.

El grupo fiscal se extinguirá cuando la entidad dominante pierda ese carácter; a menos que la entidad dominante pierda tal condición y sea no residente en territorio español, siempre que se cumplan las condiciones para que todas las entidades dependientes sigan constituyendo un grupo de consolidación fiscal, salvo que se incorporen a otro grupo fiscal.

|| Periodo impositivo, tipo de gravamen y cuota íntegra

El **período impositivo del grupo fiscal coincidirá con el de la entidad representante del mismo** (artículo 68 de la LIS). Cuando alguna de las entidades dependientes concluyere un período impositivo de acuerdo con las normas reguladoras de la tributación en régimen individual, dicha conclusión no determinará la del grupo fiscal.

El **tipo de gravamen del grupo fiscal** será el correspondiente a la entidad representante del mismo. No obstante, el tipo de gravamen será del 30 % en el caso de un grupo de consolidación fiscal en el que se integre, como mínimo, una entidad de crédito, en los términos establecidos en el artículo 58.5 de la LIS.

La **cuota íntegra del grupo fiscal** será la cuantía resultante de aplicar el tipo de gravamen que corresponda a la base imponible del grupo fiscal. En el supuesto de un grupo fiscal que aplique lo dispuesto en el artículo 105 de la LIS, la cuota íntegra vendrá determinada por el resultado de aplicar el tipo de gravamen a la base imponible minorada o incrementada, según corresponda, por las cantidades derivadas del citado artículo 105 de la LIS.

|| Deducciones

En cuanto a las **deducciones y bonificaciones** de la cuota íntegra del grupo fiscal, esta se minorará en el importe de las deducciones y bonificaciones previstas en los capítulos II, III y IV del título VI de la LIS, así como cualquier otra deducción que pudiera resultar de aplicación, dando lugar a la cuota líquida del mismo que, en ningún caso, podrá ser negativa. Los requisitos establecidos para la aplicación de las mencionadas deducciones y bonificaciones se referirán al grupo fiscal.

A TENER EN CUENTA. El artículo 71.1 de la LIS, que contiene dichas previsiones relativas a las deducciones y bonificaciones de la cuota íntegra del grupo fiscal, fue modificado por la Ley 22/2021, de 28 de diciembre, con efectos para los períodos impositivos que se inicien a partir de 1 de enero de 2022. Con ello, se incorporó la precisión ya referida de que la cuota líquida resultante nunca podrá ser negativa.

Las deducciones de cualquier entidad pendientes de aplicación en el momento de su inclusión en el grupo fiscal podrán deducirse en la cuota íntegra del grupo fiscal con el límite que hubiere correspondido a dicha entidad en el régimen individual de tributación, teniendo en cuenta las eliminaciones e incorporaciones que correspondan a dicha entidad, de acuerdo con lo establecido en los artículos 64 y 65 de la LIS.

|| Declaración y autoliquidación

La **entidad representante del grupo fiscal** vendrá obligada, al tiempo de presentar la **declaración del grupo fiscal, a liquidar la deuda tributaria correspondiente a este** y a ingresarla en el lugar, forma y plazos que se determine por la persona titular del Ministerio de Hacienda. La entidad representante del grupo fiscal deberá cumplir las mismas obligaciones respecto de los pagos fraccionados. La Orden HAC/262/2025, de 12 de marzo, **en vigor desde el 20/03/2025** y por la que se modifica la Orden HFP/227/2017, de 13 de marzo, aprueba el modelo 222 para efectuar los pagos fraccionados a cuenta del Impuesto sobre Sociedades en régimen de consolidación fiscal y establece las condiciones generales y el procedimiento para presentar dicho modelo electrónicamente.

La **declaración del grupo fiscal** deberá presentarse dentro del plazo correspondiente a la declaración en régimen de tributación individual de la entidad representante del mismo.

RESOLUCIÓN ADMINISTRATIVA

Consulta vinculante de la Dirección General de Tributos (V2670-20), de 24 de agosto de 2020

Asunto: transmisión por parte de X al consultante de su participación en A, entidad dominante de un grupo fiscal, a mitad de periodo impositivo en que se aplica el régimen de consolidación fiscal. Consideración de la entidad A en el año de transmisión y el periodo impositivo siguiente.

«Según se desprende del escrito de consulta, la sociedad A venía ostentando la condición de entidad dominante de un grupo fiscal al que pertenecían B, C y D, que se entiende serían todas las entidades dependientes en las que participaba que cumplían las condiciones establecidas en la LIS.

Con motivo de la transmisión por el socio entidad X de la sociedad A de su participación en ella, ***la entidad consultante pasa a participar en el 81,53% de la sociedad A, por lo que la entidad consultante pasa a participar directamente en más de un 75% en el capital social y se supone poseerá la mayoría de los derechos de voto de la sociedad A.*** *Esta transmisión tiene lugar en junio de 2015, por lo que* ***dicha participación no se tiene desde el primer día del período impositivo en que sea de aplicación el régimen*** *de consolidación fiscal ni dicha participación se habrá mantenido durante todo el período impositivo.* ***En consecuencia, en el período impositivo 2015 no se entenderá,*** *a efectos de lo dispuesto en el artículo 58 de la LIS,* ***que la sociedad A sea dependiente de otra entidad*** *que reúna los requisitos para ser considerada como dominante y,* ***por tanto, la sociedad A mantendrá su grupo de consolidación fiscal.***

No obstante, ***en el período impositivo siguiente*** *(2016), en la medida en la que* ***la entidad consultante cumpliera los requisitos para considerarse como entidad dominante,*** *supuesto del que se parte en la presente contestación en base a lo manifestado en el escrito de consulta,* ***el grupo fiscal cuya entidad dominante era la sociedad A se extinguirá****».*

¿Cómo se aplica el régimen de consolidación fiscal?

Para aplicar régimen de consolidación fiscal lo han de acordar así todas y cada una de las entidades que deba integrar el grupo fiscal, como así lo establece el artículo 61.1 de la LIS. Pero antes de su aplicación, conviene hacer una breve referencia a la inclusión o exclusión de entidades en un grupo fiscal, así como de la determinación del dominio y el derecho a voto en participaciones indirectas.

|| La inclusión o exclusión de las entidades en un grupo fiscal

Las entidades sobre las que se adquiera una participación, ya sea de forma directa o indirecta, como la contemplada en la letra b) del artículo 58.2 de la LIS y se cumplan el resto de requisitos señalados en ese apartado, han de integrarse obligatoriamente en el grupo fiscal con efecto del periodo impositivo siguiente.

Si las entidades son de nueva constitución, la integración se producirá desde ese momento, siempre que se cumplan los restantes requisitos necesarios para formar parte del grupo fiscal.

Las entidades dependientes, y cuya condición pierdan, resultarán excluidas del grupo fiscal con efecto del propio periodo impositivo en que se produzca dicha circunstancia.

Determinación del dominio y derecho de voto en participaciones indirectas

El art. 60 de Ley 27/2014, de 27 de noviembre, del Impuesto sobre Sociedades, regula la **determinación del dominio y de los derechos de voto en las participaciones indirectas.**

Cuando una entidad participe en otra, y esta segunda en una tercera, y así sucesivamente, para calcular la participación indirecta de la primera sobre las demás entidades, se multiplicarán, respectivamente, los porcentajes de participación en el capital social, de manera que el resultado de dichos productos deberá ser, al menos, el 75 % o, al menos, el 70 % del capital social, si se trata bien de entidades cuyas acciones estén admitidas a negociación en un mercado regulado o de entidades participadas, directa o indirectamente, por estas últimas.

Si en un grupo fiscal coexisten relaciones de participación, directa e indirecta, para el cálculo de la participación total de una entidad en otra, directa e indirectamente controlada por la primera, se han de sumar los porcentajes de participación directa e indirecta. Para que la entidad participada deba integrarse en el grupo fiscal de sociedades, dicha suma deberá ser, al menos, el 75 % o, al menos, el 70 % del capital social, si se trata bien de entidades cuyas acciones estén admitidas a negociación en un mercado regulado o de entidades participadas, directa o indirectamente, por estas últimas siempre que a través de las mismas se alcance ese porcentaje.

Si existen relaciones de participación recíproca, circular o compleja, deberá probarse, en su caso, con datos objetivos la participación de, al menos, el 75 % del capital social o, al menos, el 70 % del capital social, si se trata bien de entidades cuyas acciones estén admitidas a negociación en un mercado regulado o de entidades participadas, directa o indirectamente, por estas últimas siempre que a través de las mismas se alcance ese porcentaje.

Para determinar los **derechos de voto,** se aplicará lo establecido en el artículo 3 de las Normas para la Formulación de Cuentas Anuales Consolidadas, aprobadas por el Real Decreto 1159/2010, de 17 de septiembre.

Aplicación del régimen de consolidación fiscal en el IS

Como se ha mencionado con anterioridad, el régimen de consolidación fiscal **resultará de aplicación cuando así lo acuerden todas y cada una de las entidades que deban integrar el grupo fiscal**. Estos acuerdos deberán ser adoptados por el consejo de administración u órgano equivalente, en cualquier fecha del periodo impositivo inmediato anterior al que resulte de aplicación el régimen de consolidación fiscal. La falta de estos acuerdos determinará la imposibilidad de aplicación del régimen.

Las entidades que en lo sucesivo se integren en el grupo fiscal **deberán cumplir las obligaciones** a que se refiere el párrafo anterior, dentro de un plazo que finalizará el día en que concluya el primer período impositivo en el que deban tributar en el régimen de consolidación fiscal.

La **falta de los acuerdos** correspondientes a las entidades que en lo sucesivo deban integrarse en el grupo fiscal **constituirá infracción tributaria grave** de la entidad representante, cuya sanción consistirá en multa pecuniaria fija de 20.000 euros por el primer período impositivo en que se haya aplicado el régimen sin cumplir este requisito y de 50.000 euros por el segundo y siguientes, y no impedirá la efectiva integración en el grupo de las entidades afectadas. La sanción impuesta se reducirá conforme lo previsto en el artículo 188.3 de la LGT.

Ejercitada la opción de la aplicación del régimen de consolidación fiscal, el grupo fiscal quedará vinculado a este régimen de forma indefinida durante los períodos impositivos siguientes, en tanto se cumplan los requisitos del artículo 58 de la LIS y **mientras no se renuncie a su aplicación** a través de la correspondiente declaración censal, que deberá ejercitarse, en su caso, en el plazo de 2 meses a contar desde la finalización del último período impositivo de su aplicación.

La entidad representante del grupo fiscal deberá de **comunicar los acuerdos** mencionados en el párrafo primero a la Administración tributaria antes del inicio del período impositivo en que sea de aplicación este régimen; de igual modo, cuando se produzcan variaciones en la composición fiscal, también lo comunicará a la Administración tributaria, identificando las entidades que se han integrado en él y las que han sido excluidas. Dicha comunicación de la variación en la composición fiscal se realizará en la declaración del primer pago fraccionado al que afecte la nueva composición.

A TENER EN CUENTA. En el supuesto de un grupo fiscal constituido en los términos establecidos en el segundo párrafo del apartado 1 del artículo 58 de la LIS, la entidad representante comunicará a la Administración tributaria y antes del inicio del periodo impositivo en que sea de aplicación el régimen de consolidación fiscal, el acuerdo adoptado por la entidad dominante no residente en territorio español, por el que se designe a la entidad representante del grupo fiscal. La falta de comunicación de este acuerdo tendrá los efectos establecidos en el artículo 61.4 de la LIS, ya mencionados en párrafos anteriores.

Por su parte, el artículo 47 del RIS detalla que «***el ejercicio de la opción por el régimen de consolidación fiscal se comunicará*** *a la Delegación de la Agencia Estatal de Administración Tributaria del domicilio fiscal de la entidad representante o a las Dependencias Regionales de Inspección o a la Delegación Central de Grandes Contribuyentes cuando la entidad representante se halle adscrita a ellas*», y establece que los **datos que ha de contener dicha comunicación** son los siguientes:

- **Identificación de las entidades** que integran el grupo fiscal.
  - » Si la entidad dominante es no residente en territorio español, se exigirá, adicionalmente, la identificación de esta.
  - » A los establecimientos permanentes de entidades no residentes en territorio español se les exigirá, adicionalmente, que identifiquen la entidad no residente en territorio español a la que pertenecen.

- **Copia de los acuerdos por los que** las entidades del grupo **han optado por el régimen de consolidación fiscal** y, en el caso de que la **entidad dominante sea no residente** en territorio español, documento en el que se designe a la entidad representante.
- Relación del **porcentaje de participación directo o indirecto** mantenido por la **entidad dominante respecto de todas y cada una de las entidades** que integran el grupo fiscal, **porcentaje de derechos de voto poseídos** sobre las mismas y la **fecha de adquisición de las respectivas participaciones.** La entidad representante ha de manifestar que se cumplen todos los requisitos establecidos en el artículo 58 de la LIS.

Además, los órganos administrativos referidos anteriormente y contenidos en el artículo 47.1 del RIS, comunicarán a la entidad representante el número del grupo fiscal otorgado.

En virtud de lo dispuesto en el artículo 47.3 del RIS, serán competentes para la comprobación e investigación de las entidades integradas en los grupos que tributen en el régimen de consolidación fiscal el órgano de la AEAT que corresponda de acuerdo con sus normas de estructura orgánica.

Determinación de la base imponible del grupo fiscal

La base imponible del grupo fiscal (artículo 62 de la LIS) **se determinará sumando**:

a) **Las bases imponibles individuales correspondientes a todas y cada una de las entidades integrantes del grupo fiscal,** teniendo en cuenta las especialidades contenidas en el artículo 63 de la LIS. No obstante, los requisitos o calificaciones establecidos tanto en la normativa contable para la determinación del resultado contable, como en la LIS para la aplicación de cualquier tipo de ajustes a aquel, en los términos establecidos en el apartado 3 del artículo 10 de la LIS, se referirán al grupo fiscal.

b) **Las eliminaciones.**

c) Las incorporaciones de las **eliminaciones practicadas en períodos impositivos anteriores**, cuando corresponda de acuerdo con el artículo 65 de la LIS.

d) Las cantidades correspondientes a la **reserva de capitalización** prevista en el artículo 25 de la LIS, que se referirá al grupo fiscal. No obstante, la dotación de la reserva se realizará por cualquiera de las entidades del grupo.

e) Las **dotaciones** a que se refiere el apartado 12 del artículo 11 de la LIS (dotaciones por deterioro de los créditos u otros activos derivadas de las posibles insolvencias de los deudores no vinculados con el contribuyente que no sean fiscalmente deducibles) referidas al grupo fiscal, con el **límite del 70 %** del importe positivo de la agregación de los conceptos señalados en los puntos anteriores.

f) La **compensación de las bases imponibles negativas del grupo fiscal**, cuando el importe de la suma de los párrafos anteriores resultase positiva, así como de las bases imponibles negativas referidas en la letra e) del artículo 67 de la LIS.

Las cantidades correspondientes a la reserva de nivelación prevista en el artículo 105 de la LIS minorarán o incrementarán, según proceda, la base imponible del grupo fiscal. La dotación de la citada reserva la podrá realizar cualquier entidad del grupo fiscal.

El importe de las rentas negativas derivadas de la transmisión de la participación de una entidad del grupo fiscal que deje de formar parte del mismo se minorará por la parte de aquel que se corresponda con bases imponibles negativas generadas dentro del grupo fiscal por la entidad transmitida y que hayan sido compensadas en el mismo.

Medidas temporales en la determinación de la BI para los períodos impositivos que se inicien en 2023 y con efectos para otros sucesivos

La **Ley 38/2022, de 27 de diciembre**, incorporó una medida temporal en la determinación de la base imponible en el régimen de consolidación fiscal, a través de una nueva **disposición adicional decimonovena de la LIS**; posteriormente modificada por la Ley 7/2024, de 20 de diciembre, con efectos para los períodos impositivos iniciados a partir de 1 de enero de 2024 y que no hayan concluido a la entrada en vigor de la propia norma (producida el 22 de diciembre de 2024):

Su régimen, tras esa última modificación, queda del siguiente modo:

- Con efectos para los **períodos impositivos que se inicien en 2023, 2024 y 2025**, la base imponible del grupo fiscal se determinará de acuerdo con lo dispuesto en el artículo 62 de la LIS, si bien en relación con lo señalado en el primer inciso del apartado 1.a) de dicho artículo, la suma se referirá a las bases imponibles positivas y al 50 % de las bases imponibles negativas individuales correspondientes a todas y cada una de las entidades integrantes del grupo fiscal, teniendo en cuenta las especialidades contenidas en el artículo 63 de la LIS. Ahora bien, para los períodos impositivos que se inicien en 2024 y 2025, la limitación a la integración de bases imponibles negativas anterior no resultará de aplicación tratándose de las bases imponibles individuales correspondientes a aquellas fundaciones que estén sometidas al régimen general de esta ley y formen parte del grupo fiscal.
- Con efectos para los **períodos impositivos sucesivos**, el importe de las bases imponibles negativas individuales no incluidas en la base imponible del grupo fiscal por aplicación de lo dispuesto en el punto anterior se integrará en la base imponible del mismo por partes iguales en cada uno de los 10 primeros períodos impositivos que se inicien:
  - » A partir de 1 enero de 2024, cuando lo establecido en el primer punto se aplique con efectos para los períodos impositivos que se inicien en 2023.

» A partir de 1 enero de 2025, cuando lo establecido en el primer punto se aplique con efectos para los períodos impositivos que se inicien en 2024.

» A partir de 1 enero de 2026, cuando lo establecido en el primer punto se aplique con efectos para los períodos impositivos que se inicien en 2025.

Lo dispuesto en este segundo punto se aplicará incluso en caso de que alguna de las entidades con bases imponibles individuales negativas a que se refiere el primer punto quede excluida del grupo.

En el supuesto de pérdida del régimen de consolidación fiscal o de extinción del grupo fiscal, el importe de las bases imponibles negativas individuales a que se refiere el primer punto que esté pendiente de integración en la base imponible del grupo, se integrará en el último período impositivo en que el grupo tribute en el régimen de consolidación fiscal.

Reglas especiales aplicables en la determinación de las bases imponibles individuales de las entidades integrantes del grupo fiscal

Las **bases imponibles individuales correspondientes a las entidades integrantes del grupo fiscal**, a que se refiere la letra a) del artículo 62.1 de la LIS, se determinarán de acuerdo con las reglas generales previstas en la LIS, con las siguientes especialidades:

a) El límite establecido **en el artículo 16 de la LIS en relación con la deducibilidad de gastos financieros se referirá al grupo fiscal.** Este límite no resultará de aplicación en los supuestos de extinción de la entidad, salvo que la extinción se realice dentro del grupo fiscal y la entidad extinguida tuviera gastos financieros pendientes de deducir en el momento de su integración en el mismo. No obstante, en el caso de entidades de crédito o aseguradoras que tributen en el régimen de consolidación fiscal conjuntamente con otras entidades que no tengan esta consideración, el límite establecido en el artículo 16 de la LIS se calculará teniendo en cuenta el beneficio operativo y los gastos financieros netos de estas últimas entidades, así como las eliminaciones e incorporaciones que correspondan en relación con todo el grupo.

b) **No se incluirá en las bases imponibles individuales la reserva de capitalización** a que se refiere el artículo 25 de la LIS.

c) **No se incluirán en las bases imponibles individuales las dotaciones** a que se refiere el apartado 12 del artículo 11 de la LIS.

d) **No se incluirá en las bases imponibles individuales la compensación de bases imponibles negativas** que hubieran correspondido a la entidad en régimen individual.

e) **No se incluirá en las bases imponibles individuales la reserva de nivelación** a que se refiere el artículo 105 de la LIS.

Las **eliminaciones** se realizarán de acuerdo con los criterios establecidos en las Normas para la Formulación de Cuentas Anuales Consolidadas, aprobadas por el Real Decreto 1159/2010, de 17 de septiembre, siempre que afecten a las bases imponibles individuales y con las especificidades previstas en la LIS.

No serán objeto de eliminación los importes que deban integrarse en las bases imponibles individuales por aplicación de lo establecido en el artículo 21.10 de la LIS. Esta previsión fue incorporada al artículo 64 de la LIS por la Ley 11/2020, de 30 de diciembre, con efectos para los períodos impositivos que se inicien a partir de 1 de enero de 2021 que no hayan concluido a la entrada en vigor de dicha norma (que se produjo el 1 de enero de 2021).

Los resultados eliminados **se incorporarán** a la base imponible del grupo fiscal cuando así se establezca en las Normas para la Formulación de Cuentas Anuales Consolidadas, aprobadas por el Real Decreto 1159/2010, de 17 de septiembre. No obstante, los resultados eliminados se incorporarán a la base imponible individual de la entidad que hubiera generado esos resultados y deje de formar parte del grupo fiscal, en el período impositivo en que se produzca dicha exclusión.

Se incorporarán los ingresos, gastos o resultados relativos a la reducción prevista en el artículo 23 de la LIS en la base imponible del grupo fiscal en el período impositivo en que aquellos se entiendan realizados frente a terceros y, en ese caso, la cesión de los referidos activos estará sometida a las obligaciones de documentación a que se refiere el artículo 18.3 de la LIS.

Compensación de bases imponibles negativas

Si en virtud de las normas aplicables para la determinación de la base imponible del grupo fiscal esta resultase negativa, su importe **podrá ser compensado** con las bases imponibles positivas del grupo fiscal en los términos previstos en el artículo 26 de la LIS.

Límites aplicables a las grandes empresas en períodos impositivos iniciados a partir de 1 de enero de 2024

La disposición adicional decimoquinta de la LIS fue inicialmente añadida a la LIS por el Real Decreto-ley 3/2016, de 2 de diciembre, para regular los límites aplicables a las grandes empresas en períodos impositivos iniciados a partir de 1 de enero de 2016. Sin embargo, esa disposición fue declarada inconstitucional y nula por la sentencia del Tribunal Constitucional n.° 11/2024, de 18 de enero, ECLI:ES:TC:2024:11, por exceder los límites de los decretos-ley. Y, ello, con los siguientes efectos, según indica la mencionada sentencia: «*por exigencias del principio de seguridad jurídica (art. 9.3 CE), no pueden considerarse situaciones susceptibles de ser revisadas con fundamento en la presente sentencia aquellas obligaciones tributarias devengadas por el impuesto sobre sociedades que, a la fecha de dictarse la misma, hayan sido decididas definitivamente mediante sentencia con fuerza de cosa juzgada (art. 40.1 LOTC) o mediante resolución administrativa firme. Tampoco podrán revisarse aquellas liquidaciones que no hayan sido impugnadas a la fecha de dictarse esta sentencia, ni las autoliquidaciones cuya rectificación no haya sido solicitada a dicha fecha*».

Lo que hacía dicha D.A. 15.ª de la LIS, antes de ser declarada inconstitucional y nula, era establecer una serie de especialidades para los contribuyentes cuyo importe neto de la cifra de negocios fuese al menos de 20 millones de euros durante los 12 meses anteriores a la fecha en que se iniciase el período impositivo. Pues bien, dichas especialidades han sido **reestablecidas por la Ley 7/2024, de 20 de diciembre**, con efectos para los **períodos impositivos que se inicien a partir de 01/01/2024 y que no hayan concluido a 22/12/2024**.

Conforme a ella, los contribuyentes cuyo **importe neto de la cifra de negocios sea al menos de 20 millones de euros durante los 12 meses anteriores** a la fecha en que se inicie el período impositivo, aplicarán las siguientes especialidades:

- Los límites establecidos en el artículo 11.12, en el primer párrafo del artículo 26.1, en el apartado 1.e) del artículo 62 y en las letras d) y e) del artículo 67 de la LIS, se sustituirán por los siguientes:
  - » El 50 %, cuando en los referidos 12 meses el importe neto de la cifra de negocios sea al menos de 20 millones de euros, pero inferior a 60 millones de euros.
  - » El 25 %, cuando en los referidos 12 meses el importe neto de la cifra de negocios sea al menos de 60 millones de euros.
- El importe de las deducciones para evitar la doble imposición internacional previstas en los artículos 31, 32 y apartado 10 del artículo 100, así como el de aquellas deducciones para evitar la doble imposición a que se refiere la disposición transitoria vigésima tercera, de la LIS, no podrá exceder conjuntamente del 50 % de la cuota íntegra del contribuyente.

RESOLUCIÓN ADMINISTRATIVA

Resolución del Tribunal Económico Administrativo Central n.º 5087/2022, de 19 de julio de 2024

Asunto: criterio sobre la aplicación de los preceptos de la LIS respecto a la declaración de inconstitucionalidad dictada el 18 de enero de 2024.

«*Criterio:*

Al haber quedado sin validez y, por tanto sin efecto, los preceptos de la LIS (DA 15ª y Apartado 3 de la DT 16ª) que introdujo, en ella, el RDL 3/2016, y siendo también claro que, ***conforme a ellos, se debieron confeccionar las autoliquidaciones por los sujetos pasivos del IS y se debían dictar las liquidaciones por la Administración Tributaria antes de la declaración de inconstitucionalidad, la consecuencia lógica y directa*** *no puede ser otra que atender a la pretensión de la reclamante realizada en el curso de la reclamación económico-administrativa interpuesta ante este TEAC frente al acuerdo de liquidación dictado por la Inspección, debiéndose* ***tener en cuenta las normas aplicables, que no son otras que las contenidas en la Ley del Impuesto sobre Sociedades (LIS) antes de la entrada en vigor de lo que en ella introdujo el artículo 3. Primero, apartados Uno y Dos, del RDL 3/2016, que es lo que se ha declarado nulo por el Tribunal Constitucional.***

En relación con el modo de dar satisfacción a la interesada hemos de traer a colación la reciente sentencia de la Audiencia Nacional de 24 de junio de 2024 (rec. 36/2024 promovido contra la Orden Ministerial HAC/554/2019, de 26 de abril).

En el caso que nos ocupa, al igual que sucedía en el implicado en la sentencia de la Audiencia Nacional, ***el pleno restablecimiento exige no tomar en consideración en la autoliquidación presentada aquellos aspectos que resultan anulados por la sentencia del Tribunal Constitucional, o lo que es lo mismo, revertir los efectos a los que hayan dado lugar, que puede ser la devolución de un ingreso indebido, o bien otro tipo de operaciones tributarias****, que este TEAC no está en condiciones de valorar, pero sí la Administración en ejecución de la presente resolución. Por ende, tal y como ha dispuesto la Audiencia Nacional en la referida sentencia, en ejecución de esta resolución económico-administrativa procederá practicar aquellas operaciones y correcciones que este TEAC no está en condiciones de determinar, a fin de asegurar la efectividad de la estimación de la pretensión de la reclamante que en la presente resolución se acuerda.*

Criterio reiterado en la Resolución TEAC de 19 de julio de 2024 (RG 7941-2022).

Nota: En igual sentido la sentencia de la Audiencia Nacional de fecha 14/10/2024 (rec. nº 1479/2023)».

Las reglas especiales de la incorporación de entidades al grupo fiscal

Las reglas especiales de incorporación de entidades al grupo fiscal se encuentran contenidas en el artículo 67 de la LIS. Estas resultan de vital importancia para determinar la base imponible del grupo fiscal cuando una nueva entidad se integra en él.

El artículo 67 de la Ley 27/2014, de 27 de noviembre, del Impuesto sobre Sociedades, dispone que, en el supuesto de que una entidad se incorpore a un grupo fiscal, en la determinación de la base imponible del grupo fiscal **resultarán de aplicación las siguientes reglas:**

- Los **gastos financieros netos pendientes de deducir** en el momento de su integración en el grupo fiscal a que se refiere el artículo 16 de la LIS se deducirán con el límite del 30 % del beneficio operativo de la propia entidad, teniendo en cuenta las eliminaciones e incorporaciones que correspondan a dicha entidad, de acuerdo con lo previsto en los artículos 64 y 65 de la LIS (relativos a eliminaciones e incorporaciones, respectivamente). Estos gastos se han de tener en cuenta en el límite a que se refiere el artículo 16.1 de la LIS.

  Asimismo, la diferencia establecida en el artículo 16.2 de la LIS generada por una entidad con anterioridad a su integración en el grupo fiscal será aplicable en relación con los gastos financieros generados por la propia entidad.

- A los efectos de lo previsto en el artículo 16 de la LIS, los **gastos financieros derivados de deudas destinadas a la adquisición de participaciones en el capital o fondos propios** de cualquier tipo de entidades que se incorporen a un grupo de consolidación fiscal se deducirán con el límite adicional del 30 % del beneficio operativo de la entidad o grupo fiscal adquirente, teniendo en cuenta las eliminaciones e incorporaciones que correspondan, de acuerdo con lo previsto en los artículos 64 y 65 de la citada ley, sin incluir en dicho beneficio operativo el correspondiente a la entidad adquirida o cualquier otra que se incorpore al grupo fiscal en los períodos impositivos que se inicien en los 4 años posteriores a dicha adquisición. Estos gastos financieros se tendrán en cuenta en el límite a que se refiere el apartado 1 del artículo 16 de la LIS.

Los gastos financieros no deducibles que resulten de la aplicación de lo dispuesto en esta letra serán deducibles en períodos impositivos siguientes con el límite previsto en la misma y en el apartado 1 del citado artículo 16.

Este límite no resultará de aplicación en el período impositivo en que se adquieran las participaciones en el capital o fondos propios de entidades si la adquisición se financia con deuda, como máximo, en un 70 % del precio de adquisición. Tampoco se aplicará en los períodos impositivos siguientes siempre que el importe de esa deuda se minore, desde el momento de la adquisición, al menos en la parte proporcional que corresponda a cada uno de los 8 años siguientes, hasta que la deuda alcance el 30 % del precio de adquisición.

- Las **cantidades correspondientes a la reserva de capitalización** prevista en el artículo 25 de la LIS pendientes de aplicar, se aplicarán en la base imponible del grupo fiscal, con el límite del 10 % de la base imponible positiva individual de la propia entidad previa a su aplicación, a la integración de las dotaciones a que se refiere el apartado 12 del artículo 11 de la LIS y a la compensación de bases imponibles negativas, teniendo en cuenta las eliminaciones e incorporaciones que correspondan a dicha entidad, de acuerdo con lo previsto en los artículos 64 y 65 de la LIS.
- Las **dotaciones a que se refiere el apartado 12 del artículo 11 de la LIS pendientes de integrar en la base imponible**, se integrarán en la base imponible del grupo fiscal, con el **límite del 70 %** de la base imponible positiva individual de la propia entidad previa a la integración de las dotaciones de la referida naturaleza y a la compensación de bases imponibles negativas, teniendo en cuenta las eliminaciones e incorporaciones que correspondan a dicha entidad, de acuerdo con lo previsto en los artículos 64 y 65 de la LIS.
- Las **bases imponibles negativas de cualquier entidad pendientes de compensar en el momento de su integración en el grupo fiscal** podrán ser compensadas en la base imponible de este, con el **límite del 70 %** de la base imponible individual de la propia entidad, teniendo en cuenta las eliminaciones e incorporaciones que correspondan a dicha entidad, de acuerdo con lo establecido en los artículos 64 y 65 de la LIS.
- Las **cantidades correspondientes a la reserva de nivelación de bases imponibles** prevista en el artículo 105 de la LIS, relativo a la reserva de nivelación de bases imponibles, pendiente de adicionar en el momento de su integración en el grupo fiscal se adicionarán a la base imponible de este.

RESOLUCIÓN ADMINISTRATIVA

Consulta vinculante de la Dirección General de Tributos (V1543-24), de 24 de junio de 2024

Asunto: compensación de bases imponibles negativas en grupos fiscales.

«(...) en el supuesto del régimen especial de consolidación fiscal, teniendo en cuenta que el grupo fiscal tiene la consideración de contribuyente, la referencia a la base imponible previa a la compensación y a la aplicación de la reserva de capitalización ha de entenderse realizada al grupo fiscal, de tal manera que se obtendrá como consecuencia de la suma de las bases imponibles individuales del período impositivo, ajustada por las correspondientes eliminaciones e incorporaciones.

De lo anterior se desprende que, tanto la compensación de bases imponibles negativas generadas en el seno del grupo fiscal como la compensación de bases imponibles negativas pendientes de aplicar, generadas por cualquier entidad con carácter previo a su integración en el grupo fiscal, requiere, necesariamente, de la existencia de una base imponible positiva del grupo fiscal.

Por su parte, las bases imponibles negativas de una sociedad pendientes de compensar en el momento de su integración en el grupo fiscal se podrán compensar con la base imponible del grupo fiscal con el límite general del artículo 66 de la LIS y con el límite adicional previsto el artículo 67 e) de la LIS.

Pues bien, el límite adicional para la compensación de bases imponibles negativas de una sociedad pendientes de compensar en el momento de su integración en el grupo fiscal será del 70 por ciento de la base imponible individual de la entidad, previsto en la letra e) del artículo 67 de la LIS.

Por tanto, en la medida en que existan bases imponibles negativas de una sociedad pendientes de compensar en el momento de su integración en el grupo fiscal, se aplicará como límite de compensación el menor de los dos importes siguientes:

- el 70% de la base imponible positiva de dicha sociedad obtenida en el periodo impositivo en que forma parte del grupo, teniendo en cuenta las eliminaciones e incorporaciones que correspondan por las operaciones internas en las que hubiera participado.

- el 70% de la base imponible positiva de dicho grupo previa a la aplicación de la reserva de capitalización y a la compensación de la base imponible negativa pendiente».

Las obligaciones de información en el régimen de consolidación fiscal del IS

La Ley 27/2014, de 27 de noviembre, del Impuesto sobre Sociedades contempla las obligaciones de información de las entidades en régimen de consolidación fiscal.

Concretamente, en el artículo 72 de la LIS se contempla que será la entidad representante del grupo fiscal quien ha de formular, a efectos fiscales:

- El balance.
- La cuenta de pérdidas y ganancias.
- Un estado que refleje los cambios en el patrimonio neto del ejercicio.
- Un estado de flujos de efectivo consolidado.

A TENER EN CUENTA. Lo anterior lo ha de realizar aplicando el método de integración global a todas las entidades que integran el grupo fiscal.

Además, los estados consolidados se referirán a la misma fecha de cierre y periodo que las cuentas anuales de la entidad representante del grupo fiscal. El resto de entidades que forman parte del grupo fiscal deberán cerrar su ejercicio social en la fecha en que lo haga la entidad representante del grupo fiscal.

A los documentos mencionados en los puntos anteriores, se ha de acompañar la siguiente información:

- Las eliminaciones practicadas en períodos impositivos anteriores pendientes de incorporación.
- Las eliminaciones practicadas en el período impositivo debidamente justificadas en su procedencia y cuantía.
- Las incorporaciones realizadas en el período impositivo, igualmente justificadas en su procedencia y cuantía.
- Las diferencias, debidamente explicadas, que pudieran existir entre las eliminaciones e incorporaciones realizadas a efectos de la determinación de la base imponible del grupo fiscal y las realizadas a efectos de la elaboración de los documentos mencionados en la anterior enumeración (balance, cuenta de pérdidas y ganancias, etc.).

RESOLUCIÓN ADMINISTRATIVA

Consulta vinculante de la Dirección General de Tributos (V3332-16), de 15 de julio de 2016

Asunto: aplicación del artículo 72.2 de la LIS.

«Añadiendo el apartado 2 del artículo 72 lo siguiente:

"Los estados consolidados se referirán a la misma fecha de cierre y período que las cuentas anuales de la entidad representante del grupo fiscal, debiendo el resto de entidades que forman parte del grupo fiscal cerrar su ejercicio social en la fecha en que lo haga aquella entidad."

De conformidad con lo anterior, todas las sociedades que cumplan los requisitos para ser consideradas sociedades dependientes deberán formar parte del grupo fiscal a efectos de la aplicación del régimen de consolidación fiscal, de forma que el período impositivo del grupo, al ser coincidente con el de la sociedad representante, obliga a que todas las sociedades dependientes (incluidas las entidades U y P) concluyan igualmente su período impositivo en la misma fecha en que lo hace la representante al objeto de agregar todas las bases imponibles de las sociedades que lo integran para determinar la base imponible consolidada del grupo».

Causas y efectos de la pérdida del régimen de consolidación fiscal

La Ley 27/2014, de 27 de noviembre, del Impuesto sobre Sociedades, contempla en su articulado tanto las causas determinantes de la pérdida del régimen de consolidación fiscal como los efectos de la pérdida del régimen o de la extinción del grupo social. Concretamente, dedica sus artículos 73 y 74 a ello, siendo como se expone a continuación.

|| Causas determinantes de la pérdida del régimen

La pérdida del régimen de consolidación fiscal está regulada en el artículo 73 de la LIS, el cual señala que esta se producirá por:

- La concurrencia en alguna o algunas de las entidades integrantes del grupo fiscal de alguna de las circunstancias que, de acuerdo con lo establecido en la LGT, determinan la aplicación del método de estimación indirecta.
- Por el incumplimiento de las obligaciones de información, previstas en el artículo 72.1 de la LIS.

En cuanto a la producción de efectos de la pérdida del régimen de consolidación fiscal, el apartado 2 del artículo 73 de la LIS dispone que dicha pérdida se producirá con efectos del periodo impositivo en que concurra alguna o algunas de las causas mencionadas anteriormente. Las entidades integrantes del grupo fiscal deberán tributar por el régimen individual en dicho periodo.

|| Efectos de la pérdida del régimen o de la extinción del grupo fiscal

El artículo 74 de la LIS, apartado 1, contempla el procedimiento a seguir en el supuesto de pérdida del régimen de consolidación fiscal o de extinción el grupo fiscal. Se procederá de la siguiente forma:

- Las **eliminaciones pendientes de incorporación** se integrarán en la **base imponible individual de las entidades que forman parte del mismo**, en la medida en que hubieran generado la renta objeto de eliminación.
- Las **entidades que integren el grupo fiscal en el período impositivo en que se produzca la pérdida o extinción** de este régimen **asumirán**:
  - » Los gastos financieros netos pendientes de deducir del grupo fiscal, a que se refiere el artículo 16 de la LIS, en la proporción que hubieren contribuido a su formación.
  - » La diferencia establecida en el apartado 2 del artículo 16 de la LIS, en la proporción que hubieren contribuido a su formación.
  - » Las cantidades correspondientes a la reserva de capitalización establecida en el artículo 25 de la LIS, en la medida en que hubieran contribuido a su generación.
  - » Las dotaciones a que se refiere el apartado 12 del artículo 11 de la LIS pendientes de integrar en la base imponible, en la proporción que hubiesen contribuido a su formación.
  - » El derecho a la compensación de las bases imponibles negativas del grupo fiscal pendientes de compensar, en la proporción que hubieren contribuido a su formación.

  Dicha compensación se realizará con las bases imponibles positivas que se determinen en régimen individual de tributación en los períodos impositivos siguientes.

  - » Las cantidades correspondientes a la reserva de nivelación de bases imponibles prevista en el artículo 105 de la LIS pendientes de adicionar a la base imponible, en la proporción que hubiese contribuido a su formación.

» El derecho a la aplicación de las deducciones en la cuota del grupo fiscal pendientes de aplicar, en la proporción en que hayan contribuido a su formación.

La aplicación se practicará en las cuotas íntegras que se determinen en los períodos impositivos que resten hasta completar el plazo establecido en la LIS para la deducción pendiente, contado a partir del siguiente o siguientes a aquél o aquellos en los que se determinaron los importes a deducir.

» El derecho a la deducción de los pagos fraccionados que hubiese realizado el grupo fiscal, en la proporción en que hubiesen contribuido a ellos.

A TENER EN CUENTA. El artículo 74.2 de la LIS establece que lo anteriormente expuesto resultará de aplicación cuando alguna o algunas de las entidades que integran el grupo fiscal dejen de pertenecer a este.

¿Qué sucede cuando la entidad dominante adquiere la condición de dependiente o resulta absorbida por otra entidad mediante una operación de fusión?

En virtud de lo dispuesto en el apartado 3 del artículo 74 de la LIS, en aquellos supuestos en que la **entidad dominante** de un grupo **adquiera la condición de dependiente o sea absorbida por alguna entidad mediante una operación de fusión acogida al régimen fiscal especial del capítulo VII del título VII de la LIS**, que lleva por rúbrica «Régimen especial de las fusiones, escisiones, aportaciones de activos, canje de valores y cambio de domicilio social de una Sociedad Europea o una Sociedad Cooperativa Europea de un Estado miembro a otro de la Unión Europea», **que determine** en ambos casos que todas las **entidades incluidas en un grupo fiscal se integren en otro grupo fiscal**, se aplicarán las siguientes reglas:

- No se podrán integrar en la base imponible las **eliminaciones pendientes de incorporación** en relación con las entidades que pasan a formar parte de otro grupo fiscal. Estas incorporaciones se realizarán en la base imponible de este grupo fiscal conforme a lo dispuesto en el artículo 65 de la LIS.
- Los **gastos financieros netos pendientes de deducir** que, de acuerdo con lo previsto en el apartado 1 del artículo 74 de la LIS, asuman las entidades que se incorporan al nuevo grupo fiscal, se deducirán con el límite del 30 % del beneficio operativo de todas ellas. Dicha deducción se realizará teniendo en cuenta las eliminaciones e incorporaciones que correspondan, de acuerdo con lo previsto en los artículos 64 y 65 de la LIS. La diferencia establecida en el apartado 2 del artículo 16 de la LIS que asuman dichas entidades, resultará aplicable en relación con los gastos financieros generados por estas entidades conjuntamente.

- Las **cantidades correspondientes a la reserva de capitalización** establecida en el artículo 25 de la LIS pendientes de aplicar que asuman las entidades que se incorporan al nuevo grupo fiscal, se aplicarán en la base imponible de este, con el límite de la suma de las bases imponibles positivas de las referidas entidades previa a su aplicación, a la integración de las dotaciones a que se refiere el apartado 12 del artículo 11 de la LIS y a la compensación de bases imponibles negativas, teniendo en cuenta las eliminaciones e incorporaciones que corresponda realizar, de acuerdo con lo previsto en los artículos 64 y 65 de la LIS.
- Las **dotaciones a que se refiere el apartado 12 del artículo 11 de la LIS** pendientes de integrar en la base imponible que asuman las entidades que se incorporan al nuevo grupo fiscal, se integrarán en la base imponible de este, con el límite de la suma de las bases imponibles positivas de las referidas entidades previa a la integración de las dotaciones de la referida naturaleza y a la compensación de bases imponibles negativas, teniendo en cuenta las eliminaciones e incorporaciones que corresponda realizar, de acuerdo con lo previsto en los artículos 64 y 65 de la LIS.
- Las **bases imponibles negativas pendientes de compensación** que asuman las entidades que se incorporan al nuevo grupo fiscal, podrán ser compensadas por este con el límite de la suma de las bases imponibles de las entidades que se incorporan al nuevo grupo fiscal. Ello se realizará teniendo en cuenta las eliminaciones e incorporaciones que correspondan, de acuerdo con lo establecido en los artículos 64 y 65 de la LIS.
- Las **cantidades correspondientes a la reserva de nivelación** prevista en el artículo 105 de la LIS pendientes de adicionar, se adicionarán de acuerdo con lo dispuesto en el mencionado artículo, a la base imponible del grupo fiscal.
- Las **deducciones pendientes de aplicación** que asuman las entidades que se incorporan al nuevo grupo fiscal podrán deducirse en la cuota íntegra de este con el límite de la suma de las cuotas íntegras de las entidades que se incorporan al mismo.

CUESTIÓN

¿Se aplica el artículo 74.3 de la LIS cuando la integración en el grupo fiscal de las entidades dependientes se produce de manera parcial?

En el supuesto en que la integración de la entidad dependiente se realice solo de manera parcial no resultará de aplicación el apartado 3 del artículo 74 de la LIS. Así lo indica la Dirección General de Tributos en sus consultas, entre otras, la consulta vinculante (V0483-25), de 25 de marzo de 2025, al señalar que «la aplicación del artículo 74.3 de la LIS exige que todas las entidades dependientes del grupo fiscal anterior se integren en otro grupo fiscal, tal y como señala el propio precepto. Lo contrario, esto es, la integración parcial de las entidades dependientes del extinto grupo fiscal implicaría que el artículo 74.3 de la LIS no resultará de aplicación, produciéndose los efectos fiscales derivados el artículo 74.1 de la LIS. Así lo ha señalado este Centro Directivo en las consultas V5421-16, V2670-20 y V2182-22».

RESOLUCIÓN ADMINISTRATIVA

Consulta vinculante de la Dirección General de Tributos (V0483-25), de 25 de marzo de 2025

Asunto: la escisión total de un grupo fiscal en dos nuevos grupos fiscales conlleva la aplicación del artículo 74 de la LIS.

«Sin perjuicio de lo anterior, este Centro Directivo ha manifestado en las consultas V4443-16 y V2347-23 que ***la extinción de una entidad dominante y, en consecuencia, la extinción del grupo fiscal, con motivo de una operación de escisión total, a favor de dos entidades beneficiarias, conlleva los efectos establecidos en el artículo 74.1 de la LIS, a excepción de lo establecido en la letra a) del artículo 74.1 de la LIS****, debido a que los valores de las entidades dependientes, residentes en España, del extinto grupo, fueron, en ambos supuestos, objeto de transmisión a una misma entidad beneficiaria. Por tanto, acogiéndose la operación de reestructuración al régimen de neutralidad fiscal, en virtud del principio de subrogación en los derechos y las obligaciones tributarias de la escindida, la citada sociedad beneficiaria se subrogó en la posición de dominante de la sociedad extinta respecto de todas las entidades dependientes del extinto grupo fiscal. En consecuencia, en ambos supuestos, los efectos de las respectivas operaciones de escisión planteadas en las consultas V4443-16 y V2347-23 resultan equiparables a aquellas operaciones en las que se produce la absorción de la entidad dominante del grupo fiscal a través de una operación de fusión acogida al régimen del Capítulo VII del Título VII de la LIS, y todas las entidades dependientes del grupo fiscal anterior se integran en un nuevo grupo fiscal. En definitiva, siguiendo lo manifestado por este Centro Directivo en las consultas V4443-16 y V2347-23, de acuerdo con una interpretación sistemática y razonable de la norma, a los supuestos de hecho planteados en tales consultas, les resultaba de aplicación la excepción a la incorporación de las rentas eliminadas, prevista en la letra a) del artículo 74.3 de la LIS, de manera que la integración en la base imponible de las eliminaciones pendientes de incorporación debía efectuarse, en ambos supuestos, de acuerdo con los criterios generales previstos en la LIS.*

Lo anterior es acorde con ***la finalidad del artículo 74.3 de la LIS, cuya aplicación solo procederá cuando todas las entidades dependientes del grupo fiscal anterior se integren en otro grupo fiscal.***

De acuerdo con lo anterior, en el supuesto concreto planteado en el escrito de consulta, no resultará de aplicación la excepción establecida a la no incorporación de los resultados eliminados de operaciones internas realizadas dentro del grupo, dado que los valores de las entidades dependientes, residentes en España, del extinto grupo fiscal (X) serán objeto de transmisión a sendas entidades beneficiarias, por tanto, el extinto grupo fiscal no se integrará en otro grupo fiscal, sino en sendos grupos fiscales (X1 y X2).

En definitiva, en el caso objeto de consulta, ***la operación de escisión total de la entidad X en favor de dos entidades*** *beneficiarias de nueva constitución (X1 y X2)* ***dará lugar la fragmentación del grupo fiscal X en dos nuevos grupos fiscales*** *(X1 y X2), cada uno de ellos conformado por una de las sociedades beneficiarias junto con las entidades dependientes adquiridas. Por tanto,* ***la extinción del grupo fiscal X conllevará los efectos establecidos en el artículo 74.1 de la LIS.***

Sentado lo anterior, ***de acuerdo con lo dispuesto en el artículo 74.1 de la LIS, la extinción del grupo fiscal X determina que los créditos fiscales generados en el seno del grupo fiscal X y pendientes de aprovechamiento se atribuyan a las entidades del grupo fiscal que se extingue*** *en la proporción en que hubieren contribuido a su formación».*

2.6. Régimen de las fusiones, escisiones, aportaciones de activos, canje de valores y cambio de domicilio social (régimen FEAC)

El régimen de neutralidad o diferimiento fiscal, también conocido como régimen FEAC, en el IS

El **capítulo VII del título VII de la LIS (artículos 76 a 89)** regula el régimen especial de las fusiones, escisiones, aportaciones de activos, canje de valores y cambio de domicilio social de una sociedad europea o una sociedad cooperativa europea de un Estado miembro a otro de la UE. Comúnmente, se alude a él como régimen de neutralidad o de diferimiento fiscal, o bien como régimen FEAC.

Este régimen fiscal especial permite **diferir la tributación de las rentas latentes en los elementos patrimoniales transmitidos como consecuencia de ciertas operaciones de reestructuración**. Sin embargo, su aplicación no es automática ni carente de riesgos. Depende de que las operaciones se efectúen en los términos que contempla la normativa, con las condiciones exigidas en cada caso, y de que la operación realizada no tenga como principal objetivo el fraude o la evasión fiscal (en particular, no podrá aplicarse cuando la operación no se efectúe por «motivos económicos válidos» que las justifiquen; profundizaremos sobre ello en un apartado posterior).

Procederá con respecto a las operaciones de fusión, escisión, aportación de activos (ramas de actividad y otras no dinerarias), canje de valores y cambio de domicilio social de una sociedad europea o una sociedad cooperativa europea de un Estado miembro a otro de la Unión; entendidas en el sentido que especifica el artículo 76 de la LIS (que no siempre será totalmente coincidente con el concepto mercantil) y siempre que se cumplan los distintos **requisitos** que la normativa exige:

- Algunos de esos requisitos serán específicos para cada concreta operación (por ejemplo, en algunos casos puede ser precisa la residencia en territorio español de la entidad o un determinado porcentaje de participación para el socio).
- Otros requisitos, sin embargo, se exigirán en todo caso. Básicamente, será necesario que se comunique a la Administración tributaria la realización de las operaciones y que la aplicación del régimen no tenga como principal objetivo el fraude o la evasión fiscal (ahí sería dónde entrarían en juego los «motivos económicos válidos» de la operación).

CUESTIÓN

¿Las consecuencias de que una operación de reestructuración pueda acogerse al régimen FEAC se limitan al IS o pueden afectar a otros impuestos?

Las medidas fiscales directas que conlleva este régimen especial se proyectan tanto sobre el IS de la entidad de que se trate, como sobre el IRPF de los socios personas físicas o el IRNR. Sin embargo, la operatividad del régimen FEAC en realidad va más allá: de su procedencia o de la existencia de operaciones de reestructuración que encajen dentro de los conceptos que define de fusión, escisión, etc., dependerá la aplicación de otros incentivos fiscales en diferentes impuestos, como el IIVTNU, también conocido como «plusvalía municipal», o el ITPyAJD.

Operaciones que podrán acogerse al régimen FEAC

El régimen de neutralidad fiscal será aplicable a las operaciones de reestructuración que establece el artículo 76 de la LIS:

- Operaciones de **fusión, escisión, aportación no dineraria de ramas de actividad o canje de valores**.
- Operaciones en las que intervengan **contribuyentes del IS que no tengan la forma jurídica de sociedad mercantil**, siempre que produzcan **resultados equivalentes** a los derivados de las operaciones antes enumeradas.
- Operaciones de **cambio de domicilio social de una sociedad europea o una sociedad cooperativa europea de un Estado miembro a otro de la Unión Europea**, respecto de los bienes y derechos situados en territorio español que queden afectados con posterioridad a un establecimiento permanente situado en dicho territorio. A tales efectos, las reglas previstas para los supuestos de transmisiones de bienes y derechos serán de aplicación a las operaciones de cambio de domicilio social, aun cuando no den lugar a dichas transmisiones.
- Operaciones de **reestructuración y resolución de entidades de crédito**. Según la disposición adicional octava de la LIS, este régimen especial y sus efectos en los demás tributos resultarán de aplicación a las transmisiones del negocio o de activos o pasivos realizadas por entidades de crédito a favor de otra entidad de crédito, al amparo de la normativa de reestructuración bancaria, aun cuando no se correspondan con las operaciones mencionadas en los artículos 76 y 87 de la LIS. Las entidades de crédito que participen en esas operaciones podrán instar al Banco de España o al Fondo de Reestructuración Ordenada Bancaria, que solicite informe a la Dirección General de Tributos sobre las consecuencias tributarias que se deriven de las mismas. Dicho informe se emitirá en el plazo máximo de un mes y tendrá efectos vinculantes para los órganos y entidades de la Administración tributaria encargados de la aplicación de los tributos.

Por lo demás, y como antes se mencionaba, conviene resaltar que este régimen especial resultará de aplicación a las operaciones mencionadas, siempre entendidas en los términos que define el artículo 76 de la LIS. Y es que **el concepto fiscal de cada una de ellas a los efectos de que puedan acogerse al régimen de neutralidad fiscal no siempre será coincidente con el concepto mercantil** de las mismas. En consecuencia, para que pueda aplicarse el régimen de diferimiento fiscal, será necesario que las operaciones de reestructuración encajen dentro de alguno de los tipos mencionados, según las definiciones que especifica el capítulo VII del título VII de la LIS , y que concurran los distintos requisitos que en cada caso se establecen.

A TENER EN CUENTA. Evidentemente, las operaciones mencionadas (fusiones, escisiones, etc.) también tendrán que cumplir los requisitos que la normativa mercantil en cada caso exija para su ejecución, como podrían ser el otorgamiento de escritura pública u otras formalidades.

|| Fusión

A nivel mercantil, una fusión es una operación de reestructuración empresarial por medio de la cual dos o más sociedades mercantiles inscritas se integran en una única sociedad a través de la transmisión en bloque de sus patrimonios y la atribución a los socios de las sociedades que se extinguen de acciones, participaciones o cuotas de la sociedad resultante, que puede ser de nueva creación o una de las sociedades que se fusionan. Se regula en los artículos 33 y siguientes del Real Decreto-ley 5/2023, de 28 de junio; que entraron en vigor el 29 de julio de 2023, afectando también a las modificaciones estructurales de sociedades mercantiles «*cuyos proyectos no hubieren sido aún aprobados por las sociedades implicadas con anterioridad a la entrada en vigor de este real decreto-ley*» (disposición transitoria primera del Real Decreto-ley 5/2023, de 28 de junio).

A los efectos del régimen FEAC, se considerará como fusión aquella operación en virtud de la cual:

- **Una o varias entidades transmiten en bloque a otra entidad ya existente**, como consecuencia y en el momento de su disolución sin liquidación, sus respectivos patrimonios sociales, mediante la atribución a sus socios:
  - » De valores representativos del capital social de la otra entidad.
  - » Y, en su caso, de una compensación en dinero que no exceda del 10 % del valor nominal o, a falta de valor nominal, de un valor equivalente al nominal de dichos valores deducido de su contabilidad.
- **Dos o más entidades transmiten en bloque a otra nueva**, como consecuencia y en el momento de su disolución sin liquidación, la totalidad de sus patrimonios sociales, mediante la atribución a sus socios de valores representativos del capital social de la nueva entidad y, en su caso, de una compensación en dinero que no exceda del límite antes indicado.
- **Una entidad transmite**, como consecuencia y en el momento de su disolución sin liquidación, el conjunto de su patrimonio social a la entidad que es titular de la totalidad de los valores representativos de su capital social.

RESOLUCIÓN ADMINISTRATIVA

Consulta vinculante de la Dirección General de Tributos (V0503-25), de 27 de marzo de 2025

Asunto: aplicación del régimen FEAC a una operación de fusión.

«(...) si la operación proyectada se realiza en el ámbito mercantil al amparo de lo dispuesto en el Real Decreto-ley 5/2023, de 28 de junio, y cumple, además, lo dis-

puesto en el artículo 76.1 a) de la LIS, dicha operación podría acogerse al régimen de neutralidad fiscal establecido en el Capítulo VII del Título VII de la LIS, en las condiciones y con los requisitos exigidos en el mismo».

|| Escisión

La escisión de una sociedad mercantil supone un proceso inverso al de fusión, de disgregación o separación del patrimonio empresarial en una o más partes. A nivel mercantil, se regula en los artículos 58 y siguientes del Real Decreto-ley 5/2023, de 28 de junio; y puede revestir tres modalidades: escisión total, escisión parcial o segregación.

A los efectos del régimen FEAC, el artículo 76 de la LIS establece que tendrá la consideración de escisión aquella operación por la cual:

- Una **entidad divide en dos o más partes la totalidad de su patrimonio social y los transmite en bloque** a dos o más entidades ya existentes o nuevas, como consecuencia de su disolución sin liquidación, mediante la atribución a sus socios, con arreglo a una norma proporcional, de valores representativos del capital social de las entidades adquirentes de la aportación y, en su caso, de una compensación en dinero que no exceda del 10 % del valor nominal o, a falta de valor nominal, de un valor equivalente al nominal de dichos valores deducido de su contabilidad.
- Una **entidad segrega una o varias partes de su patrimonio social que formen ramas de actividad y las transmite en bloque** a una o varias entidades de nueva creación o ya existentes, manteniendo en su patrimonio al menos una rama de actividad en la entidad transmitente, o bien participaciones en el capital de otras entidades que le confieran la mayoría del capital social de estas, recibiendo a cambio valores representativos del capital social de la entidad adquirente, que deberán atribuirse a sus socios en proporción a sus respectivas participaciones, reduciendo el capital social y reservas en la cuantía necesaria, y, en su caso, una compensación en dinero en los términos del punto anterior.
- Una **entidad segrega una parte de su patrimonio social, constituida por participaciones en el capital de otras entidades que confieran la mayoría del capital** social en estas, **y las transmite en bloque** a una o varias entidades de nueva creación o ya existentes, manteniendo en su patrimonio, al menos, participaciones de similares características en el capital de otra u otras entidades o bien una rama de actividad, recibiendo a cambio valores representativos del capital social de estas últimas, que deberán atribuirse a sus socios en proporción a sus respectivas participaciones, reduciendo el capital social y las reservas en la cuantía necesaria y, en su caso, una compensación en dinero en los términos antes mencionados.

Cuando existan **dos o más entidades adquirentes**, la atribución a los socios de la entidad que se escinde de valores representativos del capital de alguna de las entidades adquirentes en proporción distinta a la que tenían en la que se escinde requerirá que los patrimonios adquiridos por aquellas constituyan ramas de actividad. Es decir, cuando se trate de una escisión no proporcional, en la que los socios reciban participaciones de las sociedades beneficiarias de la escisión en proporción diferente de la que tenían en la originaria, será necesario que concurra un requisito adicional para que pueda aplicarse el régimen FEAC: que los patrimonios escindidos constituyan, cada uno de ellos por sí mismos, una rama de actividad.

En este sentido, el artículo 76.5 de la LIS establece que se considerará como **rama de actividad** «*el conjunto de elementos patrimoniales que sean susceptibles de constituir una unidad económica autónoma determinante de una explotación económica, es decir, un conjunto capaz de funcionar por sus propios medios. Podrán ser atribuidas a la entidad adquirente las deudas contraídas para la organización o el funcionamiento de los elementos que se traspasan*».

Sin embargo, hay que tener en cuenta que la jurisprudencia y la doctrina administrativa considera que, además, la rama de actividad que se transmita debe existir en la entidad transmitente para poder aplicar el régimen fiscal especial. En ese sentido, la sentencia del Tribunal Supremo n.º de 29 de octubre de 2009, recurso n.º 7162/2004, ECLI:ES:TS:2009:7798, ya apuntaba:

> «La rama de actividad ha de reunir los siguientes requisitos:
>
> a) Ha de tratarse de un conjunto de bienes y, en ocasiones, también de personas.
>
> b) El conjunto de elementos patrimoniales ha de ser de activo y pasivo.
>
> c) Ha de tratarse de una rama de actividad de la propia sociedad aportante.
>
> d) Los bienes han de formar una unidad económica coherente, autónoma e independiente de otras.
>
> e) Ese conjunto de bienes ha de ser capaz de funcionar por sus propios medios.
>
> f) La rama de actividad ha de existir cuando se realiza la aportación; no basta que se trate, meramente, de una suma de elementos patrimoniales que potencialmente puedan llegar, en un futuro, a constituir una unidad económica autónoma.
>
> g) La sociedad que recibe los bienes debe desarrollar una actividad empresarial en la explotación de los elementos recibidos en la aportación.
>
> Así pues, solo aquellas aportaciones en las que el patrimonio segregado constituya una unidad económica y permita por sí mismo el desarrollo de una explotación económica en sede de la adquirente podrán disfrutar del régimen especial de exención. Ahora bien, tal concepto fiscal exige que la actividad económica que la adquirente desarrollará de manera autónoma exista también previamente en sede del transmitente permitiendo así la identificación de un conjunto patrimonial afectado o destinado a la misma».

A TENER EN CUENTA. La exigencia de este requisito adicional de que el patrimonio escindido constituya una rama de actividad en los supuestos de escisión total no proporcional ha generado una importante controversia, puesto que el régimen especial tiene su origen en el derecho comunitario y las normas europeas no la incluyen. La Comisión Europea ha abierto un procedimiento infractor contra España por este motivo, algunos Tribunales Superiores de Justicia han puesto en tela de juicio este requisito adicional y el Tribunal Supremo tiene admitido un recurso de casación al respecto, por medio de auto de 10 de abril de 2024, recurso n.° 706/2023, ECLI:ES:TS:2024:4433A, cuyo objeto sería:

> «1.1. Determinar si en las escisiones totales y no proporcionales de sociedades es conforme con el Derecho de la Unión Europea que la aplicación del régimen de neutralidad fiscal (diferimiento de la ganancia patrimonial) régimen especial del Capítulo VIII del Título VII del TRLIS de 2004 se condicione a que los patrimonios adquiridos constituyan ramas de actividad diferenciadas, a falta de que la jurisprudencia comunitaria admita previsiones legislativas nacionales de inaplicación.
>
> 1.2. Esclarecer si, ante la finalidad de la Directiva sobre fusiones (Directiva 90/434/CEE del Consejo) de no obstaculizar las reorganizaciones de las empresas, la eventualidad de que las condiciones que la legislación española establece en el régimen fiscal de las escisiones pudieran ser contrarias a dicha Directiva, podría hacer exigible la intervención del Tribunal de Justicia de la Unión Europea, mediante la formulación de cuestión prejudicial».

RESOLUCIÓN ADMINISTRATIVA

Consulta vinculante de la Dirección General de Tributos (V0549-25), de 28 de marzo de 2025

Asunto: la existencia de varios establecimientos o inmuebles para ejercer la actividad no significa que cada uno de ellos se configure como rama de actividad por el solo hecho de contar con su propio personal o estar ubicados en distintos lugares.

«En el caso concreto planteado, en la medida en que los socios de la entidad escindida recibirán participaciones de las sociedades beneficiarias de la escisión en proporción distinta a la existente en aquélla – esto es, cada una de las ramas familiares recibirá el 100% de una sociedad de nueva creación que recibirá un hotel junto con todos su elementos patrimoniales afectos a su explotación –, la operación se calificará como una escisión total no proporcional, lo que exige, en el ámbito fiscal, que los patrimonios escindidos configuren, cada uno de ellos por sí mismos, una rama de actividad.

(...)

El propio concepto de rama de actividad requiere la existencia de una organización empresarial diferenciada para cada conjunto patrimonial, que determine la existencia autónoma de una actividad económica que permita identificar un conjunto patrimonial afectado o destinado a la misma, lo cual exige que esta autonomía sea motivada por la diferente naturaleza de las actividades desarrolladas por cada rama o, existiendo una única actividad, en función del destino o naturaleza de estos elementos patrimoniales, que requiera de una organización separada como consecuencia de las especialidades existentes en su explotación económica que exija de un modelo de gestión diferenciado determinante de diferentes explotaciones económicas autónomas.

En definitiva, el concepto de "rama de actividad" requiere determinar la existencia de un conjunto patrimonial susceptible de funcionar por sus propios medios, perfectamente identificado en sede de la entidad transmitente y que, desde el punto de vista organizativo, forme un conjunto de elementos de activo y de pasivo de una división de una sociedad que constituyen desde un punto de vista de la organización una explotación autónoma, es decir, un conjunto capaz de funcionar por sus propios medios.

(...)

La existencia de varios establecimientos o inmuebles para realizar la actividad no significa que cada establecimiento o inmueble se configure como una rama de actividad por el hecho de disponer de personal adscrito a cada uno y estar ubicados en lugares diferentes sino que se precisaría -tal y como se ha señalado anteriormente en relación con la existencia de varias ramas de actividad en una única actividad económica- que en sede de la entidad escindida, en función del destino y naturaleza de tales establecimientos o inmuebles, existiera una organización separada y un modelo de gestión diferenciado determinante de distintas explotaciones económicas autónomas».

|| Aportación no dineraria de ramas de actividad

La aportación no dineraria de ramas de actividad consistirá en aquella operación en virtud de la cual una entidad aporta, sin ser disuelta, a otra entidad de nueva creación o ya existente, la totalidad o una o más ramas de actividad, recibiendo a cambio valores representativos del capital social de la entidad adquirente.

En este sentido, el artículo 76.3 de la LIS especifica que se entenderá por rama de actividad el **conjunto de elementos patrimoniales que sean susceptibles de constituir una unidad económica autónoma determinante de una explotación económica**, esto es, un conjunto capaz de funcionar por sus propios medios. Podrán ser atribuidas a la entidad adquirente las deudas contraídas para la organización o el funcionamiento de los elementos que se traspasan.

Por otra parte, según ha reiterado la Dirección General de Tributos, solo las operaciones de aportación no dineraria de ramas de actividad en las que el patrimonio aportado constituya una unidad económica y permita por sí mismo el desarrollo de una explotación económica en sede de la adquirente podrán disfrutar del régimen de neutralidad fiscal. Ahora bien, tal concepto fiscal no excluye la exigencia, implícita en el concepto de «rama de actividad», de que la **actividad económica que la entidad adquirente desarrollará de manera autónoma exista también previamente en sede de la transmitente**, permitiendo así la identificación de un conjunto patrimonial afectado o destinado a la misma. Así se recoge, por ejemplo, en las consultas vinculantes de la DGT (V2512-24), de 10 de diciembre de 2024, o (V0224-25), de 26 de febrero de 2025. En la primera de ellas, de hecho, de un modo bastante gráfico, se señala que «*en la medida en que el patrimonio transmitido determine la existencia de una explotación económica en sede de la entidad transmitente, constitutiva de una rama de actividad que se segrega y transmite en su conjunto a la entidad adquirente, de tal manera que ésta podrá seguir realizando la misma actividad en condiciones análogas, la operación (...) podría cumplir los requisitos formales del artículo 76.3 de la LIS para acogerse al régimen fiscal especial*».

RESOLUCIÓN ADMINISTRATIVA

Consulta vinculante de la Dirección General de Tributos (V0224-25), de 26 de febrero de 2025

Asunto: posibilidad de aplicar el régimen FEAC en caso de aportación no dineraria de rama de actividad.

«A efectos mercantiles, el artículo 58 del Real Decreto-ley 5/2023 de 28 de junio (...), incluye como una de las modalidades de escisión a la segregación, definida en su artículo 61 como "el traspaso en bloque por sucesión universal de una o varias partes

del patrimonio de una sociedad, cada una de las cuales forme una unidad económica, a una o varias sociedades, recibiendo a cambio la sociedad segregada acciones, participaciones o cuotas de las sociedades beneficiarias".

Dado que a efectos de la aplicación del régimen especial del Capítulo VII del Título VII de la LIS se regula específicamente la figura de la aportación no dineraria de rama de actividad a que anteriormente se ha hecho referencia, sería en este último concepto en el que se encuadraría la operación planteada a efectos de la aplicación del régimen especial.

(...)

Así pues, sólo aquellas ***operaciones de aportación no dineraria de ramas de actividad en las que el patrimonio aportado constituya una unidad económica y permita por sí mismo el desarrollo de una explotación económica en sede de la adquirente*** *podrán disfrutar del régimen especial del Capítulo VII del Título VII de la LIS. Ahora bien, tal concepto fiscal no excluye la exigencia, implícita en el concepto de "rama de actividad", de que la actividad económica que la adquirente desarrollará de manera autónoma existiera también previamente en sede de la transmitente, permitiendo así la identificación de un conjunto patrimonial afectado o destinado a la misma.*

El propio concepto de rama de actividad requiere la existencia de una organización empresarial diferenciada para cada conjunto patrimonial, que determine la existencia autónoma de una actividad económica que permita identificar un conjunto patrimonial afectado o destinado a la misma, lo cual exige que esta autonomía sea motivada por la diferente naturaleza de las actividades desarrolladas por cada rama o, existiendo una única actividad, en función del destino y naturaleza de estos elementos patrimoniales, que requiera de una organización separada como consecuencia de las especialidades existentes en su explotación económica que exija de un modelo de gestión diferenciado determinante de diferentes explotaciones económicas autónomas.

En definitiva, el concepto de "rama de actividad" requiere determinar la existencia de un conjunto patrimonial susceptible de funcionar por sus propios medios, perfectamente identificado en sede de la entidad transmitente y que, desde el punto de vista organizativo, forme un conjunto de elementos de activo y de pasivo de la sociedad que constituyan, desde el punto de vista de la organización, una explotación autónoma, es decir, un conjunto capaz de funcionar por sus propios medios».

|| Canje de valores

Conforme al artículo 76.5 de la LIS, tendrá la consideración de canje de valores representativos del capital social la operación por la cual «*una entidad adquiere una participación en el capital social de otra que le permite obtener la mayoría de los derechos de voto en ella o, si ya dispone de dicha mayoría, adquirir una mayor participación, mediante la atribución a los socios, a cambio de sus valores, de otros representativos del capital social de la primera entidad y, en su caso, de una compensación en dinero que no exceda del 10 por ciento del valor nominal o, a falta de valor nominal, de un valor equivalente al nominal de dichos valores deducido de su contabilidad*».

Es decir, un canje de valores es una operación en virtud de la cual una **entidad adquiere una participación en el capital de otra, que le permite obtener la mayoría de sus derechos de voto** (o, en caso de ya tener esa mayoría, incrementarla); mediante la **atribución a los socios, a cambio de**

sus valores, de otros valores de la sociedad adquirente y, en su caso, de una compensación en dinero que no exceda del porcentaje que especifica el precepto. En el fondo, se trataría de una suerte de aportación no dineraria muy específica, en la que se aportan acciones o participaciones en el capital de una entidad, que atribuyen la mayoría de los derechos de voto, y que puede materializarse al constituirse una sociedad o cuando se produzca un aumento de capital.

RESOLUCIÓN ADMINISTRATIVA

Consulta vinculante de la Dirección General de Tributos (V0939-24), de 29 de abril de 2024

Asunto: aplicación del régimen de neutralidad fiscal en una operación de canje de valores.

«El supuesto planteado en el escrito de consulta consiste en una operación de canje de valores por la que las personas físicas PF1 y PF2 tienen intención de aportar sus participaciones en las Sociedades A, B, C y D (que representan el 100% de cada una de ellas) a Newco.

A la vista de lo expuesto, en la medida en que la entidad beneficiaria (Newco) adquiera participaciones en el capital social de las Sociedades A, B, C y D que le permita obtener la mayoría de los derechos de voto de las mismas (concretamente, el 100% de cada una de las sociedades mencionadas), y siempre que concurran el resto de los requisitos exigidos en el artículo 80 de la LIS, anteriormente citados, resultará de aplicación a las operaciones planteadas, el régimen de neutralidad fiscal, previsto en el Capítulo VII del Título VII de la LIS, en las condiciones y con los requisitos establecidos en dicha normativa».

La necesidad de comunicar las operaciones de reestructuración a la Administración tributaria

El primer apartado del artículo 89 de la LIS expresamente indica que la realización de las operaciones de reestructuración a las que se refieren los artículos 76 y 87 de la LIS tendrá que ser objeto de **comunicación a la Administración tributaria**. En la comunicación habrá que indicar el **tipo de operación que se realiza y si se opta por no aplicar el régimen de neutralidad fiscal**. No obstante, **se entenderá que la operación aplica el régimen especial, salvo que expresamente se indique lo contrario** a través de la comunicación.

La comunicación se realizará:

- Por la **entidad adquirente** de las operaciones, salvo que no sea residente en territorio español, en cuyo caso corresponderá hacerla la entidad transmitente.
- En el caso de operaciones en las cuales ni la entidad adquirente ni la transmitente sean residentes en territorio español, la comunicación deberá ser efectuada por los socios de la entidad transmitente, siempre que sean residentes en territorio español. En caso contrario, la comunicación la realizará la entidad transmitente. Deberá indicarse que la operación se ha acogido a un régimen fiscal similar al de neutralidad fiscal.

|| Plazo para realizar la comunicación

La comunicación tendrá que efectuarse dentro del plazo de los **tres meses siguientes a la fecha de inscripción de la escritura pública** en la que se documente la operación (artículo 48 del RIS). Si la inscripción no fuera necesaria, el plazo se computará desde la fecha en la que se otorgue la escritura pública o el documento equivalente que corresponda a la operación.

En el caso de operaciones de cambio de domicilio social, la comunicación deberá realizarse dentro del plazo de los tres meses siguientes a la fecha de inscripción en el registro del Estado miembro del nuevo domicilio social de la escritura pública o documento equivalente en que se documente la operación.

Ahora bien, si se tratase de operaciones en las que ni la entidad adquirente ni la transmitente sean residentes en territorio español, la comunicación se realizará en el plazo previsto para la presentación de las declaraciones o autoliquidaciones correspondientes a los socios de la entidad transmitente, siempre que sean residentes en territorio español. En caso contrario, se aplicará el plazo indicado en el primer párrafo.

|| Presentación y contenido

La comunicación se dirigirá a la delegación de la AEAT del domicilio fiscal de las entidades obligadas a efectuarla (o establecimientos permanentes si se tratara de entidades no residentes) o a las dependencias regionales de Inspección o a la Delegación Central de Grandes Contribuyentes, en el caso de contribuyentes adscritos a las ellas.

Deberá contener (artículo 49 del RIS) :

- Identificación de las entidades participantes en la operación y descripción de la misma.
- Copia de la escritura pública o documento equivalente que corresponda a la operación.
- En el caso de que las operaciones se hubieran realizado mediante una oferta pública de adquisición de acciones, también deberá aportarse copia del correspondiente folleto informativo.
- Indicación, en su caso, de la no aplicación del régimen de diferimiento fiscal.

CUESTIÓN

¿No presentar esta comunicación dentro del plazo correspondiente tiene consecuencias?

Sí, la falta de presentación en plazo constituye infracción tributaria grave y conlleva una sanción de multa pecuniaria fija de 10.000 euros por cada operación respecto de la que hubiese de suministrarse información (artículo 89.1 de la LIS) .

RESOLUCIÓN RELEVANTE

Sentencia del Tribunal Supremo n.º 272/2021, de 25 de febrero, ECLI:ES:TS:2021:712

Asunto: comunicada la opción por aplicar el régimen FEAC, la no presentación de la autoliquidación del IS por la sociedad escindida podrá ser objeto de sanción.

«Ha quedado acreditado que se ha optado, válidamente, por el régimen especial de fusiones y escisiones, pero, realmente, no se ha aplicado, como se ha puesto de manifiesto en las actuaciones inspectoras. La presentación de la autoliquidación hubiera puesto de manifiesto la inaplicación de ese régimen especial y, por eso, no se presentó. De ello era consciente el obligado tributario. En la presente ocasión con la falta de presentación, verdaderamente, lo que se ha hecho ha sido ocultar tal inaplicación, ocultamiento que no es baladí, pues su descubrimiento daría lugar, como ha sucedido, a que se exigiera la cuota que, indebidamente, no se había ingresado.

A la vista de lo expuesto, fijamos el siguiente criterio: conforme a lo dispuesto en el artículo 11.1.a) de la Directiva 90/434/CEE, del Consejo, de 23 de julio, relativa al régimen fiscal común aplicable a las fusiones, escisiones, escisiones parciales, aportaciones de activos y canjes de valores realizados entre sociedades de los distintos Estados miembros, y en el artículo 96 del texto refundido de la Ley del Impuesto sobre Sociedades aprobado por Real Decreto Legislativo 4/2004, de 5 de marzo, cuando se haya comunicado a la Administración tributaria la opción por el régimen fiscal de diferimiento, la presentación de la autoliquidación por el Impuesto sobre Sociedades de la mercantil escindida no es una condición para su aplicación, pero su no presentación, posibilita la imposición de sanciones, conforme a los artículos 178, 179 y 184.2 de Ley 58/2003, de 17 de diciembre, General Tributaria, particularmente la prevista en el artículo 191 de la misma Ley, cuando la Administración tributaria no aprecie motivos económicos válidos en la operación de reestructuración empresarial».

La cláusula antiabuso del artículo 89.2 de la LIS y sus consecuencias

Para que pueda aplicarse el régimen FEAC será necesario que la operación de reestructuración encaje dentro de alguna de las categorías que define el artículo 76 de la LIS, en los términos que establece el propio precepto, y que concurran todos los requisitos a los que se condiciona su aplicación en cada caso:

- Algunos de esos requisitos serán específicos para cada concreta operación (por ejemplo, algunas veces puede ser precisa la residencia en territorio español de la entidad o un determinado porcentaje de participación).
- Otros requisitos, sin embargo, se exigirán en todo caso. Básicamente, será necesario que se comunique a la Administración tributaria la realización de las operaciones y que la aplicación del régimen no tenga como principal objetivo el fraude o la evasión fiscal (ahí sería dónde entrarían en juego los «motivos económicos válidos» de la operación, como luego se verá).

El apartado 2 del artículo 89 de la LIS recoge esta cláusula antiabuso del siguiente modo:

«2. **No se aplicará el régimen establecido en el presente capítulo cuando la operación realizada tenga como principal objetivo el fraude**

> **o la evasión fiscal**. En particular, el régimen **no se aplicará cuando la operación no se efectúe por motivos económicos válidos**, tales como la reestructuración o la racionalización de las actividades de las entidades que participan en la operación, sino con la mera finalidad de conseguir una ventaja fiscal.
>
> Las actuaciones de comprobación de la Administración tributaria que determinen la inaplicación total o parcial del régimen fiscal especial por aplicación de lo dispuesto en el párrafo anterior, eliminarán exclusivamente los efectos de la ventaja fiscal».

Por lo tanto, sea cual sea la operación de reestructuración que se lleve a cabo y aunque se cumplan todos los demás requisitos, **no podrá aplicarse el régimen de neutralidad fiscal cuando el objetivo principal sea lograr una ventaja fiscal de forma abusiva**; esto es, cuando la causa que motive la operación sea meramente fiscal, al margen de otra u otras razones económicas distintas.

Se trataría de una exigencia que responde al fundamento mismo del régimen fiscal especial, que busca que la fiscalidad no sirva como freno ni como incentivo para las decisiones de las empresas en esta materia. En ese sentido, el Tribunal Supremo indicó en su sentencia n.º 1503/2022, de 16 de noviembre, ECLI:ES:TS:2022:4154, que «*la obtención de una ventaja fiscal, está ínsita en el propio régimen de diferimiento, puesto que se caracteriza por su neutralidad fiscal, de suerte que el componente fiscal ni sea disuasorio ni incentivador al efecto, se trata de propiciar reestructuraciones mediante la neutralidad fiscal;* ***la ventaja fiscal prohibida es la que se convierte en el objetivo y finalidad de la operación y no motivos económicos o empresariales***». La ventaja fiscal, fuera de los casos en los que se presente como objetivo espurio, en principio, sería legítima dentro de la economía de opción. Análogamente, en su previa sentencia n.º 463/2021, de 31 de marzo, ECLI:ES:TS:2021:1258, nuestro Alto Tribunal ya recordaba que «*la finalidad del régimen especial de la directiva es la de no castigar, esto es, la de ser neutral, a fin de facilitar las operaciones de reestructuración empresarial, en tanto generadoras de plusvalías o ganancias que serían susceptibles de ser gravadas, que quedan así no gravadas en virtud del diferimiento. Pero se exige, para ello, que tales actos no se busquen para obtener ventajas fiscales, única o preponderantemente, sino que tengan una finalidad y una sustancia económica*».

Y es que, en puridad, tal y como apunta la Dirección General de Tributos en sus consultas vinculantes (V0223-25), de 26 de febrero de 2025, o (V2214-23), de 27 de julio de 2023, lo cierto es que **los «motivos económicos válidos» no son un requisito *sine qua non* para la aplicación del régimen FEAC, sino que su ausencia puede constituir una presunción o indicio de que la operación puede haberse realizado con el objetivo principal de fraude o evasión fiscal**.

De hecho, esa idea ya la recogía la sentencia del Tribunal Supremo n.º 2508/2016, de 23 de noviembre, ECLI:ES:TS:2016:5177, al señalar «*(...) el hecho de que una de las operaciones contempladas no se efectúe por motivos económicos válidos, como son la reestructuración o la racionalización de las actividades de las sociedades que participan en la operación, puede constituir una presunción de que esta operación tiene como objetivo principal o como uno de sus principales objetivos el fraude o la evasión fiscal. Ahora bien,* ***pueden existir otros motivos económicos válidos, que no sean la reestructuración o racionalización de las actividades de las sociedades****, pues como en otras ocasiones ha dicho este Tribunal Supremo, "Con tal que el negocio aspire, razonablemente, a la consecución de un objetivo empresarial, de la índole que fuere, debe decaer la idea de que, en los términos legales, '...la operación realizada tenga como principal objetivo el fraude o la evasión fiscal....', (...)"*». Añadiendo, incluso, que «*lo prohibido,* ***lo que impide la aplicación del régimen especial de diferimiento no es más que se persiga como objetivo principal el fraude o la evasión fiscal****, nada más, y simple y llanamente para despejar posibles incógnitas de la concurrencia o no de dicho objetivo con la intensidad requerida, se establece la presunción vista, que no concurran motivos económicos válidos, integrando este concepto no sólo con que el objetivo no sea la racionalización y reestructuración de las actividades empresariales, sino que como se desprende de su tenor literal, " tales como", aparte de los citados, que quizás pudieran ser los más comunes, caben otros objetivos empresariales que integran dicho concepto jurídico indeterminado, siempre que estos, como se ha dicho por la jurisprudencia, se conecte con la finalidad y objetivos del régimen especial de diferimiento, esto es, hacer posible la continuidad y desarrollo de la actividad empresarial*».

Por lo tanto, la Administración tributaria, en el curso de una comprobación o investigación, solo podrá regularizar la ventaja fiscal perseguida cuando quede acreditado que la operación tenía por objetivo principal el fraude o la evasión fiscal; procediendo, entonces, a eliminar los efectos de esa ventaja fiscal y a imponer, en su caso, las correspondientes sanciones. Y, en ese sentido, tanto la identificación de la ventaja fiscal perseguida como la apreciación de los motivos a los que responden las operaciones de reestructuración son **cuestiones de hecho que requieren de un examen global de la operación de que se trate, atendiendo a las circunstancias que concurran en cada caso (tanto anteriores como simultáneas o posteriores)**. De hecho, lo normal será que el abuso prohibido no nazca de la operación de reestructuración en sí, sino de una concatenación de negocios. De ahí la importancia de que, si una determinada operación se acoge al régimen FEAC, los interesados tengan mucho cuidado con las operaciones encadenadas o futuras que realicen (por ejemplo, de repartos de dividendos, compensaciones de bases imponibles negativas o transmisiones de participaciones; a lo largo del epígrafe se hará referencia a algunas consultas vinculantes de la DGT o resoluciones del TEAC que ponen el foco sobre ciertas operaciones concatenadas que llevan a la Agencia Tributaria a inaplicar el régimen especial).

En definitiva, cuando se plantee una operación de reestructuración y se pretenda disfrutar del régimen de diferimiento, los interesados tendrán que ver si las operaciones de reestructuración que proyectan están justificadas por «motivos económicos válidos», sin que su objetivo principal sea el fraude o la evasión fiscal; y, llegado el caso, tendrán que encontrarse en condiciones de demostrarlo ante la Administración tributaria. Lo cual plantea, además, una dificultad añadida, ya que la normativa tributaria no define qué se entiende por «motivos económicos válidos» a estos efectos.

Es imposible determinar con absoluta certeza y de un modo general qué motivos económicos podrían justificar una operación de reestructuración de cara a la aplicación del régimen FEAC, por lo que la única opción es **acudir a la doctrina administrativa y a la jurisprudencia para ver qué criterios han aplicado en supuestos similares**. También cabría, en su caso, plantear una consulta vinculante en la que se especifiquen las circunstancias del supuesto; pero, la mayoría de las veces ni siquiera así se tendría asegurada una respuesta clara, puesto que las contestaciones pueden ser genéricas o supeditarse a la valoración que realicen los órganos competentes en materia de comprobación e investigación.

Por ejemplo, la consulta vinculante de la DGT (V1989-19), de 31 de julio de 2019, ofreció una respuesta relativamente precisa al supuesto planteado, admitiendo los siguientes como motivos económicos válidos de cara a la aplicación del régimen de neutralidad fiscal:

> «- Alcanzar una estructura holding como medio para dirigir los intereses empresariales de los consultantes, centralizando la toma de decisiones y mejorando y racionalizando la gestión y el control.
>
> - Disponer de un vehículo societario que permita concentrar los recursos que puedan percibirse de las empresas participadas, sin necesidad de pasar previamente por las personas físicas. Reinvertir desde la entidad receptora los dividendos y beneficios de las actuales inversiones en nuevas inversiones empresariales, evitando el coste de IRPF de los consultantes cuando los fondos se destinarán a nuevas inversiones.
>
> - Incrementar la solvencia financiera de la beneficiaria, a efectos de realizar futuras inversiones directamente. Apoyar financieramente a las entidades participadas en las operaciones de adquisición de maquinaria y de derechos de exclusividad de explotación de locales, permitiendo el acceso a financiación ajena en mejores condiciones.
>
> - Mayor capacidad para negociar y obtener mejores condiciones de financiación con entidades de crédito. Reducción del coste de los avales requeridos para la concesión de créditos.
>
> - Simplificar una eventual sucesión tanto en la administración empresarial como, en su caso, en la titularidad de las participaciones, evitando disputas sucesorias y, por tanto, favoreciendo la implicación de todos los miembros del grupo familiar en la gestión y conservación de las participaciones en el grupo empresarial y en consecuencia en el propio negocio. Facilitar el cumplimiento de los requisitos recogidos en el aparatado Ocho. Dos del artículo 4 de la LIP para que resulte de aplicación la exención por la participación de la denominada empresa familiar».

En su previa consulta vinculante (V2572-16), de 10 de junio de 2016, el Centro Directivo también había indicado ya de una forma bastante precisa que podían constituir motivos económicos válidos «*crear una estructura organizativa más racional que permita gestionar de manera más independiente, eficiente y profesional las distintas actividades económicas desarrolladas por el grupo, unificando todas sus actividades empresariales dentro de una única holding; minorar los riesgos de manera que las hipotéticas responsabilidades que pudieran surgir en el desarrollo de cada actividad empresarial, únicamen-*

te responda con los elementos patrimoniales afectos específicamente a la misma». E, igualmente, en otras consultas vinculantes más recientes también ha llegado a la misma conclusión, por ejemplo:

- En relación con una operación que «*se realizaría con el objetivo de planificar y simplificar la sucesión futura en la que los herederos serán los dos hijos de la socia que posee el 99,94% del capital de la entidad A e intentar evitar conflictos derivados de una gestión conjunta de la entidad por parte de los dos hermanos, que muy probablemente llegaría al bloqueo social, dada su inexistente relación*» [consulta vinculante de la DGT (V0223-25), de 26 de febrero de 2025].
- Con respecto a otra que permitiría conseguir «*una única entidad cabecera del grupo que centralice la toma de decisiones de los distintos negocios, la dirección y gestión de las participaciones, y la prestación de servicios comunes al resto de entidades, una mejora en la gestión contable y administrativa, se mostraría una imagen única y homogénea frente a clientes y proveedores, dar un mejor acceso a la financiación externa a la actividad inmobiliaria, concentrar en una sola entidad las actividades de venta y arrendamiento de inmuebles, una mayor solvencia de imagen de grupo, facilitando sus inversiones comunes futuras y reforzando la posición del grupo frente a terceros, reducir costes notariales y de registros, y eliminar duplicidades en los órganos sociales y centralizar la participación de los socios, integrando los patrimonios de las distintas entidades y así, agilizar y rentabilizar su estructura de gestión, acudiendo a economías de escala*» [consulta vinculante de la DGT (V0186-25), de 14 de febrero de 2025].

Aunque, eso sí, en cualquiera de las consultas mencionadas, el Centro Directivo lanza siempre la advertencia de que la respuesta se realiza teniendo en cuenta la información proporcionada y sin considerar otras circunstancias o hechos no mencionados, que pudieran ser relevantes para determinar el propósito principal de la operación y que podrían alterar la conclusión alcanzada (cosa que, además, podría ser objeto de comprobación administrativa, «*a la vista de la totalidad de las circunstancias previas, simultáneas y posteriores concurrentes en la operación realizada*»). De hecho, en la de 2016 incluso se hace referencia a otro de los motivos económicos alegados por el interesado, consistente en facilitar una eventual venta de las participaciones de los socios en una de las líneas de negocio, sin vender la otra; para indicar que, en caso de que efectivamente se efectúe esa transmisión tras la reestructuración, «*deberá tenerse en cuenta esta circunstancia, de manera que, si la tributación de la transmisión de la línea de negocio es más ventajosa que la que hubiera correspondido de haberse transmitido con carácter previo a la reestructuración, se verían alteradas las circunstancias que determinan la validez de la operación, considerándose la no procedencia de la aplicación del régimen fiscal especial*».

A la vista de todo lo expuesto, parece claro que **la aplicación del régimen FEAC no es sencilla ni carente de riesgos**. Más bien todo lo contrario: exige el cumplimiento de unos requisitos relativamente estrictos, un exhaustivo estudio de las circunstancias del supuesto y de los criterios tanto administrativos como judiciales que pudieran serle de aplicación, y una adecuada ponderación de los riesgos en juego.

El más evidente de esos riesgos es que, **como consecuencia de una comprobación o investigación tributaria, se demuestre que la operación tenía por principal objetivo el fraude o la evasión fiscal y que, por lo tanto, no procedía el régimen especial**. En tal caso, el artículo 89.2 de la LIS indica expresamente que se «*eliminarán exclusivamente los efectos de la ventaja fiscal*». Y, recientemente, el Tribunal Económico-Administrativo Central ha delimitado qué efectos de la ventaja fiscal deben eliminarse, fijando el siguiente criterio en su resolución n.° 6513/2022, de 27 de mayo de 2024 (con reiteración de lo ya establecido en otras previas, como la n.° 6448/2022, de 22 de abril de 2024 o la n.° 6452/2022, de 22 de abril de 2024):

> «Cuando se haya declarado, en los términos y condiciones del artículo 89.2 de la LIS, que una operación FEAC ha tenido como "principal objetivo el fraude o la evasión fiscal", **se deben eliminar "exclusivamente los efectos de la ventaja fiscal" obtenida por la aplicación de dicho régimen que se muestren abusivos o irregulares**.
>
> Esa eliminación también puede afectar al inicial diferimiento que proporcionó la aplicación del régimen, cuando resulte necesario para la eficaz corrección del abuso producido, ya que ningún efecto fiscal puede ser inmune a las consecuencias de la acreditación de que se llegó a él de modo fraudulento o abusivo».

Es decir, tendrán que eliminarse solo los efectos de la ventaja fiscal que sean abusivos o fraudulentos. Y, a tal fin, **habrá que atender tanto al importe del abuso como al período en el que se produce**. Un estudio bastante interesante a este respecto lo realiza la resolución del TEAC n.° 6550/2022, de 27 de mayo de 2024; en la que se inaplica el régimen FEAC conforme al artículo 89.2 de la LIS por una operación de aportación no dineraria de acciones de una sociedad operativa a favor de una sociedad *holding*, acumulándose beneficios sin repartir, que comenzarían a repartirse en ejercicios posteriores, y se concluye lo siguiente:

> «Se va más allá del precepto si la eliminación del régimen FEAC supone, en el ejercicio de la aportación, aumentar el valor fiscal de adquisición de las participaciones recibidas en el importe de las plusvalías latentes en los títulos aportados aun no repartidos, ya que tampoco deben gravarse todavía en la persona física aportante que no ha dispuesto de los beneficios generados por la sociedad operativa al no haber sido aun repartidos por dicha sociedad.
>
> Pero no se corrige todo el abuso si sólo se regulariza el ejercicio de la aportación, al no poder incluir en él los efectos del abuso aun no materializados.
>
> La solución más ajustada a la finalidad del artículo 89.2 de la LIS obliga a que, una vez declarado que la aportación no dineraria tuvo como "principal objetivo el fraude o la evasión fiscal", se regularicen sus efectos abusivos en el ejercicio en el que estos se produzcan.

> En el caso planteado en la presente reclamación, en el ejercicio en el que la persona física aportante obtenga, a través de la "holding", la disponibilidad de los beneficios de la operativa que le correspondían en el momento de realizar la aportación, teniendo en cuenta la totalidad de las circunstancias producidas hasta ese momento.
>
> A medida que la regularización de los efectos abusivos de la aplicación del régimen FEAC se va traduciendo en gravamen de la plusvalía en el IRPF del aportante, se irá rectificando el valor fiscal de adquisición de las participaciones computado por la sociedad adquirente».

En sentido similar se pronuncia también la resolución no vinculante del TEAC n.° 8869/2021, de 19 de noviembre de 2024, fijando un criterio relevante aún no reiterado; y las posteriores resoluciones del TEAC n.° 5937/2024 y n.° 6543/2024, ambas de 12 de diciembre de 2024. En concreto, estas últimas sientan los siguientes criterios en relación con la regularización a realizar por los repartos de dividendos que se realicen en ejercicios posteriores a los comprobados:

> «Los repartos de dividendos realizados en ejercicios posteriores a los comprobados a través de los cuales las personas físicas aportantes obtengan la disponibilidad, aun indirecta, de las plusvalías tácitas inicialmente diferidas por la aplicación del régimen FEAC, pondrán fin a dicho diferimiento, tributando como ganancia patrimonial en el socio aportante, al ser considerados materialización o consumación del abuso en su día declarado, si se dan condiciones análogas a las que llevaron a la calificación como fraudulenta de la operación FEAC, y que permitan confirmar dicha apreciación, entre las que, por ejemplo, se encuentra el destino que se haya dado por la entidad holding a esos fondos recibidos, en años futuros, por el reparto de dividendos que acuerde la sociedad operativa.
>
> La lógica del régimen FEAC y sus preceptos, que siguen siendo aplicables al caso al haber sido sólo parcialmente corregidos los efectos de dicho régimen, obligan a coordinar el importe de la plusvalía diferida por el socio aportante con el valor fiscal de adquisición de las acciones recibidas. Con el diferimiento inicial pleno el valor de adquisición de las acciones recibidas coincide con el valor fiscal de adquisición de las acciones aportadas. A medida que tribute la plusvalía diferida el valor de las participaciones recibidas irá aumentándose».

RESOLUCIONES RELEVANTES

Sentencia del Tribunal Supremo n.° 1503/2022, de 16 de noviembre, ECLI:ES:TS:2022:4154

Asunto: ventaja fiscal prohibida en el marco del régimen FEAC.

«La obtención de una ventaja fiscal, está ínsita en el propio régimen de diferimiento, puesto que se caracteriza por su neutralidad fiscal, de suerte que el componente fiscal ni sea disuasorio ni incentivador al efecto, se trata de propiciar reestructuraciones mediante la neutralidad fiscal; la ventaja fiscal prohibida es la que se convierte en el objetivo y finalidad de la operación y no motivos económicos o empresariales, razones estas que lo justifica. La ventaja fiscal, fuera de los casos en los que se presente como objetivo espurio, es legítima dentro de la economía de opción, en los tér-

minos antes explicados; en el presente caso lo que se viene a reprochar es la simple obtención de la ventaja fiscal, en no haber tributado por las plusvalías, lo propio del régimen de diferimiento, considerando que el mismo fin se hubiera obtenido si en lugar de las escisiones se hubiera realizado la enajenación de las acciones, esto es, estamos en presencia de lo que hemos reconocido como economía de opción a la inversa, incurriendo la Administración, cuando a ella correspondía justificar el fraude mediante la prueba de la inexistencia de motivos económicos válidos, cuando a más inri reconoce abiertamente la reestructuración, en una petición de principio haciendo supuesto de la cuestión, en tanto que afirma que no siendo necesaria las escisiones para alcanzar el objetivo perseguido, sino que como era posible la enajenación de acciones y tributar por las plusvalías generadas, estamos ante un supuesto de elusión fiscal por no haberse realizado esta operación en lugar de las escisiones; nos dice el Sr. Abogado del Estado que «la transmisión de acciones, como hemos dicho, no requería de las escisiones que nos ocupan y que han determinado una clara elusión fiscal», pero una cosa es que no fueran necesarias las escisiones al efecto, y otra muy distinta que la operación tuviera como designio único o principal la obtención de una ventaja fiscal, pues a dicha conclusión sólo cabe llegar razonablemente, si se analiza en exclusividad dicha operación y se prescinde del carácter instrumental de la misma para alcanzar el objetivo en el que se inserta, esto es, la reestructuración del grupo, que ya se dijo no fue ponderado por la Administración. Todo lo cual ha de llevarnos a estimar este motivo opuesto por la recurrente».

Sentencia del Tribunal Supremo n.º 463/2021, de 31 de marzo, ECLI:ES:TS:2021:1258

Asunto: no todo negocio jurídico celebrado sin motivos económicos válidos es fraudulento en el sentido del artículo 15 de la LGT, pero eso no impide la exclusión del régimen de diferimiento fiscal.

«(...)

2) Es perfectamente posible que una operación no se lleve a cabo por motivos económicos válidos -y hemos declarado que no necesariamente han de ser los de reestructuración o racionalización empresarial, sino otros posibles, también legítimos-, lo que determinaría, en directa aplicación de la norma, la denegación del régimen especial.

3) En otras palabras, no todo negocio jurídico celebrado en ausencia de motivos económicos válidos, en los términos de la directiva de 1990 y del TRLIS que la traspone a nuestro Derecho, sería fraudulento en el sentido del art. 15 LGT, lo que no impediría la exclusión del régimen especial de las operaciones empresariales, pues para ello quedan habilitados los Estados miembros.

4) En tal sentido, hemos de significar que la expresión fraude es polisémica y tiene acepciones distintos en el ámbito de la directiva y el TRLIS -como sinónimo de evasión, incluso elusión fiscal-, esto es, la obtención de una ventaja indebida, mediante actos carentes, en general, de sustancia económica - concepto principal del Derecho de la Unión-; lo que es diferente de la palabra fraude en la expresión tradicional de fraude de ley, que está, como norma antiabuso particular, tanto en el régimen del artículo 24 LGT 1963 como del 15 de la LGT vigente, pues en este caso, lo defraudado es la norma preceptiva o imperativa que se soslaya (vid. art. 6.4 C.C.). Por ejemplo, no haría falta, para excluir el régimen especial de diferimiento de las ganancias puestas de manifiesto en las operaciones -en este caso, de fusión por absorción- que los actos o negocios, individualmente considerados o en su conjunto, sean notoriamente artificiosos o impropios para la consecución del resultado obtenido.

(...)

En atención a las consideraciones efectuadas, solo cabe declarar doctrina en relación con la primera de las preguntas que el auto de admisión formula:

La apreciación de la ausencia de un motivo económico válido en el negocio jurídico celebrado, excluyente de la aplicación del régimen especial relativo a las fusiones, escisiones, etc., regulado en el Capítulo VIII del Título VII del Texto refundido, aplicable por razones temporales al caso, debidamente motivada y sometida al control judicial, hace innecesaria la tramitación del expediente de conflicto en la aplicación de la norma, ya que se trata de una cláusula antiabuso particular que opera como lex specialis, directamente derivado del Derecho de la Unión Europea».

La aplicación del régimen FEAC y el diferimiento de las ganancias en el IS

El régimen FEAC también se conoce como régimen de neutralidad o de diferimiento fiscal, justamente, porque ese es su efecto más paradigmático: permite posponer la tributación por las ganancias que se ponen de manifiesto como consecuencia de transmisiones patrimoniales ejecutadas en el marco de determinadas operaciones de reestructuración acogidas al mismo. Por regla general, los contribuyentes tienen que tributar por las plusvalías que se le generan en las operaciones o transmisiones de elementos que lleven a cabo en el momento en el que estas se ponen de manifiesto. Sin embargo, gracias al régimen FEAC, la tributación por dichas ganancias se retrasa a un momento posterior, para que el componente tributario o el coste fiscal de una operación no obstaculice las decisiones de las empresas a la hora de reestructurarse.

Así las cosas, de conformidad con el artículo 77 de la LIS, **no se integrarán en la base imponible las siguientes rentas derivadas de las operaciones** acogidas al régimen de neutralidad fiscal a las que se refiere el artículo 76 de la LIS:

- Las que se pongan de manifiesto como **consecuencia de las transmisiones realizadas por entidades residentes en territorio español de bienes y derechos en él situados**. Cuando la **entidad adquirente resida en el extranjero** solo se excluirán de la base imponible las rentas derivadas de la transmisión de aquellos elementos que queden afectados a un establecimiento permanente situado en territorio español.

  La transferencia de estos elementos fuera del territorio español determinará la integración en la base imponible del establecimiento permanente, en el período impositivo en el que se produzca, de la diferencia entre el valor de mercado y el valor a que se refiere el artículo 78 de la LIS minorado, en su caso, en el importe de las amortizaciones y otras correcciones de valor reflejadas contablemente que hayan sido fiscalmente deducibles. El pago de la deuda tributaria resultante de la aplicación de lo que acaba de mencionarse, en el supuesto de elementos patrimoniales transferidos a un Estado miembro de la Unión Europea, o del Espacio Económico Europeo con el que exista un efectivo intercambio de información tributaria en los términos de la disposición adicional primera de la Ley 36/2006, de 29 de noviembre, será aplazado por la Administración tributaria a solicitud del contribuyente hasta la fecha de la transmisión a terceros de los elementos patrimoniales afectados, resultando de aplicación lo dispuesto en la LGT y su normativa de desarrollo, en cuanto al devengo de intereses de demora y a la constitución de garantías para dicho aplazamiento.

- Las que se pongan de manifiesto como **consecuencia de las transmisiones realizadas por entidades residentes en territorio español, de establecimientos permanentes situados en el territorio de Estados miembros de la Unión Europea, a favor de entidades que residan en ellos,** revistan una de las formas enumeradas en la parte A del anexo I de la Directiva 2009/133/CE del Consejo, de 19 de octubre, y estén sujetas y no exentas a alguno de los tributos mencionados en la parte B de su anexo I.
- Las que se pongan de manifiesto como **consecuencia de las transmisiones realizadas por entidades residentes en territorio español, de establecimientos permanentes situados en el territorio de Estados no pertenecientes a la UE en favor de entidades residentes** en territorio español.
- Las que se pongan de manifiesto como **consecuencia de las transmisiones realizadas por entidades no residentes en territorio español, de establecimientos permanentes en él situados**. Cuando la entidad **adquirente resida en el extranjero** solo se excluirán de la base imponible las rentas derivadas de la transmisión de aquellos elementos que queden afectados a un establecimiento permanente situado en territorio español.

  La transferencia de estos elementos fuera del territorio español determinará la integración en la base imponible del establecimiento permanente, en el ejercicio en que se produzca aquella, de la diferencia entre el valor de mercado y el valor a que se refiere el artículo 78 de la LIS minorado, en su caso, en el importe de las amortizaciones y otras correcciones de valor reflejadas contablemente que hayan sido fiscalmente deducibles. El pago de la deuda tributaria resultante de la aplicación de lo mencionado, en el supuesto de elementos patrimoniales transferidos a un Estado miembro de la UE, o del Espacio Económico Europeo con el que exista un efectivo intercambio de información tributaria en los términos de la disposición adicional primera de la Ley 36/2006, de 29 de noviembre, será aplazado por la Administración tributaria a solicitud del contribuyente hasta la fecha de la transmisión a terceros de los elementos patrimoniales afectados, resultando de aplicación lo dispuesto en la LGT y su normativa de desarrollo, en cuanto al devengo de intereses de demora y a la constitución de garantías para dicho aplazamiento.
- Las que se pongan de manifiesto como **consecuencia de las transmisiones realizadas por entidades no residentes en territorio español de participaciones en entidades residentes en territorio español, en favor de entidades residentes en su mismo país o territorio, o en favor de entidades residentes en la UE** siempre que, en este último caso, tanto la entidad transmitente como la adquirente revistan una de las formas enumeradas en la parte A del anexo I de la Directiva

2009/133/CE del Consejo, de 19 de octubre, y estén sujetas y no exentas a alguno de los tributos mencionados en la parte B de su anexo I.

A TENER EN CUENTA. No se excluirán de la base imponible las rentas derivadas de las operaciones referidas en los tres primeros puntos anteriores, cuando la entidad adquirente se halle exenta por este IS o sometida al régimen de atribución de rentas.

Las rentas derivadas de las operaciones enumeradas se excluirán de la base imponible **aunque la entidad adquirente disfrute de la aplicación de un tipo de gravamen o un régimen tributario especial**. En el caso de que la entidad adquirente disfrute de la aplicación de un tipo de gravamen o un régimen tributario especial distinto de la transmitente, la renta derivada de la transmisión de elementos patrimoniales existentes en el momento de la operación, realizada con posterioridad a esta, se entenderá generada de forma lineal, salvo prueba en contrario durante el tiempo de tenencia del elemento transmitido. La parte de dicha renta generada hasta el momento de realización de la operación será gravada aplicando el tipo de gravamen y el régimen tributario que hubiera correspondido a la entidad transmitente.

Podrá renunciarse al régimen que establece este artículo 77 de la LIS, mediante la integración en la base imponible de las rentas derivadas de la transmisión de la totalidad o parte de los elementos patrimoniales.

En todo caso, se integrarán en la base imponible las rentas derivadas de buques o aeronaves o de bienes muebles afectos a su explotación, que se pongan de manifiesto en las entidades dedicadas a la navegación marítima y aérea internacional cuando la entidad adquirente no sea residente en territorio español.

|| Valoración fiscal de los bienes y derechos adquiridos

Los bienes y derechos adquiridos mediante las transmisiones derivadas de las operaciones a las que haya sido de aplicación el régimen previsto en el artículo 77 de la LIS se valorarán, a efectos fiscales, por los **mismos valores fiscales que tenían en la entidad transmitente** antes de realizarse la operación, **manteniéndose igualmente la fecha de adquisición** de la entidad transmitente. Así lo establece expresamente el artículo 78 de la LIS.

Sin embargo, los bienes y derechos adquiridos se valorarán conforme a las reglas del artículo 17 de la LIS:

- En el caso de que se ejercite la opción de renuncia antes mencionada. La fecha de adquisición de dichos bienes y derechos será la fecha en que la adquisición tenga eficacia mercantil.
- Cuando no sea de aplicación el régimen del artículo 77 de la LIS.

Es decir, si la sociedad transmitente no pudiera beneficiarse de la medida de diferimiento fiscal, por no resultar de aplicación el régimen especial o haberse renunciado a ella conforme al artículo 77.2 de la LIS, tendría que tributar en su IS por las rentas obtenidas en el marco de las transmisiones patrimoniales que genera la operación. Y, por su parte, la entidad transmitente tendría que integrar en su base imponible la diferencia entre el valor de mercado de los elementos transmitidos y su valor fiscal, en el período impositivo en el que realice la operación de la que se deriven las rentas, tal y como resulta del artículo 17.5 de la LIS.

Valoración de las acciones o participaciones adquiridas a cambio de la aportación

Según indica el artículo 79 de la LIS, las acciones o participaciones recibidas como consecuencia de una aportación de ramas de actividad o de elementos patrimoniales se valorarán, a efectos fiscales, por el **mismo valor fiscal que tenían la rama de actividad o los elementos patrimoniales aportados**. Sin embargo, en el caso de que se ejercite la opción de renuncia prevista en el artículo 77.2 de la LIS, las acciones o participaciones recibidas se valorarán de acuerdo con las reglas establecidas en el artículo 17 de la LIS.

De cara a evitar la doble imposición que pudiera producirse por aplicación de la regla de valoración del artículo 79 de la LIS, los beneficios distribuidos con cargo a rentas imputables a los bienes aportados darán derecho a la exención sobre dividendos, cualquiera que sea el porcentaje de participación del socio y su antigüedad (artículo 88 de la LIS). También se aplicará ese mismo criterio con respecto a las rentas generadas en la transmisión de la participación o a través de cualquier otra operación societaria cuando, con carácter previo, se hayan integrado en la base imponible de la entidad adquirente las rentas imputables a los bienes aportados.

En el caso de que no hubiera sido posible evitar la doble imposición, la entidad adquirente practicará, en el momento de su extinción, los ajustes de signo contrario a los que hubiere practicado por aplicación de la regla de valoración establecida en el artículo 79 de la LIS. La entidad adquirente podrá practicar los referidos ajustes de signo contrario con anterioridad a su extinción, siempre que pruebe que se ha transmitido por los socios su participación y con el límite de la cuantía que se haya integrado en la base imponible de estos con ocasión de dicha transmisión.

CUESTIONES

1. ¿El régimen FEAC excluye la tributación de las plusvalías puestas de manifiesto cuando se transmiten elementos patrimoniales en el marco de una operación de reestructuración?

No, el régimen FEAC no excluye ni exime de tributación esas plusvalías o ganancias: simplemente, la difiere o pospone en el tiempo.

2. En un determinado supuesto, se ejecuta una operación de escisión total y la sociedad escindida se extingue. Sufre una disolución sin liquidación. ¿Qué sucederá si la sociedad escindida no incluye en la base imponible de su IS las rentas generadas por la transmisión de los elementos patrimoniales producida en el marco de la escisión total y posteriormente, cuando ya está extinguida, resulta que tenía que haber tributado por ellas? ¿Quién responderá por esa deuda tributaria?

Según el artículo 84.1 de la LIS, cuando la operación de reestructuración que se acoja al régimen de diferimiento fiscal determine una sucesión a título universal, como sucedería en este supuesto, se transmitirán a la entidad adquirente los derechos y obligaciones tributarias de la entidad transmitente. En ese sentido, la resolución del TEAC n.º 5514/2008, de 9 de junio de 2009, fijó como criterio que «siendo el objeto de comprobación una operación de escisión de una entidad y habiéndose extinguido ésta y careciendo, por tanto, de personalidad jurídica, la deuda resultante de la regularización debe ser atribuida, como sucesor universal, a las sociedades beneficiarias no siendo necesaria una declaración formal previa de responsabilidad».

RESOLUCIÓN ADMINISTRATIVA

Consulta vinculante de la Dirección General de Tributos (V0549-25), de 28 de marzo de 2025

Asunto: aplicación del régimen de diferimiento fiscal en el IS en caso de escisión.

«(...) la aplicación del régimen de neutralidad fiscal determinará, en aplicación del artículo 77 de la LIS, que no se integren en la entidad transmitente las rentas que se ponen de manifiesto con ocasión de la operación de escisión parcial desarrollada en el escrito de consulta. Igualmente, en el ámbito de las entidades adquirentes se mantendrán, a efectos fiscales, los valores y la antigüedad que tenían en la entidad transmitente los elementos patrimoniales recibidos con ocasión de la escisión, tal y como señala el artículo 78 de la LIS».

El régimen fiscal del canje de valores cuando la operación se acoge al régimen de neutralidad fiscal

Cuando se ejecute un canje de valores, el artículo 80 de la LIS establece que **no se integrarán en la base imponible del IS, del IRPF o del IRNR las rentas que se pongan de manifiesto** con ocasión de tal operación, siempre que cumplan los siguientes **requisitos**:

- Que los **socios que realicen el canje de valores residan en territorio español, en el de algún otro Estado miembro de la Unión Europea o en el de cualquier otro Estado**; siempre que, en este último caso, los valores recibidos sean representativos del capital social de una entidad residente en España.

> **A TENER EN CUENTA**. Si el socio tuviera la consideración de entidad en régimen de atribución de rentas, no se integrará en la base imponible de su socios, herederos, comuneros o partícipes, la renta generada con ocasión del canje de valores, siempre que a la operación le sea de aplicación el régimen FEAC o se realice al amparo de la Directiva 2009/133/CE del Consejo, de 19 de octubre, y los valores recibidos por el socio conserven la misma valoración fiscal que tenían los canjeados.

- Que la **entidad que adquiera los valores sea residente en territorio español o esté comprendida en el ámbito de aplicación de la Directiva 2009/133/CE, de 19 de octubre**.

El régimen fiscal que para el canje de valores establece este precepto no resultará de aplicación en operaciones en las que intervengan entidades domiciliadas o establecidas en países o territorios calificados como paraísos fiscales u obtenidas a través de ellos. En este sentido, conviene resaltar que todas las referencias que la normativa realiza a paraísos fiscales, a países o territorios con los que no exista efectivo intercambio de información, o de nula o baja tributación, se entienden efectuadas a la definición de jurisdicción no cooperativa de la disposición adicional primera de la Ley 36/2006, de 29 de noviembre. Actualmente, la lista de jurisdicciones no cooperativas se determina en la Orden HFP/115/2023, de 9 de febrero, que entró en vigor, con carácter general, el 11 de febrero de 2023 y resulta de aplicación a los tributos sin período impositivo devengados a partir de su entrada en vigor y a los demás tributos cuyo período impositivo se iniciara desde ese momento; aunque, para los países o territorios incluidos en su listado y que no estuvieran previstos en el Real Decreto 1080/1991, de 5 de julio, la orden entró en vigor el 11 de agosto de 2023, resultando de aplicación a los tributos sin período impositivo devengados a partir de su entrada en vigor y a los demás tributos cuyo período impositivo se iniciara desde ese momento.

|| Valoración y fecha de adquisición de los valores recibidos

Según indica el artículo 80.2 de la LIS:

- Los valores recibidos por la **entidad que realiza el canje** de valores se valorarán, a efectos fiscales, por el **valor fiscal que tenían en el patrimonio de los socios que efectúan la aportación**, según las normas del IS, del IRPF o del IRNR, **manteniéndose, igualmente, la fecha de adquisición** de los socios aportantes. Sin embargo, cuando las rentas generadas en los socios no estuviesen sujetas a tributación en territorio español, se tomará el valor de mercado; caso en el que la fecha de adquisición de las acciones será la correspondiente a la fecha de realización de la operación de canje de valores.
- Los valores recibidos por los **socios** se valorarán, a efectos fiscales, por el **valor fiscal de los entregados**, determinado de acuerdo con las normas del IS, del IRPF o del IRNR, según proceda. Esta valoración se aumentará o disminuirá en el importe de la compensación complementaria en dinero entregada o recibida. Además, los valores recibidos **conservarán la fecha de adquisición de los entregados**.

A los efectos de evitar la doble imposición que pudiera producirse como consecuencia de estas reglas de valoración, el artículo 88 de la LIS establece que los beneficios distribuidos con cargo a rentas imputables a los bienes aportados darán derecho a la exención sobre dividendos, cualquiera que sea el porcentaje de participación del socio y su antigüedad. También se aplicará ese mismo criterio con respecto a las rentas generadas en la transmisión de la participación o a través de cualquier otra operación societaria cuando, con carácter previo, se hayan integrado en la base imponible de la entidad adquirente las rentas imputables a los bienes aportados.

En el supuesto de que no hubiera sido posible evitar la doble imposición, la entidad adquirente practicará, en el momento de su extinción, los ajustes de signo contrario a los que hubiera practicado por aplicación de las reglas de valoración del artículo 80.2 de la LIS. La entidad adquirente podrá practicar los referidos ajustes de signo contrario con anterioridad a su extinción, siempre que pruebe que se ha transmitido por los socios su participación y con el límite de la cuantía que se haya integrado en la base imponible de estos con ocasión de dicha transmisión.

RESOLUCIÓN ADMINISTRATIVA

Consulta vinculante de la Dirección General de Tributos (V0939-24), de 29 de abril de 2024

Asunto: consecuencias fiscales de la aplicación del régimen de diferimiento fiscal a una operación de canje de valores.

«El supuesto planteado en el escrito de consulta consiste en una operación de canje de valores por la que las personas físicas PF1 y PF2 tienen intención de aportar sus participaciones en las Sociedades A, B, C y D (que representan el 100% de cada una de ellas) a Newco.

A la vista de lo expuesto, en la medida en que la entidad beneficiaria (Newco) adquiera participaciones en el capital social de las Sociedades A, B, C y D que le permita obtener la mayoría de los derechos de voto de las mismas (concretamente, el 100% de cada una de las sociedades mencionadas), y siempre que concurran el resto de los requisitos exigidos en el artículo 80 de la LIS, anteriormente citados, resultará de aplicación a las operaciones planteadas, el régimen de neutralidad fiscal, previsto en el Capítulo VII del Título VII de la LIS, en las condiciones y con los requisitos establecidos en dicha normativa.

En consecuencia, si resultase de aplicación el régimen de neutralidad fiscal, los socios personas físicas (PF1 y PF2) no integrarán en la base imponible del Impuesto sobre la Renta de las Personas Físicas las rentas que se deriven del canje de valores proyectado, en virtud de lo dispuesto en el artículo anteriormente transcrito y de lo dispuesto en el artículo 37.3 de la Ley 35/2006, de 28 de noviembre, del Impuesto sobre la Renta de las Personas Físicas y de modificación parcial de las leyes de los Impuestos sobre Sociedades, sobre la Renta de no Residentes y sobre el Patrimonio.

Así, los valores recibidos tras el canje de valores se valorarán, a efectos fiscales, por el valor fiscal de los entregados y conservarán la fecha de adquisición de los entregados.

Respecto de los valores recibidos por la entidad que realiza el canje de valores, estos se valorarán, a efectos fiscales, por el valor fiscal que tenían en el patrimonio de los socios y conservarán la fecha de adquisición de los socios aportantes».

Reglas aplicables en caso de que el socio pierda la condición de residente en territorio español

Cuando el socio pierda la cualidad de residente en territorio español, se integrará en la **base imponible del IRPF o del IS del último período impositivo** que deba declararse por estos impuestos, la **diferencia entre el valor de mercado de las acciones o participaciones y el valor a que se refiere el apartado anterior**, salvo que las acciones o participaciones queden afectas a un establecimiento permanente situado en territorio español.

El pago de la deuda tributaria que resulte de lo que acaba de indicarse, cuando el socio adquiera la residencia en un Estado miembro de la UE, o del Espacio Económico Europeo con el que exista un efectivo intercambio de información tributaria en los términos de la disposición adicional primera de la Ley 36/2006, de 29 de noviembre, será aplazado por la Administración tributaria a solicitud del contribuyente hasta la fecha de la transmisión a terceros de las acciones o participaciones afectadas, resultando de aplicación lo dispuesto en la LGT y su normativa de desarrollo, en cuanto al devengo de intereses de demora y a la constitución de garantías para dicho aplazamiento.

Por otra parte, si el obligado tributario **adquiriera de nuevo la condición de contribuyente del IS o del IRPF sin haber transmitido la titularidad de las acciones o participaciones**, podrá rectificar la autoliquidación a fin de obtener la devolución de las cantidades ingresadas correspondientes a las ganancias patrimoniales. La rectificación de la autoliquidación podrá presentarse a partir de la finalización del plazo de declaración correspondiente al primer período impositivo en que deba presentarse una autoliquidación del IS o del IRPF. La devolución se regirá por lo previsto en el artículo 31 de la LGT, salvo en lo concerniente al abono de los intereses de demora, que se devengarán desde la fecha en que se hubiese realizado el ingreso hasta la fecha en que se ordene el pago de la devolución.

La tributación de los socios en las operaciones de fusión y escisión

A tenor del artículo 81 de la LIS, **no se integrarán en la base imponible las rentas que se pongan de manifiesto con ocasión de la atribución de valores de la entidad adquirente a los socios de la entidad transmitente**, siempre que concurran los siguientes requisitos:

- Que los socios sean residentes:
  - » En territorio español.
  - » En el de algún otro Estado miembro de la Unión Europea.
  - » En el de cualquier otro Estado siempre que, en este caso, los valores sean representativos del capital social de una entidad residente en territorio español.
- Que en las operaciones no intervengan entidades domiciliadas o establecidas en países o territorios calificados como paraísos fiscales, y que las rentas tampoco se obtengan a través de ellos.

A TENER EN CUENTA. Si el socio tuviera la consideración de entidad en régimen de atribución de rentas, no se integrará en la base imponible de sus socios, herederos, comuneros o partícipes, la renta generada con ocasión de dicha atribución de valores, siempre que a la operación le sea de aplicación el régimen FEAC o se realice al amparo de la Directiva 2009/133/CE del Consejo, de 19 de octubre, y los valores recibidos por el socio conserven la misma valoración fiscal que tenían los canjeados.

Se integrarán en la base imponible del IS, del IRPF o del IRNR las rentas obtenidas en operaciones en las que intervengan entidades domiciliadas o establecidas en países o territorios calificados como paraísos fiscales u obtenidas a través de ellos. En ese sentido, conviene resaltar que todas las referencias que la normativa realiza a paraísos fiscales, a países o territorios con los que no exista efectivo intercambio de información, o de nula o baja tributación, se entienden efectuadas a la definición de jurisdicción no cooperativa de la disposición adicional primera de la Ley 36/2006, de 29 de noviembre. Actualmente, la lista de jurisdicciones no cooperativas se determina en la Orden HFP/115/2023, de 9 de febrero, que entró en vigor, con carácter general, el 11 de febrero de 2023 y resulta de aplicación a los tributos sin período impositivo devengados a partir de su entrada en vigor y a los demás tributos cuyo período impositivo se iniciara desde ese momento; aunque, para los países o territorios incluidos en su listado y que no estuvieran previstos en el Real Decreto 1080/1991, de 5 de julio, la orden entró en vigor el 11 de agosto de 2023, resultando de aplicación a los tributos sin período impositivo devengados a partir de su entrada en vigor y a los demás tributos cuyo período impositivo se iniciara desde ese momento.

|| Valoración y fecha de adquisición de los valores recibidos

Los valores recibidos en virtud de las operaciones de fusión y escisión, se valoran, a efectos fiscales, por el **valor fiscal de los entregados**, determinado de acuerdo con las normas del IS, del IRPF o del IRNR, según proceda. Esta valoración se aumentará o disminuirá en el importe de la compensación complementaria en dinero entregada o recibida.

Los valores recibidos conservarán la **fecha de adquisición de los entregados**.

RESOLUCIÓN ADMINISTRATIVA

Consulta vinculante de la Dirección General de Tributos (V0191-25), de 14 de febrero de 2025

Asunto: tratamiento en el IRPF de los socios de una fusión por absorción acogida al régimen FEAC.

«(...) si resultase de aplicación el régimen de neutralidad fiscal a esta operación, la entidad transmitente (sociedad M) no integrará las rentas que se pongan de manifiesto con ocasión de la operación de fusión proyectada (artículo 77 de la LIS). Igualmente, en el ámbito de la entidad adquirente (el fondo de inversión), se mantendrán, a efectos fiscales, los valores y la antigüedad que tenían en la entidad transmitente los elementos patrimoniales recibidos con ocasión de la fusión (artículo 78 de la LIS).

En relación a la tributación de los socios en las operaciones de fusión y escisión, ésta aparece regulada en el artículo 81 de la citada Ley (..)

(...)

En consecuencia, los socios de la SICAV absorbida (sociedad M), ya sean personas físicas o jurídicas, no integrarán en su base imponible del Impuesto sobre la Renta de las Personas Físicas o del Impuesto sobre Sociedades la renta puesta de manifiesto como consecuencia de la atribución de las participaciones del fondo de inversión que reciban en contraprestación de su participación accionarial en la SICAV (Artículos 37.3 de la LIRPF y 81.1 de la LIS). Por su parte, las participaciones recibidas como contraprestación en la operación de fusión se valorarán, a efectos fiscales, por el valor fiscal de las acciones de la SICAV absorbida M, determinado de acuerdo con las normas del Impuesto sobre Sociedades o del Impuesto sobre la Renta de las Personas Físicas, según proceda, conservando tales participaciones la fecha de adquisición que tuvieran las acciones de la SICAV absorbida (artículo 81 de la LIS).

Con independencia de lo anterior, al consistir el supuesto planteado en una fusión por absorción de una SICAV por un fondo de inversión, a efectos de las posteriores operaciones de reinversión que pudieran realizar los partícipes del fondo, anteriores socios de la SICAV, contribuyentes del Impuesto sobre la Renta de las Personas Físicas, de las participaciones atribuidas como consecuencia de la operación de fusión, habrá de tenerse en cuenta el criterio establecido en la consulta V2932-16 de 23 de junio, en la que se expone:

"A estos efectos, cabe indicar, en primer lugar, que el régimen de operaciones de reestructuración establece, entre otras consecuencias, un régimen de diferimiento de las rentas generadas en sede de los socios de las entidades absorbidas con ocasión de una operación de reestructuración, en este caso, de fusión. Ello significa que la renta diferida con ocasión de la operación de fusión en sede de los socios tributará cuando, posteriormente, estos transmitan, respectivamente, su participación en el fondo de inversión, no resultando de aplicación, por tanto, a dichas rentas diferidas, la tributación de diferimiento correspondiente a la transmisión de participaciones en fondos de inversión, sino la tributación que hubiera correspondido en el momento de realización de la operación de fusión a las participaciones en las sociedades de inversión de capital variable absorbidas. Con ello el régimen de reestructuraciones cumple su verdadera función, que no es otra que resultar neutral en el momento de realización de una operación de reestructuración, sin perjuicio de conseguir la verdadera tributación en el momento de transmisión posterior de los patrimonios objeto de la operación, tanto en sede de las entidades afectadas como en sede de los socios."

La aplicación práctica del referido criterio se encuentra desarrollada en la consulta V0828-17, de 3 de abril».

Reglas aplicables en caso de que el socio pierda la condición de residente en territorio español

En el caso de que el socio pierda la cualidad de residente en territorio español, el artículo 81.3 de la LIS establece que se integrará en la **base imponible del IRPF o del IS del último período impositivo** que deba declararse por estos impuestos, la diferencia entre el valor de mercado de las acciones o participaciones y el valor a que se refiere el apartado anterior, salvo que las acciones o participaciones queden afectos a un establecimiento permanente situado en territorio español.

El pago de la deuda tributaria resultante de lo anterior, cuando el socio adquiera la residencia en un Estado miembro de la UE, o del Espacio Económico Europeo con el que exista un efectivo intercambio de información tributaria en los términos de la disposición adicional primera de la Ley 36/2006, de 29 de noviembre, será aplazado por la Administración tributaria a solicitud del contribuyente hasta la fecha de la transmisión a terceros de las acciones o participaciones afectadas, resultando de aplicación lo dispuesto en la LGT y su normativa de desarrollo, en cuanto al devengo de intereses de demora y a la constitución de garantías para dicho aplazamiento.

Por otro lado, si el **obligado tributario adquiriera de nuevo la condición de contribuyente del IS o del IRPF sin haber transmitido la titularidad de las acciones o participaciones**, podrá rectificar la autoliquidación al objeto de obtener la devolución de las cantidades ingresadas correspondientes a las ganancias patrimoniales. La rectificación de la autoliquidación podrá presentarse a partir de la finalización del plazo de declaración correspondiente al primer período impositivo en que deba presentarse una autoliquidación del IS o del IRPF. La devolución se regirá por lo dispuesto en el artículo 31 de la

LGT, salvo en lo concerniente al abono de los intereses de demora, que se devengarán desde la fecha en que se hubiese realizado el ingreso hasta la fecha en que se ordene el pago de la devolución.

El régimen fiscal de las aportaciones no dinerarias en el marco del régimen de neutralidad fiscal

El régimen regulado en el capítulo VII del título VII de la LIS se aplicará, a opción del contribuyente del IS, del IRPF o del IRNR, a las aportaciones no dinerarias en las que concurran los **requisitos** que establece el artículo 87 de la LIS:

- Que la entidad que recibe la aportación sea **residente en territorio español o realice actividades en este por medio de un establecimiento permanente al que se afecten los bienes** aportados.
- Que una vez realizada la aportación, el contribuyente aportante del IS, del IRPF o del IRNR, participe en los fondos propios de la entidad que recibe la aportación en, al menos, el **5 %**.
- Que, en el caso de **aportación de acciones o participaciones sociales por contribuyentes del IRPF o del IRNR sin establecimiento permanente** en territorio español, se tendrán que cumplir, además de las condiciones establecidas en los dos puntos anteriores, las siguientes:
    - » Que a la entidad de cuyo capital social sean representativos no le sean de aplicación el régimen especial de agrupaciones de interés económico, españolas o europeas, y de uniones temporales de empresas, previstos en la LIS, ni tenga como actividad principal la gestión de un patrimonio mobiliario o inmobiliario en los términos del artículo 4.Ocho.Dos de la Ley 19/1991, de 6 de junio, del Impuesto sobre el Patrimonio.
    - » Que representen una participación de, al menos, un 5 % de los fondos propios de la entidad.
    - » Que se posean de manera ininterrumpida por el aportante durante el año anterior a la fecha del documento público en que se formalice la aportación.
- Que, en el caso de **aportación de elementos patrimoniales distintos** de los mencionados en el tercer punto (acciones o participaciones sociales) por contribuyentes del IRPF o del IRNR que sean residentes en Estados miembros de la Unión Europea, dichos elementos estén afectos a actividades económicas cuya **contabilidad** se lleve con arreglo a lo dispuesto en el Código de Comercio o legislación equivalente.

El régimen de neutralidad fiscal también se aplicará a las **aportaciones de ramas de actividad, realizadas por los contribuyentes del IRPF y del IRNR** que sean residentes en Estados miembros de la Unión Europea, siempre que lleven su contabilidad de acuerdo con el Código de Comercio o legislación equivalente.

CUESTIÓN

En caso de aportación de elementos patrimoniales distintos de acciones o participaciones, el artículo 87 de la LIS exige que la contabilidad de la actividad económica a la que estuvieran afectos se lleve con arreglo al Código de Comercio. Por ejemplo, en el caso de autónomos o comunidades de bienes, ¿se exige que dicha contabilidad se haya llevado conforme al CCo durante un determinado plazo de tiempo?

Tal y como viene sosteniendo la DGT, el artículo 87 de la LIS exige que la contabilidad de la actividad económica se lleve con arreglo a lo dispuesto en el Código de Comercio. Ahora bien, dicho precepto nada señala respecto del plazo temporal de llevanza de una contabilidad con arreglo a lo dispuesto en el Código de Comercio necesario para acogerse al régimen de neutralidad fiscal. La LIS se limita a exigir una contabilidad completa y ajustada a las disposiciones mercantiles, con el objeto de facilitar y asegurar la realización de la operación desde la perspectiva de las dos partes intervinientes; y ello porque, por un lado, toda operación de aportación no dineraria exige el cumplimiento de una serie de requisitos y cautelas legales establecidos en la normativa mercantil y, por otro lado, la sociedad receptora está obligada no solo a llevar su propia contabilidad de acuerdo con las disposiciones del Código de Comercio y demás legislación mercantil aplicable, sino también, en virtud de lo dispuesto en el artículo 86.1.b) de la LIS, a recoger en su memoria anual el último balance cerrado por la entidad transmitente.

En definitiva, como indica la consulta vinculante de la DGT (V0212-25), de 21 de febrero de 2025, «el requisito relativo a la contabilidad se impone al aportante con el objeto de facilitar la correcta valoración de los elementos aportados, la incorporación de los mismos al patrimonio de la entidad adquirente y el cumplimiento por parte de ésta de todos los derechos y obligaciones contables, mercantiles y de índole tributaria que se refieran o afecten a los bienes y derechos transmitidos. Por ello, bastará que la comunidad de bienes lleve su contabilidad con arreglo a lo dispuesto en el Código de Comercio desde, al menos, el ejercicio anterior al que se realiza la aportación y se dispone de los medios de prueba necesarios para justificar la valoración de las diferentes partidas que figuran en dicha contabilidad».

Valoración de los bienes y derechos adquiridos, y de las acciones o participaciones recibidas

Los bienes y derechos adquiridos mediante las transmisiones derivadas de las operaciones a las que haya sido de aplicación el régimen FEAC se valorarán, a efectos fiscales, por los **mismos valores fiscales que tenían en la entidad transmitente** antes de realizarse la operación, manteniéndose igualmente la fecha de adquisición de la entidad transmitente (artículo 78 de la LIS). Del mismo modo, las acciones o participaciones recibidas como consecuencia de una aportación de ramas de actividad o de elementos patrimoniales se valorarán, a efectos fiscales, por el **mismo valor fiscal que tenían la rama de actividad o los elementos patrimoniales aportados** (artículo 79 de la LIS). En el caso de que se ejercite la opción de renuncia prevista en el artículo 77.2 de la LIS, los bienes y derechos adquiridos, y las acciones o participaciones recibidas, se valorarán de acuerdo con las reglas establecidas en el artículo 17 de la LIS.

A TENER EN CUENTA. Según pone de manifiesto el Tribunal Supremo en su sentencia n.º 1193/2021, de 1 de octubre, ECLI:ES:TS:2021:3677, «el art 87 de la LIS 2014 elimina (...) de las aportaciones no dinerarias (distintas a la rama de actividad) la limitación a su valor normal de mercado, entre otras razones, quizás, porque además de seguir manteniendo en su art 78 la regla de que los bienes adquiridos se valoren, "por los mismos valores fiscales que tenían en la entidad transmitente antes de realizarse la operación", el artículo 79 LIS establece ya una valoración unitaria de las acciones o participaciones recibidas en contraprestación de una aportación, con independencia de que deriven de la aportación de rama de actividad o de elementos patrimoniales, atendiendo, en todos los casos, al mismo valor fiscal que tenían la rama de actividad o los elementos patrimoniales aportados».

Por lo demás, a los efectos de evitar la doble imposición que pudiera producirse por aplicación de las reglas de valoración previstas en los artículos 79, 80.2 y 87 de la LIS, los beneficios distribuidos con cargo a rentas imputables a los bienes aportados darán derecho a la exención sobre dividendos, cualquiera que sea el porcentaje de participación del socio y su antigüedad. Se aplicará el mismo criterio respecto de las rentas generadas en la transmisión de la participación o a través de cualquier otra operación societaria cuando, con carácter previo, se hayan integrado en la base imponible de la entidad adquirente las rentas imputables a los bienes aportados.

Cuando no hubiera sido posible evitar la doble imposición, la entidad adquirente practicará, en el momento de su extinción, los ajustes de signo contrario a los que hubiere practicado por aplicación de las reglas de valoración establecidas en los artículos 79, 80.2 y 87 de la LIS. La entidad adquirente podrá practicar los referidos ajustes de signo contrario con anterioridad a su extinción, siempre que pruebe que se ha transmitido por los socios su participación y con el límite de la cuantía que se haya integrado en la base imponible de estos con ocasión de dicha transmisión.

RESOLUCIÓN ADMINISTRATIVA

Consulta vinculante de la Dirección General de Tributos (V0499-25), de 27 de marzo de 2025

Asunto: consecuencias de aplicar el régimen FEAC a una aportación de rama de actividad.

«En relación con lo dispuesto en el artículo 87.2 de la LIS, y tomando en consideración los hechos recogidos en el escrito de consulta (aportación de todos los bienes materiales, recursos humanos y bienes inmuebles que integran el negocio de alquiler), cabe considerar que ***los elementos que van a ser objeto de transmisión por la persona física consultante en favor de la sociedad de nueva constitución constituyen una rama de actividad****, en la medida en que parecen conformar una unidad económica autónoma determinante de una explotación económica, en los términos previstos en el artículo 76.4 de la LIS. No obstante, se trata de una cuestión de hecho que el sujeto pasivo deberá acreditar por cualquier medio de prueba admitido en Derecho y cuya valoración corresponderá, en su caso, a los órganos competentes en materia de comprobación de la Administración Tributaria.*

De conformidad con lo anterior, la operación de aportación a que se refiere la consulta ***cumpliría los requisitos formales del artículo 87 de la LIS para acogerse al régimen fiscal del Capítulo VII del Título VII de la LIS.***

(...)

(...) en el ámbito de la sociedad adquirente, la sociedad beneficiaria de nueva creación, mantendrá, a efectos fiscales, los valores y la antigüedad que tenían en el transmitente los elementos patrimoniales recibidos con ocasión de la operación, tal y como señala el artículo 78 de la LIS.

(...)

En lo que se refiere a la tributación de la persona física aportante, con carácter general, el artículo 37.1.d) de la LIRPF, establece que en el caso de aportaciones no dinerarias a sociedades, "...la ganancia o pérdida se determinará por la diferencia entre el valor de adquisición de los bienes o derechos aportados y la cantidad mayor de las siguientes:

Primera. El valor nominal de las acciones o participaciones sociales recibidas por la aportación o, en su caso, la parte correspondiente del mismo. A este valor se añadirá el importe de las primas de emisión.

Segunda. El valor de cotización de los títulos recibidos en el día en que se formalice la aportación o el inmediato anterior.

Tercera. El valor de mercado del bien o derecho aportado.

El valor de transmisión así calculado se tendrá en cuenta para determinar el valor de adquisición de los títulos recibidos como consecuencia de la aportación no dineraria".

No obstante, el apartado 3 de dicho artículo 37 de la LIRPF, establece que "Lo dispuesto en los párrafos d), e) y h), para el canje de valores, del apartado 1 de este artículo se entenderá sin perjuicio de lo establecido en el capítulo VIII del título VII del texto refundido de la Ley del Impuesto sobre Sociedades".

Por tanto, en caso de que la aportación no dineraria cumpla los requisitos anteriores y el resto de los establecidos en el Capítulo VII del Título VII de la LIS para la aplicación del referido régimen de neutralidad, la persona física aportante no deberá integrar renta alguna en la base imponible de su Impuesto sobre la Renta de las Personas Físicas como consecuencia de la transmisión de los elementos patrimoniales que den lugar a ganancias o pérdidas patrimoniales, y las participaciones recibidas como consecuencia de dicha aportación conservarán a efectos fiscales la parte del valor y fecha de adquisición correspondiente a los elementos patrimoniales aportados a los que resulte de aplicación el régimen especial».

Otras medidas aplicables en el régimen FEAC

Participaciones en el capital de la entidad transmitente y de la entidad adquirente

Conforme al artículo 82 de la LIS:

- Cuando la **entidad adquirente participe en el capital o en los fondos propios de la entidad transmitente en, al menos un 5 %**, no se integrará en la base imponible de aquella la **renta positiva o negativa derivada de la anulación de la participación**.
- Tampoco se producirá dicha integración con ocasión de la **transmisión de la participación que ostente la entidad transmitente en el capital de la adquirente cuando sea, al menos, de un 5 % del capital o de los fondos propios**.

En el caso de que la entidad adquirente participase en el capital de la entidad transmitente en un porcentaje inferior al 5 %, se integrará en la base imponible de aquella la renta positiva o negativa derivada de la anulación de la participación; integración que también se producirá con ocasión de la transmisión de la participación que ostente la entidad transmitente en el capital de la adquirente cuando sea inferior al 5 % del capital o de los fondos propios.

RESOLUCIÓN ADMINISTRATIVA

Consulta vinculante de la Dirección General de Tributos (V0225-25), de 26 de febrero de 2025

Asunto: aplicación del artículo 82 de la LIS en un supuesto de fusión impropia.

«En el escrito de la consulta se indica que la entidad A1 va a absorber a la entidad A2, íntegramente participada por la primera. Por lo tanto, si la operación proyectada se realiza en el ámbito mercantil al amparo de lo dispuesto en la Real Decreto-ley 5/2023, y cumple además lo dispuesto en el artículo 76.1 de la LIS, dicha operación podría acogerse al régimen fiscal establecido en el Capítulo VII del Título VII de la mencionada Ley en las condiciones y requisitos exigidos en el mismo.

Al tratarse de una fusión impropia, debe traerse a colación lo dispuesto en el artículo 82.1 de la LIS, en virtud del cual:

"1. Cuando la entidad adquirente participe en el capital o en los fondos propios de la entidad transmitente en, al menos, un 5 por ciento, no se integrará en la base imponible de aquella la renta positiva o negativa derivada de la anulación de la participación. Tampoco se producirá dicha integración con ocasión de la transmisión de la participación que ostente la entidad transmitente en el capital de la adquirente cuando sea, al menos, de un 5 por ciento del capital o de los fondos propios".

Por tanto, teniendo en cuenta que en el caso planteado en el escrito de consulta la entidad absorbente (entidad A1) participa en un 100% del capital social de la absorbida (entidad A2), no se integrará renta alguna en la base imponible de la sociedad absorbente como consecuencia de la anulación de la participación».

Limitación en la deducción de gastos financieros destinados a la adquisición de participaciones en el capital o en los fondos propios de entidades

Según indica el artículo 83 de la LIS, a los efectos de lo previsto en el artículo 16 de la LIS, los gastos financieros derivados de deudas destinadas a la adquisición de participaciones en el capital o fondos propios de cualquier tipo de entidades se deducirán con el **límite adicional del 30 % del beneficio operativo** de la propia entidad que realizó dicha adquisición, sin incluir en dicho beneficio operativo el correspondiente a cualquier entidad que se fusione con aquella en los cuatro años posteriores a dicha adquisición, cuando la fusión aplique este régimen fiscal especial (artículo 83 de la LIS). Estos gastos financieros se tendrán en cuenta, igualmente, en el límite a que se refiere el artículo 16.1 de la LIS.

Los gastos financieros no deducibles que resulten de aplicar lo anterior serán deducibles en períodos impositivos siguientes con el límite previsto en el artículo 83 de la LIS y en el artículo 16.1 de la LIS.

El límite previsto en este apartado no resultará de aplicación:

- En el período impositivo en que se adquieran las participaciones en el capital o fondos propios de entidades si la adquisición se financia con deuda, como máximo, en un 70 % del precio de adquisición.
- En los períodos impositivos siguientes, siempre que el importe de esa deuda se minore, desde el momento de la adquisición, al menos en la parte proporcional que corresponda a cada uno de los ocho años siguientes, hasta que la deuda alcance el 30 % del precio de adquisición.

CUESTIÓN

¿Qué límites a la deducibilidad de los gastos financieros establece el artículo 16.1 de la LIS?

A tenor del artículo 16.1 de la LIS:

«1. Los gastos financieros netos serán deducibles con el límite del 30 por ciento del beneficio operativo del ejercicio.

A estos efectos, se entenderá por gastos financieros netos el exceso de gastos financieros respecto de los ingresos derivados de la cesión a terceros de capitales propios devengados en el período impositivo, excluidos aquellos gastos no deducibles a que se refieren las letras g) y h) del artículo 15 y el artículo 15 bis de esta ley.

El beneficio operativo se determinará a partir del resultado de explotación de la cuenta de pérdidas y ganancias del ejercicio determinado de acuerdo con el Código de Comercio y demás normativa contable de desarrollo, eliminando la amortización del inmovilizado, la imputación de subvenciones de inmovilizado no financiero y otras, el deterioro y resultado por enajenaciones de inmovilizado, y adicionando los ingresos financieros de participaciones en instrumentos de patrimonio, siempre que se correspondan con dividendos o participaciones en beneficios de entidades en las que el porcentaje de participación, directo o indirecto, sea al menos el 5 por ciento, excepto que dichas participaciones hayan sido adquiridas con deudas cuyos gastos financieros no resulten deducibles por aplicación de la letra h) del apartado 1 del artículo 15 de esta ley. En ningún caso, formarán parte del beneficio operativo los ingresos, gastos o rentas que no se hubieran integrado en la base imponible de este Impuesto.

En todo caso, serán deducibles gastos financieros netos del período impositivo por importe de 1 millón de euros.

Los gastos financieros netos que no hayan sido objeto de deducción podrán deducirse en los períodos impositivos siguientes, conjuntamente con los del período impositivo correspondiente, y con el límite previsto en este apartado».

A TENER EN CUENTA. La redacción reproducida del precepto es la resultante de la modificación introducida en el mismo por parte de la Ley 13/2023, de 24 de mayo, con entrada en vigor el 26/05/2023, pero con efectos para los **períodos impositivos iniciados a partir del 1 de enero de 2024.** En concreto, esta modificación supuso que, en lo relativo a la determinación del beneficio operativo, pasase a establecerse que en ningún caso formarán parte de él los ingresos, gastos o rentas que no se hubieran integrado en la base imponible del IS. Por otro lado, la misma norma también reformó el apartado 6 del precepto, que excluye la aplicación de la limitación a las entidades de crédito y aseguradoras, y que, en su redacción anterior también equiparaba a ellas a efectos de ese mismo tratamiento «los fondos de titulización hipotecaria, regulados en la Ley 19/1992, de 7 de julio, sobre Régimen de Sociedades y Fondos de Inversión Inmobiliaria y sobre Fondos de Titulización

Hipotecaria, y los fondos de titulización de activos a que se refiere la Disposición adicional quinta.2 de la Ley 3/1994, de 14 de abril, por la que se adapta la legislación española en materia de crédito a la Segunda Directiva de Coordinación Bancaria y se introducen otras modificaciones relativas al sistema financiero» (con la reforma esta previsión desaparece).

Subrogación en los derechos y las obligaciones tributarias

Cuando las operaciones a las que se refieren los artículos 76 u 87 de la LIS determinen una **sucesión a título universal**, el artículo 84 de la LIS establece que **se transmitirán a la entidad adquirente los derechos y obligaciones tributarias de la entidad transmitente**. En el caso de que la sucesión no fuera a título universal, se transmitirán a la entidad adquirente los derechos y obligaciones tributarias que se refieran a los bienes y derechos transmitidos. La entidad adquirente asumirá el cumplimiento de los requisitos necesarios para seguir aplicando los beneficios fiscales o consolidar los aplicados por la transmitente.

Las subrogaciones comprenderán exclusivamente los derechos y obligaciones nacidos al amparo de las leyes españolas.

Por otra parte, se transmitirán a la entidad adquirente las **bases imponibles negativas pendientes de compensación** en la entidad transmitente, siempre que se produzca alguna de las siguientes circunstancias:

- La extinción de la entidad transmitente.
- La transmisión de una rama de actividad cuyos resultados hayan generado bases imponibles negativas pendientes de compensación en la entidad transmitente. En este caso, se transmitirán las bases imponibles negativas pendientes de compensación generadas por la rama de actividad transmitida.

Cuando la entidad adquirente participe en el capital de la transmitente o bien ambas formen parte de un grupo de sociedades al que se refiere el artículo 42 del Código de Comercio, con independencia de su residencia y de la obligación de formular cuentas anuales consolidadas, la base imponible negativa susceptible de compensación se reducirá en el importe de la diferencia positiva entre el valor de las aportaciones de los socios, realizadas por cualquier título, correspondiente a la participación o a las participaciones que las entidades del grupo tengan sobre la entidad transmitente, y su valor fiscal.

A TENER EN CUENTA. A estos efectos, el apartado 7.b) de la disposición transitoria 16.ª de la LIS establece que en ningún caso serán compensables las bases imponibles negativas correspondientes a pérdidas sufridas por la entidad transmitente que hayan motivado la depreciación de la participación de la entidad adquirente en el capital de la transmitente, o la depreciación de la participación de otra entidad en esta última cuando todas ellas formen parte de un grupo de sociedades al que se refiere el artículo 42 del Código de Comercio, con independencia de su residencia y de la obligación de formular cuentas anuales consolidadas, cuando cualquiera de las referidas depreciaciones se haya producido en períodos impositivos iniciados con anterioridad a 1 de enero de 2013.

Según doctrina reiterada de la Dirección General de Tributos, la aplicación de este artículo 84 de la LIS determina la **subrogación, a efectos fisca-**

les, de la entidad adquirente, en los derechos y obligaciones tributarias de la entidad transmitente imputables a los bienes y derechos transmitidos, en las mismas condiciones y requisitos. En ese sentido se pronuncian, por ejemplo, sus consultas vinculantes (V0327-25), de 18 de marzo de 2025; (V0109-25), de 6 de febrero de 2025; o (V2494-24), de 9 de diciembre de 2024.

RESOLUCIONES ADMINISTRATIVAS

Consulta vinculante de la Dirección General de Tributos (V0327-25), de 18 de marzo de 2025

Asunto: subrogación en el derecho a compensar BIN en caso de fusión por absorción acogida al régimen FEAC.

«Es doctrina reiterada de este Centro Directivo que la aplicación del mencionado precepto determina la subrogación, a efectos fiscales, de la entidad adquirente, en los derechos y obligaciones tributarias de la entidad transmitente imputables a los bienes y derechos transmitidos, en las mismas condiciones y requisitos.

Asimismo, debe tomarse en consideración lo dispuesto en la disposición transitoria decimosexta de la LIS, en su apartado 7, en virtud del cual:

"7. En el supuesto de operaciones de reestructuración acogidas al régimen fiscal especial establecido en el Capítulo VII del Título VII de esta Ley:

a) (...).

b) A efectos de lo previsto en el apartado 2 del artículo 84 de esta Ley, en ningún caso serán compensables las bases imponibles negativas correspondientes a pérdidas sufridas por la entidad transmitente que hayan motivado la depreciación de la participación de la entidad adquirente en el capital de la transmitente, o la depreciación de la participación de otra entidad en esta última cuando todas ellas formen parte de un grupo de sociedades al que se refiere el artículo 42 del Código de Comercio, con independencia de su residencia y de la obligación de formular cuentas anuales consolidadas, cuando cualquiera de las referidas depreciaciones se haya producido en períodos impositivos iniciados con anterioridad a 1 de enero de 2013."

Por tanto, en caso de resultar de aplicación el régimen de neutralidad fiscal, la sociedad absorbente (la Sociedad consultante) se subrogaría en el derecho a compensar las bases imponibles negativas de escasa cuantía generadas en la Sociedad X, con los límites previstos en el artículo 84.2 y en la disposición transitoria decimosexta 7.b), ambos de la LIS, anteriormente reproducidos».

Consulta vinculante de la Dirección General de Tributos (V3317-23), de 28 de diciembre de 2023

Asunto: la subrogación en el derecho a la compensación de las BIN de la entidad transmitente solo procede cuando se aplique el régimen de neutralidad fiscal.

«En el supuesto de que no resultara de aplicación el régimen previsto en el Capítulo VII del Título VII de la LIS, las bases imponibles negativas generadas por la Sociedad A no podrán ser compensadas por la Sociedad C, puesto que la subrogación en el derecho a la compensación de las bases imponibles negativas de la entidad absorbida tan solo se produce en el ámbito del régimen del Capítulo VII del Título VII de la LIS, tal y como se desprende del artículo 84 del mencionado texto legal».

|| Pérdidas de los establecimientos permanentes

Tal y como indica el artículo 85 de la LIS, las **rentas generadas en la transmisión de un establecimiento permanente** aplicarán el **régimen establecido en el artículo 22 de la LIS** (exención de las rentas obtenidas en el extranjero a través de un establecimiento permanente).

Ahora bien, si **no se cumplen los requisitos establecidos en el artículo 22 de la LIS**, el importe de la renta positiva que supere las rentas negativas netas obtenidas por el establecimiento permanente se integrará en la base imponible de la entidad transmitente, sin perjuicio de que se pueda deducir de la cuota íntegra el impuesto que, de no ser por las disposiciones de la Directiva 2009/133/CE, del Consejo, de 19 de octubre, hubiera gravado esa misma renta integrada en la base imponible, en el Estado miembro en que esté situado dicho establecimiento permanente, con el límite del importe de la cuota íntegra correspondiente a esa renta integrada en la base imponible.

Obligaciones contables en el régimen FEAC

La **entidad adquirente** deberá incluir en la memoria anual la siguiente información, quedando la entidad transmitente obligada a comunicarle dichos datos (artículo 86 de la LIS):

- Período impositivo en el que la entidad transmitente adquirió los bienes transmitidos.
- Último balance cerrado por la entidad transmitente.
- Relación de bienes adquiridos que se hayan incorporado a los libros de contabilidad por un valor diferente a aquel por el que figuraban en los de la entidad transmitente con anterioridad a la realización de la operación, expresando ambos valores así como las correcciones valorativas constituidas en los libros de contabilidad de las dos entidades.
- Relación de beneficios fiscales disfrutados por la entidad transmitente, con respecto a los que la entidad deba asumir el cumplimiento de determinados requisitos de acuerdo con el artículo 84.1 de la LIS.

En el caso de que la sociedad transmitente hubiera renunciado al diferimiento que el artículo 77 de la LIS establece para las rentas derivadas de la transmisión producida en el marco de la operación de reestructuración (integrando en la base imponible de su IS las rentas derivadas de la transmisión de la totalidad o parte de los elementos patrimoniales, conforme al artículo 77.2 de la LIS), la adquirente solo tendrá que cumplimentar la información señalada en este último punto.

Los **socios personas jurídicas** deberán mencionar en la memoria anual los siguientes datos:

- Valor contable y fiscal de los valores entregados.
- Valor por el que se hayan contabilizado los valores recibidos.

Todas estas menciones deberán realizarse **mientras permanezcan en el inventario los valores o elementos patrimoniales adquiridos o deban cumplirse los requisitos derivados de los incentivos** fiscales disfrutados por la entidad transmitente. En la segunda y posteriores memorias anuales, la entidad adquirente podrá optar por incluir la mera indicación de que dichas menciones figuran en la primera memoria anual aprobada tras la operación, que deberá ser conservada mientras concurra la circunstancia antes referida.

CUESTIÓN

¿Qué consecuencias tendrá el incumplimiento de las obligaciones contables que establece el artículo 86 de la LIS?

El incumplimiento de las obligaciones recogidas en dicho precepto tendrá la consideración de **infracción tributaria grave**. La sanción consistirá en multa pecuniaria fija de 1.000 euros por cada dato omitido, en cada uno de los primeros 4 años en que no se incluya la información, y de 5.000 euros por cada dato omitido, en cada uno de los años siguientes, con el límite del 5 % del valor por el que la entidad adquirente haya reflejado los bienes y derechos transmitidos en su contabilidad. La sanción que se imponga se reducirá conforme a lo dispuesto en el apartado 3 del artículo 188 de la LGT.

RESOLUCIÓN ADMINISTRATIVA

Consulta vinculante de la Dirección General de Tributos (V2036-23), de 12 de julio de 2023

Asunto: obligaciones contables y registrales a cumplir en el marco del régimen de neutralidad fiscal.

«(...) se plantea, en relación con las obligaciones de información previstas en el artículo 86 de la Ley del Impuesto sobre Sociedades, si la entidad consultante tendría que cumplir con alguna obligación de información en la memoria de sus cuentas anuales distinta de la prevista en el artículo 86.2 de la Ley del Impuesto, o si estaría adicionalmente obligada a comunicar algún tipo de información específica a la entidad adquirente de cara a la aplicación de la libertad de amortización en sede de esta última.

En relación a las obligaciones contables y registrales derivadas de la operación de restructuración se deberá cumplir con lo señalado de forma particular en el artículo 86 de la LIS».

2.7. Minería

Régimen especial de las entidades mineras

La actividad minera presenta una serie de notas características que no se encuentran en otros sectores como son: los altos costes económicos y administrativos aparejados a la actividad; el agotamiento de la materia prima objeto de la actividad; la necesidad de realizar actividades industriales previas y necesarias para la aplicabilidad práctica o uso industrial y la frecuente insularidad del yacimiento con los consiguientes costes de traslado al lugar de los nuevos yacimientos. De aquí la existencia o necesidad de un beneficio fiscal que en alguna medida compense los gastos adicionales inherentes a la actividad minera con respecto a otro tipo de actividades industriales. (**Sentencia del TS n.° 106/2024, de 24 de enero, ECLI:ES.TS:2024:343**).

Este régimen especial del IS se encuentra regulado en el capítulo VIII, del título VII de la Ley 27/2014, de 27 de noviembre, del Impuesto de Sociedades (artículos 90 a 94 de la LIS).

Las especialidades que se reconocen en los mentados artículos resulta de aplicación a las entidades que desarrollen actividades de exploración, investigación y explotación o beneficio de yacimientos minerales y demás recursos geológicos clasificados en la sección C) y sección D) del apartado Uno del artículo tercero de la Ley de Minas (Ley 22/1973, de 21 de julio), con especial atención a los recursos minerales energéticos, así como de los que reglamentariamente se determinen con carácter general entre los incluidos en las secciones A) y B) del citado artículo.

> ***Artículo tercero, apartado Uno de la Ley de Minas***
>
> «Uno. Los yacimientos minerales y demás recursos geológicos se clasifican, a los efectos de esta Ley, en las siguientes secciones:
>
> A) Pertenecen a la misma los de escaso valor económico y comercialización geográficamente restringida, así como aquellos cuyo aprovechamiento único sea el de obtener fragmentos de tamaño y forma apropiados para su utilización directa en obras de infraestructura, construcción y otros usos que no exigen más operaciones que las de arranque, quebrantado y calibrado.
>
> B) Incluye, con arreglo a las definiciones que establece el capítulo primero del título IV, las aguas minerales, las termales, las estructuras subterráneas y los yacimientos formados como consecuencia de operaciones reguladas por esta Ley.
>
> C) Comprende esta sección cuantos yacimientos minerales y recursos geológicos no estén incluidos en las anteriores y sean objeto de aprovechamiento conforme a esta Ley, excepto los incluidos en la sección siguiente.
>
> D) Los carbones, los minerales radiactivos, los recursos geotérmicos, las rocas bituminosas y cualesquiera otros yacimientos minerales o recursos geológicos de interés energético».

En estos casos las entidades podrán gozar, en relación con sus inversiones en activos mineros y con las cantidades abonadas en concepto de canon de superficie, de libertad de amortización durante 10 años contados a partir del comienzo del primer período impositivo en cuya base imponible se integre el resultado de la explotación.

No se considerarán actividades que puedan abrir la posibilidad de libertad de amortización la mera prestación de servicios para la realización o desarrollo de las citadas actividades.

|| Factor de agotamiento

El Tribunal Supremo en la **sentencia, rec. 6572/2009, de 24 de noviembre de 2011, ECLI:ES:TS:2011:8299**, recoge que «*El Factor de Agotamiento* *es un instrumento o medida fiscal que tiene presente la existencia de activos agotables, que se caracterizan porque su explotación económica lleva consigo su propio agotamiento, como sucede con los activos mineros, los petrolíferos (hidrocarburos), los forestales y otros*».

El factor de agotamiento podemos entenderlo como un mecanismo de autofinanciación que consiste en permitir al obligado tributario aplicar una reducción sobre el beneficio obtenido. A continuación analizaremos las condiciones de aplicación del factor de agotamiento en las entidades dedicadas a la minería:

|| Ámbito de aplicación y modalidades

Podrán reducir la base imponible, en el importe que destinen, en concepto de factor de agotamiento, los contribuyente que realicen, al amparo de la Ley de Minas, el aprovechamiento de uno o varios de los siguientes recursos:

- Los comprendidos en las secciones C) y D) del apartado Uno del artículo tercero de la Ley de Minas, con especial atención a los recursos minerales energéticos.
- Los obtenidos a partir de yacimientos de origen no natural pertenecientes a la sección B) del aparto Uno del referido artículo, siempre que los productos recuperados o transformados se hallen clasificados en las secciones del punto anterior.

El factor de agotamiento no excederá del 30 % de la parte de base imponible correspondiente a los aprovechamientos señalados.

En caso de que las entidades realicen aprovechamientos de una o varias materias primas minerales declaradas prioritarias en el Real Decreto 647/2002, de 5 de julio, podrán optar, en la actividad referente a estos recursos, porque el factor de agotamiento sea de hasta el 15 % del valor de los minerales vendidos, considerándose también como tales los consumidos por las mismas empresas para su posterior tratamiento o transformación. En este caso, la dotación para el factor de agotamiento no podrá ser superior a la parte de la base imponible correspondiente al tratamiento, transformación, comercialización y venta de las sustancias obtenidas de los aprovechamientos señalados y de los productos que incorporen dichas sustancias y otras derivadas de ellas.

Para el supuesto de que varias personas, físicas o jurídicas, se hayan asociado para la realización de actividades mineras sin llegar a constituir una personalidad jurídica independiente, cada uno de los partícipes podrá destinar, a prorrata de su participación en la actividad común, el importe correspondiente en concepto de factor de agotamiento.

|| Inversión

Las cantidades que redujeron la base imponible en concepto de factor de agotamiento sólo podrán ser invertidas en los gastos, trabajos e inmovilizados directamente relacionados con las actividades mineras que indicamos a continuación:

- Exploración e investigación de nuevos yacimientos minerales y demás recursos geológicos.

- Investigación que permita mejorar la recuperación o calidad de los productos obtenidos.
- Suscripción o adquisición de valores representativos del capital social de empresas dedicadas exclusivamente a las actividades a que se refiere al letra c) del artículo 92 de la LIS.

CUESTIÓN

¿Qué sucede si las empresas que suscribieron acciones o participaciones con posterioridad realizaran actividades diferentes?

En este caso el contribuyente deberá realizar la liquidación a que se refiere el artículo 94.1 de la LIS, o bien, reinvertir el importe correspondiente a aquella suscripción, en otras inversiones que cumplan los requisitos.

- Investigación que permita obtener un mejor conocimiento de la reserva del yacimiento en explotación.
- Laboratorios y equipos de investigación aplicables a las actividades mineras de la empresa.
- Actuaciones comprendidas en los planes de restauración previstos en el Real Decreto 975/2009, de 12 de junio, sobre gestión de los residuos de las industrias extractivas y de protección y rehabilitación del espacio afectado por actividades mineras.

|| Requisitos

La inversión se entenderá efectuada cuando se hayan realizado los gastos o trabajos a que se refiere el artículo 92 de la LIS o recibido el inmovilizado. El importe que en concepto de factor de agotamiento reduzca la base imponible en cada período impositivo deberá invertirse en el plazo de 10 años, contados a partir de su conclusión.

En cada período impositivo deberán incrementarse las cuentas reservadas de la entidad en el importe que redujo la base imponible en concepto de factor de agotamiento.

El contribuyente deberá recoger en la memoria de los 10 ejercicios siguientes a aquel en el que se realizó la correspondiente reducción el importe de ésta, las inversiones realizadas con cargo a esta y las amortizaciones realizadas, así como cualquier disminución habida en las cuentas de reservas que se incrementaron como consecuencia de lo previsto en el apartado anterior y el destino de aquélla. Estos hechos podrán ser objeto de comprobación durante este mismo período.

Solo podrá disponerse libremente de las reservas constituidas conforme al artículo 93 de la LIS, apartado 3, en la medida en que se vayan amortizando las inversiones o una vez transcurridos 10 años desde que se suscribieron las correspondientes acciones o participaciones financiadas con dichos fondos.

A TENER EN CUENTA. Las inversiones financiadas por aplicación del factor agotamiento no podrán acogerse a las deducciones previstas en el capítulo IV, del título VI.

|| Incumplimiento de requisitos

Una vez transcurrido el plazo de 10 años sin que el contribuyente hubiese invertido o habiéndose invertido inadecuadamente el importe correspondiente, se reintegrará en la base imponible del período impositivo concluido a la expiración de dicho plazo o del ejercicio en el que se haya realizado la inadecuada disposición, debiendo liquidarse los correspondientes intereses de demora que se devengarán desde el día en que finalice el período de pago voluntario de la deuda correspondiente al período impositivo en que se realizó la correlativa reducción.

En el caso de liquidación de la entidad, el importe pendiente de aplicación del factor de agotamiento se integrará en la base imponible en la forma que hemos expuesto.

Del mismo modo se procederá en los casos de cesión o enajenación total o parcial de la explotación minera y en los de fusión o transformación de entidades, salvo que la entidad resultante, continuadora de la actividad minera, asuma el cumplimiento de los requisitos necesarios para consolidar el beneficio disfrutado por la entidad transmitente o transformada, en los mismos términos en que venía figurando en la entidad anterior.

2.8. Investigación y explotación de hidrocarburos

El régimen fiscal especial de la investigación y exploración de hidrocarburos en la LIS

El régimen fiscal de la investigación y explotación de hidrocarburos se encuentra regulado en el capítulo IX del título VII de la Ley 27/2014, de 27 de noviembre, del Impuesto de Sociedades, en sus artículos 95 a 99.

Este régimen fiscal resultará de aplicación a las sociedades cuyo objeto social sea exclusivamente la exploración, investigación y explotación de yacimientos y de almacenamientos subterráneos de hidrocarburos naturales, líquidos o gaseosos, existentes en el territorio español y en el subsuelo del mar territorial y de los fondos marinos que estén bajo la soberanía del Reino de España, en los términos de la Ley 34/1998, de 7 de octubre, del sector de hidrocarburos, y con carácter complementario de éstas, las de transporte, almacenamiento, depuración y venta de los productos extraídos, tendrán derecho a una **reducción en su base imponible,** en concepto de factor de agotamiento, que podrá ser, a elección de la entidad, cualquiera de las dos siguientes:

- El **25 % del importe de la contraprestación por la venta de hidrocarburos y de la prestación de servicios de almacenamiento,** con el límite del 50% de la base imponible previa a esta reducción.
- El **40 % de la cuantía de la base imponible previa a esta reducción**.

|| Factor de agotamiento

El factor de agotamiento, introducido por primera vez por la derogada Ley 27 de junio de 1974, de Hidrocarburos, es un instrumento o medida fiscal que tiene presente la existencia de activos agotables, que se caracterizan porque su explotación económica lleva consigo su propio agotamiento, como sucede con los activos mineros, los petrolíferos (hidrocarburos), los forestales y otros (**STS n.° 1115/2024, de 24 de junio, ECLI:ES:TS:2024:3595**).

|| 1. Requisitos

- **Inversión de las cantidades reducidas.** Las cantidades que redujeron la base imponible en concepto de factor de agotamiento deberán invertirse por el concesionario en las actividades de exploración, investigación y explotación de yacimientos o de almacenamientos subterráneos de hidrocarburos que desarrolle en el territorio español y en el subsuelo del mar territorial y de los fondos marinos que estén bajo la soberanía de España, así como en el abandono de campos y en el desmantelamiento de plataformas marinas, en el **plazo de 10 años** contados desde la conclusión del período impositivo en el que se reduzca la base imponible en concepto de agotamiento. (Misma consideración tendrán las actividades de exploración, investigación y explotación realizadas en los 4 años anteriores al primer período impositivo en que se reduzca la base imponible en concepto de agotamiento).
- **Incremento de las cuentas de reserva.** En cada período impositivo deberán incrementarse las cuentas de reserva de la entidad en el importe que redujo la base imponible en concepto de factor de agotamiento.
- **Disponibilidad de las reservas.** Solo podrá disponerse libremente de las reservas constituidas en cumplimiento del requisito anterior, en la medida en que se vayan amortizando los bienes financiados con dichos fondos.
- **Registro en la memoria.** El contribuyente **deberá recoger en la memoria de los 10 ejercicios siguientes** a aquel en el que se realizó la correspondiente reducción el importe de esta, las inversiones realizadas con cargo a esta y las amortizaciones realizadas, así como cualquier disminución en las cuentas de reservas que se incrementaron como consecuencia de lo previsto en el requisito 2 y el destino de aquélla. Durante este período estos hechos podrán ser objeto de comprobación, y para ello el contribuyente tendrá que aportar la contabilidad y los soportes documentales oportunos que acrediten el cumplimiento de los requisitos exigidos al factor de agotamiento.

A TENER EN CUENTA. En el caso de inversiones financiadas por aplicación del factor de agotamiento no podrán acogerse a las deducciones contempladas en el capítulo IV del título VI de la LIS que regula las deducciones para incentivar la realización de determinadas actividades tales como actividades de investigación y desarrollo e innovación tecnológica entre otras.

CUESTIONES

1. ¿Qué se entiende por exploración o investigación a los efectos de considerar invertidas las cantidades reducidas?

Conforme a los establecido en el párrafo segundo del artículo 96.1 de la LIS, a estos efectos, se entenderá por exploración o investigación los estudios preliminares de naturaleza geológica, geofísica o sísmica, así como todos los gastos realizados en el área de un permiso de exploración o investigación, tales como los sondeos de exploración, así como los de evaluación y desarrollo, si resultan negativos, los gastos de obras para el acceso y preparación de los terrenos y de localización de dichos sondeos. También se considerarán gastos de exploración o investigación los realizados en una concesión y que se refieran a trabajos para la localización y perforación de una estructura capaz de contener o almacenar hidrocarburos, distinta a la que contiene el yacimiento que dio lugar a la concesión de explotación otorgada.

2.- ¿Qué se entiende por abandono de campos y desmantelamiento de plataformas marinas?

En este caso la LIS recoge que por abandono de campos y desmantelamiento de plataformas marinas debemos entender los trabajos necesarios para desmantelar las instalaciones productivas terrestres o las plataformas marinas dejando libre y expedito el suelo o el espacio marino que aquellas ocupaban en la forma establecida por el decreto de otorgamiento.

3. ¿A qué se refiere el artículo 96 de la LIS cuando habla de inversiones en explotación?

En estos casos se entiende que se refiere a las inversiones realizadas en el área de una concesión de explotación, tales como el diseño, la perforación y la construcción de los pozos, las instalaciones de explotación, y cualquier otra inversión, tangible o intangible, necesaria para poder llevar a cabo las labores de explotación, siempre que no se correspondan con inversiones realizadas por el concesionario en las actividades de exploración o de investigación.

4. ¿Los sondeos de evaluación se incluyen como explotación?

Sí, y así lo recoge expresamente el último párrafo del artículo 96.1 de la LIS: *«Se incluirán como explotación, a estos efectos, los sondeos de evaluación y de desarrollo que resulten positivos»*.

2. Incumplimiento de los requisitos

El artículo 97 de la LIS es el encargado de regular las consecuencias de incumplir los requisitos del factor de agotamiento, y en este sentido señala que transcurrido el plazo de 10 años sin haberse invertido o habiéndose invertido inadecuadamente el importe correspondiente, se integrará en la base imponible del período impositivo concluido a la expiración de dicho plazo o del ejercicio en el que se haya realizado la inadecuada disposición, debiendo liquidarse los correspondientes intereses de demora que se devengarán desde el día en que finalice el período de pago voluntario de la deuda correspondiente al período impositivo en que se realizó la correlativa reducción.

En el caso de liquidación de la entidad o de cambio de su objeto social, el importe pendiente de aplicación del factor de agotamiento se integrará en la base imponible en la forma y con los efectos previstos en el párrafo anterior.

Por otro lado, el artículo 97.3 de la LIS establece que en los casos de cesión o enajenación total o parcial, fusión o transformación de la entidad, salvo que la entidad resultante continuadora de la actividad, tenga como objeto social, exclusivamente, el establecido en el artículo 95 de esta ley (exploración, investigación y explotación de yacimientos y de almacenamientos subterráneos de hidrocarburos naturales, líquidos o gaseosos, existentes en el territorio español y en el subsuelo del mar territorial y de los fondos marinos que estén bajo la soberanía del Reino de España, en los términos de la Ley 34/1998, de 7 de octubre, del sector de hidrocarburos, y con carácter complementario de éstas, las de transporte, almacenamiento, depuración y venta de los productos extraídos) y asuma el cumplimiento de los requisitos necesarios para consolidar el beneficio disfrutado por la entidad transmitente o transformada, en los mismos términos en que venía figurando en la entidad anterior, también se integrará en la base imponible en la forma anteriormente descrita

En relación con la **titularidad compartida**, el art. 98 de Ley 27/2014, de 27 de noviembre, del Impuesto de Sociedades prevé lo siguiente:

> «En el caso de que varias sociedades tengan la titularidad compartida de un permiso de investigación o de una concesión de explotación, se atribuirán a cada una de las entidades copartícipes, los ingresos, gastos, rentas derivadas de la transmisión de elementos patrimoniales e inversiones, que le sean imputables, de acuerdo con su grado de participación».

|| Amortización de inversiones intangibles y gastos de investigación

Respecto a la amortización de inversiones intangibles y gastos de investigación, el art. 99 de LIS señala al respecto que, los **activos intangibles y gastos de naturaleza investigadora** realizados en permisos y concesiones vigentes, caducados o extinguidos, se considerarán como activo intangible, desde el momento de su realización, y podrán **amortizarse con una cuota anual máxima del 50%.**

No existirá período máximo de amortización de los activos intangibles y gastos de investigación.

Los elementos tangibles del activo podrán ser amortizados, siguiendo el criterio de «unidad de producción», conforme a un plan formulado por el contribuyente y aceptado por la Administración Tributaria.

Por último, se dispone que las entidades a que se refiere el art. 95 de la LIS compensarán las bases imponibles negativas mediante el procedimiento de reducir las bases imponibles de los ejercicios siguientes en un importe máximo anual del 50% de cada una de aquéllas.

Este procedimiento de compensación de bases imponibles negativas sustituye al establecido en el art. 26 de la LIS.

CUESTIÓN

Los trabajos previos a la explotación de hidrocarburos, tales como la preparación del terreno, ¿podrán amortizarse en virtud de lo dispuesto en el artículo 99.1 de la LIS con una cuota anual máxima del 50 %?

Sí, la LIS recoge esta especialidad en su artículo 99.1 al disponer que se incluyen en el concepto de activos intangibles y gastos de naturaleza investigadora los siguientes:

- Los trabajos previos geológicos, geofísicos y sísmicos.
- Las obras de acceso y preparación del terreno.
- Los sondeos de exploración, evaluación y desarrollo.
- Las operaciones de reacondicionamiento de pozos y conservación de yacimientos.

2.9. Transparencia fiscal internacional

Imputación de rentas positivas obtenidas por entidades no residentes y establecimientos permanentes en el régimen de transparencia fiscal en el IS

El capítulo X, del título VII se refiere, dentro de la regulación de los regímenes tributarios especiales, a la transparencia fiscal internacional. El contenido de este capítulo se limita a un único artículo en el que se concretan las normas con relación a la imputación de rentas positivas obtenidas por entidades no residentes y establecimientos permanentes. Para una mejor compresión del artículo 100 de la LIS expondremos ordenadamente su contenido:

|| Rentas a imputar

Los contribuyentes **imputarán en su base imponible las rentas positivas** que deriven de las operaciones recogidas en el apartado siguiente cuando se cumplan las circunstancias siguientes:

- Que por sí solos o conjuntamente con personas o entidades vinculadas tengan una **participación igual o superior al 50 % en el capital,** los fondos propios, los resultados o los derechos de voto de la entidad no residente en territorio español, en la fecha del cierre del ejercicio social de esta última.
- Que **el importe satisfecho por la entidad no residente en territorio español por razón de gravamen de naturaleza idéntica o análoga a este impuesto, sea inferior al 75 % del que hubiera correspondido de acuerdo con las normas de aquel.**

CUESTIÓN

A los efectos del artículo 100.1.a) de la LIS, ¿qué debemos entender por entidades vinculadas?

Conforme establece el propio precepto se refiere a entidades vinculadas en el sentido del artículo 18 de la LIS el cual en su apartado 2 establece:

«2. Se considerarán personas o entidades vinculadas las siguientes.

a) Una entidad y sus socios o partícipes.

b) Una entidad y sus consejeros o administradores, salvo en lo correspondiente a la retribución por el ejercicio de sus funciones.

c) Una entidad y los cónyuges o personas unidas por relaciones de parentesco, en línea directa o colateral, por consanguinidad o afinidad hasta el tercer grado de los socios o partícipes, consejeros o administradores.

d) Dos entidades que pertenezcan a un grupo.

e) Una entidad y los consejeros o administradores de otra entidad, cuando ambas entidades pertenezcan a un grupo.

f) Una entidad y otra entidad participada por la primera indirectamente en, al menos, el 25 por ciento del capital social o de los fondos propios.

g) Dos entidades en las cuales los mismos socios, partícipes o sus cónyuges, o personas unidas por relaciones de parentesco, en línea directa o colateral, por consanguinidad o afinidad hasta el tercer grado, participen, directa o indirectamente en, al menos, el 25 por ciento del capital social o los fondos propios.

h) Una entidad residente en territorio español y sus establecimientos permanentes en el extranjero.

En los supuestos en los que la vinculación se defina en función de la relación de los socios o partícipes con la entidad, la participación deberá ser igual o superior al 25 por ciento. La mención a los administradores incluirá a los de derecho y a los de hecho (...)».

Esta imputación también procederá cuando dichas rentas sean obtenidas a través de un establecimiento permanente, siempre que no resulte de aplicación la exención contenida en el artículo 22 de la LIS.

En particular, dispone el apartado 6 del artículo 100 de la LIS que estarán obligadas a la imputación las entidades residentes en territorio español que posean una participación superior al 50 % y que participen directamente en la entidad no residente o bien indirectamente a través de otra u otras entidades no residentes. En este último caso el importe de la renta positiva será el correspondiente a la participación indirecta.

El importe de la renta positiva a imputar se determinará en proporción a la participación en los resultados y, en su defecto, en proporción a la participación en el capital, los fondos propios o los derechos de voto.

Clases de rentas imputables

Los contribuyentes imputarán la renta total obtenida por la entidad no residente en territorio español o el establecimiento permanente, cuando estos no dispongan de la correspondiente organización de medios materiales y personales para su obtención incluso si las operaciones tienen carácter recurrente.

CUESTIÓN

¿Qué se entiende por renta total?

Se entenderá por renta total el importe de la base imponible que resulte de aplicar los criterios y principios establecidos en la LIS y en las restantes disposiciones relativas al Impuesto sobre sociedades para la determinación de aquella.

Lo dicho no resultará de aplicación, cuando el contribuyente acredite que las referidas operaciones se realizan con los medios materiales y personales existentes en una entidad no residente en territorio español perteneciente al mismo grupo, en el sentido del artículo 42 del Código de Comercio, con independencia de su residencia y de la obligación de formular cuentas anuales consolidadas, o bien que su constitución y operativa responde a motivos económicos válidos.

En caso de que no se cumplan las condiciones para poder imputar la renta total obtenida, se imputará únicamente la renta positiva que provenga de cada una de las siguientes fuentes:

a) **Titularidad de bienes inmuebles rústicos y urbanos o de derechos reales que recaigan sobre estos**, salvo que estén afectos a una actividad económica, o cedidos en uso a entidades no residentes, pertenecientes al mismo grupo de sociedades de la titular en el sentido del artículo 42 del Código de Comercio, con independencia de su residencia y de la obligación de formular cuentas anuales consolidadas, e igualmente estuvieren afectos a una actividad económica.

b) **Participación en fondos propios de cualquier tipo de entidad y cesión a terceros de capitales propios**, que tengas esta consideración conforme a lo previsto en los apartados 1 y 2 del artículo 25 de la LIRPF. No se entenderá incluida en esta letra la renta positiva que proceda de los siguientes activos financieros:

- Los tenidos para dar cumplimiento a obligaciones legales y reglamentarias originadas por el ejercicio de actividades económicas.
- Los que incorporen derechos de crédito nacidos de relaciones contractuales establecidas como consecuencia del desarrollo de actividades económicas.
- Los tenidos como consecuencia del ejercicio de actividades de intermediación en mercados oficiales de valores.
- Los tenidos por entidades de crédito y aseguradoras como consecuencia del ejercicio de sus actividades, sin perjuicio de las actividades crediticias y financieras a que se refiere la letra i) del artículo 100.3 de la LIS.

c) **Operaciones de capitalización y seguro**, que tengan como beneficiaria a la propia entidad.

d) **Propiedad industrial e intelectual**, asistencia técnica, bienes muebles, derechos de imagen y arrendamiento o subarrendamiento de negocios o minas, en los términos establecidos en el apartado 4 del artículo 25 de la LIRPF.

e) Transmisión de los bienes y derechos referidos en los puntos anteriores **que genere rentas.**

f) Instrumentos financieros derivados, excepto los designados para cubrir un riesgo específicamente identificado derivado de la realización de actividades económicas.

g) Actividades de seguros, crediticias, operaciones de arrendamiento financiero y otras actividades financieras salvo que se trate de rentas obtenidas en el ejercicio de actividades económicas, sin perjuicio de lo establecido en la letra i) del artículo 100.3 de la LIS.

h) Operaciones sobre bienes y servicios realizados con personas o entidades vinculadas en las que la entidad no residente o establecimiento añade un valor económico escaso o nulo.

i) Actividades crediticias, financieras, aseguradoras y de prestación de servicios realizadas, directa o indirectamente, con personas o entidades residentes en territorio español y vinculadas en cuanto determinen gastos fiscalmente deducibles en dichas personas o entidades residentes. No se incluirá la renta positiva prevista en esta letra cuando al menos dos tercios de los ingresos derivados de las actividades crediticias, financieras, aseguradoras o de prestación de servicios realizadas por la entidad no residente procedan de operaciones efectuadas con personas o entidades no vinculadas.

Las rentas a las que nos hemos referido en la enumeración anterior **no se imputarán cuando la suma de sus importes sea inferior al 15 % de la renta total obtenida** por la entidad no residente o el establecimiento permanente. En el supuesto recogido en la anterior letra i) se imputarán en todo caso las rentas, sin perjuicio de que, asimismo, sean tomadas en consideración a efectos de determinar la suma a la que nos referimos.

Tampoco se imputarán las rentas que se correspondan con gastos fiscalmente no deducibles de entidades residentes en territorio español.

La imputación se realizará en el período impositivo que comprenda el día en que la entidad no residente en territorio español haya concluido su ejercicio social que, a estos efectos, no podrá entenderse de duración superior a 12 meses. En el caso de establecimientos permanentes, la imputación se realizará en el período impositivo en el que se obtengan las rentas.

No se integrará en la base imponible los dividendos o participaciones en beneficios en la parte que corresponda a la renta positiva que haya sido incluida en la base imponible. A estos efectos, el importe de los dividendos o participaciones en beneficios se reducirá en un 5 por ciento en concepto de gastos de gestión referidos a dichas participaciones, salvo que concurran las circunstancias establecidas en el apartado 11 del artículo 21 de esta ley. El mismo tratamiento se aplicará a los dividendos a cuenta.

En caso de distribución de reservas se atenderá a la designación contenida en el acuerdo social, entendiéndose aplicadas las últimas cantidades abonadas a dichas reservas.

Una misma renta positiva solamente podrá ser objeto de imputación por una sola vez, cualquiera que sea la forma y la entidad en que se manifieste.

|| Gastos deducibles

Serán **deducibles** de la cuota íntegra los siguientes conceptos:

a) **Los impuestos o gravámenes de naturaleza idéntica o análoga** a este impuesto, efectivamente satisfechos, en la parte que corresponda a la renta positiva imputada en la base imponible. Se considerarán como impuestos efectivamente satisfechos, los pagados tanto por la entidad no residente como por sus participadas, siempre que sobre éstas tenga aquella al menos el 5% de participación.

b) **El impuesto o gravamen efectivamente satisfecho en el extranjero** por razón de la distribución de los dividendos o participaciones en beneficios, sea conforme a un convenio para evitar la doble imposición o de acuerdo con la legislación interna del país o territorio de que se trate, en la parte que corresponda a la renta positiva imputada con anterioridad en la base imponible.

Cuando la participación sobre la entidad no residente sea indirecta a través de otra u otras entidades no residentes, se deducirá el impuesto o gravamen de naturaleza idéntica o análoga a este Impuesto efectivamente satisfecho por aquélla o aquéllas en la parte que corresponda a la renta positiva imputada con anterioridad en la base imponible.

Estas deducciones se practicarán aun cuando los impuestos correspondan a períodos impositivos distintos a aquel en el que se realizó la imputación.

En ningún caso se deducirán los impuestos satisfechos en países o territorios calificados como jurisdicciones no cooperativas.

A TENER EN CUENTA. La suma de las deducciones expuestas no podrá exceder de la cuota íntegra que en España corresponda pagar por la renta positiva incluida en la base imponible.

Para **calcular la renta derivada de la transmisión de la participación, directa o indirecta**, el valor de adquisición se incrementará en el importe de los beneficios sociales que, sin efectiva distribución, se correspondan con rentas que hubiesen sido imputadas a los socios como rentas de sus acciones o participaciones en el período de tiempo comprendido entre su adquisición y transmisión. A estos efectos, el importe de los beneficios sociales a que se refiere este párrafo se reducirá en un 5 % en concepto de gastos de gestión referidos a dichas participaciones.

En el caso de entidades que tengan la consideración de entidad patrimonial en los términos establecidos en el apartado 2 del artículo 5 de la LIS, el valor de transmisión a computar será como mínimo, el valor del patrimonio neto que corresponda a los valores transmitidos resultante del último balance cerrado, una vez sustituido el valor contable de los activos por el valor que tendrían a efectos del Impuesto sobre el Patrimonio o por el valor de mercado si este fuere inferior.

|| Obligaciones formales

- Obligaciones generales

Los contribuyentes a quienes sea de aplicación el régimen de transparencia fiscal internacional deberán presentar conjuntamente con la declaración por este impuesto los siguientes datos relativos a la entidad no residente en territorio español:

a) Nombre o razón social y lugar del domicilio social.

b) Relación de administradores y lugar de su domicilio fiscal.

c) El balance, la cuenta de pérdidas y ganancias y la memoria.

d) Importe de la renta positiva que deba ser objeto de imputación en la base imponible.

e) Justificación de los impuestos satisfechos respecto de la renta positiva que deba ser objeto de imputación en la base imponible.

En el caso de **establecimientos permanentes**, el contribuyente deberá aportar conjuntamente con la declaración por este impuesto los datos a los que se refieren las letras d) y e) anteriores, así como **registros contables de las operaciones que realicen y de los activos y pasivos afectos a los mismos**.

- Obligaciones específicas para entidades residentes en jurisdicciones no cooperativas

Cuando la entidad participada resida o el establecimiento permanente se sitúe en un país o territorio calificado como jurisdicción no cooperativa, se presumirá que:

a) El importe satisfecho por la entidad no residente en territorio español, imputable a alguna de las clases de rentas previstas en el apartado 2 o 3 del artículo 100 de la LIS por razón de gravamen de naturaleza idéntica o análoga a este Impuesto, es inferior al 75% del que hubiera correspondido de acuerdo con las normas de aquel.

b) Las rentas de la entidad participada o del establecimiento permanente reúnen las características del apartado 3 del artículo 100 de la LIS para determinarse como imputables a la base imponible del Impuesto.

c) La renta obtenida por la entidad participada es el 15% del valor de adquisición de la participación.

Estas presunciones, como todas las presunciones en el ámbito tributario, salvo mención expresa en norma con rango de Ley, son presunciones *iuris tantum*, es decir, admiten prueba en contrario.

|| Supuesto de no sujeción al régimen de transparencia internacional

Lo previsto en este régimen no será de aplicación cuando la entidad no residente o el establecimiento permanente sea **residente o se sitúe en otro Estado miembro de la Unión Europea o que forme parte del Acuerdo del Espacio Económico Europeo**, siempre que el contribuyente acredite que realiza actividades económicas o se trate de una **institución de inversión colectiva** regulada en la Directiva 2009/65/CE del Parlamento Europeo y del Consejo, de 13 de julio de 2009, por la que se coordinan las disposiciones legales, reglamentarias y administrativas sobre determinados organismos de inversión colectiva en valores mobiliarios, distintas de las previstas en el artículo 54 de la LIS, constituida y **domiciliada en algún Estado miembro de la Unión Europea**.

2.10. Empresas de reducida dimensión

El régimen tributario especial para las entidades de reducida dimensión en el IS

El capítulo XI del título VII de la Ley 27/2014, de 27 de noviembre, del Impuesto de Sociedades (LIS) —artículos 101 a 105— regula los incentivos fiscales para las entidades de reducida dimensión.

Con relación a su ámbito de aplicación el artículo 101 de la LIS dispone que los incentivos fiscales regulados en el capítulo XI del título VII de la LIS se aplicarán cuando el **importe neto de la cifra de negocios habida en el período impositivo inmediato anterior sea inferior a 10 millones de euros.**

CUESTIÓN

¿Cómo se determina la cifra anual de negocios?

La norma 11.ª de elaboración de las cuentas anuales del Real Decreto 1514/2007, de 16 de noviembre, por el que se aprueba el Plan General de Contabilidad, recoge que «El importe neto de la cifra anual de negocios se determinará deduciendo del importe de las ventas de los productos y de las prestaciones de servicios u otros ingresos correspondientes a las actividades ordinarias de la empresa, el importe de cualquier descuento (bonificaciones y demás reducciones sobre las ventas) y el del impuesto sobre el valor añadido y otros impuestos directamente relacionados con las mismas, que deban ser objeto de repercusión».

Sin embargo, la LIS contiene una excepción a la aplicación de los mentados incentivos, y es que estos **no resultarán de aplicación cuando la entidad tenga la consideración de entidad patrimonial** en los términos del artículo 5.2 de la LIS, es decir, aquella en la que más de la mitad de su activo esté constituido por valores o no esté afecto a una actividad económica.

En este sentido cabe mentar que el TEAC ha establecido como criterio que «(...) *no procede la aplicación del tipo reducido establecido en el régimen especial para las empresas de reducida dimensión a entidades que no realicen actividades económicas*», en su **resolución n.° 2398/2012, de 30 de mayo de 2012**, que aunque analiza el derogado artículo 108 del TRLIS, sería igualmente aplicable en la actualidad.

En los casos en los que la entidad fuese de **nueva creación**, el apartado segundo del artículo 101 de la LIS, analiza cómo se valorará el importe de la cifra de negocios, estableciendo que este se referirá al primer período impositivo en que se desarrolle efectivamente la actividad. Además, añade que el importe neto de la cifra de negocios se elevará al año en dos supuestos:

- Cuando el período impositivo inmediato anterior hubiese tenido una duración inferior al año.
- O cuando la actividad se hubiese desarrollado durante un plazo también inferior.

CUESTIÓN

¿Cómo se calcula a estos efectos el importe neto de la cifra de negocios cuando la entidad forma parte de un grupo de sociedades?

En estos casos en los que la entidad forma parte de un grupo de sociedades el importe neto de la cifra de negocios se referirá al conjunto de entidades pertenecientes a dicho grupo, teniendo en cuenta las eliminaciones e incorporaciones que correspondan por aplicación de la normativa contable. También se aplicará este criterio cuando una persona física por sí sola o conjuntamente con el cónyuge u otras personas físicas unidas por vínculos de parentesco en línea directa o colateral, consanguínea o por afinidad, hasta el segundo grado inclusive, se encuentren con relación a otras entidades de las que sean socios en alguna de las situaciones a que se refiere el artículo 42 del Código de Comercio, con independencia de la residencia de las entidades y de la obligación de formular cuentas anuales consolidadas.

RESOLUCIÓN ADMINISTRATIVA

Consulta vinculante de la Dirección General de Tributos (V2395-24), de 25 de noviembre

Asunto: Aplicación de los incentivos cuando la sociedad forme parte de un grupo

«De conformidad con el apartado 1 del artículo 101 de la LIS, los incentivos fiscales para las entidades de reducida dimensión se aplicarán siempre que el importe neto de la cifra de negocios del período impositivo inmediato anterior sea inferior a 10 millones de euros. No obstante, tal y como establece el apartado 3 del citado artículo, cuando la entidad forme parte de un grupo de sociedades en el sentido del artículo 42 del Código de Comercio, el importe neto de la cifra de negocios se referirá al conjunto de entidades pertenecientes a dicho grupo.

A efectos de determinar si las entidades citadas en la consulta forman parte de un grupo, basta con que se manifieste alguna de las circunstancias a las que se refiere la normativa mercantil, con independencia de que el grupo en cuestión deba o no presentar los estados contables consolidados. En la medida en que alguna de estas sociedades ostente el control de otra, existirá grupo a efectos de lo dispuesto en el artículo 42 del Código de Comercio y ello con independencia de que no exista obligación de formular estados contables consolidados».

¿A qué períodos se aplican estos incentivos fiscales?

Los incentivos fiscales regulados en el capítulo XI del título VII de la LIS se aplican también en los tres períodos impositivos inmediatos y siguientes a aquel período impositivo en que la entidad o conjunto de entidades alcance la cifra de negocios de 10 millones de euros, determinada en virtud de lo dispuesto en el artículo 101 de la LIS. En estos casos se exige como requisito que las condiciones para ser consideradas como empresas de reducida dimensión se hayan cumplido tanto en aquel período como en los dos períodos impositivos anteriores al último.

También resultarán aplicables cuando la cifra de negocios se alcance como consecuencia de la realización de una operación acogida al régimen fiscal establecido en el capítulo VII del título VII de la LIS (fusiones, escisiones, aportaciones de activos, canje de valores y cambio de domicilio social de una Sociedad Europea o una Sociedad Cooperativa Europea de un Estado miembro a otro de la Unión Europea), siempre que las entidades que hayan realizado tal operación cumplan las condiciones para ser consideradas como de reducida dimensión tanto en el período impositivo en que se realice la operación como en los 2 períodos impositivos anteriores a este último.

CUESTIÓN

Una sociedad comienza su actividad en el ejercicio 2021, con una cifra de negocios inferior a 10 millones de euros durante 2021, 2022 y 2023. Si en el ejercicio 2024 alcanza dicha cifra, ¿hasta cuándo podrá seguir aplicando los incentivos fiscales para entidades de reducida dimensión?

Partimos de que la sociedad ha tenido la consideración de entidad de reducida dimensión en los ejercicios 2022, 2023 y 2024, puesto que las cifras de negocios en los ejercicios 2021, 2022 y 2023, fueron, respectivamente, inferiores a 10 millones de euros. Si bien es cierto que en el ejercicio 2024 la consultante alcanzó la cifra de 10 millones de euros, en virtud del apartado 4 del artículo 101 de la LIS la entidad podrá seguir aplicando los incentivos fiscales recogidos en el capítulo XI del título VII de la LIS durante los ejercicios 2025, 2026 y 2027, en la medida en que cumpla las condiciones para ser considerada como de reducida dimensión tanto en el ejercicio 2024 como en los 2 períodos impositivos anteriores (2023 y 2022). En este sentido podemos citar por ejemplo la consulta vinculante de la DGT (V2577-23), de 26 de septiembre de 2023.

Los distintos incentivos fiscales de la LIS para entidades de reducida dimensión

A lo largo del capítulo XI del título VII se regulan 4 incentivos fiscales diferentes para las entidades de reducida dimensión:

- Libertad de amortización.
- Amortización de los elementos nuevos del inmovilizado material y de las inversiones inmobiliarias y del inmovilizado intangible.
- Pérdidas por deterioro de los créditos por posibles insolvencias de deudores.
- Reserva de nivelación de bases imponibles.

|| Libertad de amortización

Los elementos nuevos del inmovilizado material y de las inversiones inmobiliarias, afectos a actividades económicas, puestos a disposición del contribuyente en el período impositivo en el que se cumplan las condiciones del artículo 101 de la LIS, podrán ser amortizados libremente siempre que, **durante los 24 meses siguientes a la fecha del inicio del período impositivo en que los bienes adquiridos entren en funcionamiento, la plantilla media total de la empresa se incremente respecto de la plantilla media de los 12 meses anteriores, y dicho incremento se mantenga durante un período adicional de otros 24 meses.**

Para el cálculo de la plantilla media total de la empresa y de su incremento se tomarán las personas empleadas, en los términos que disponga la legislación laboral, teniendo en cuenta la jornada contratada en relación a la jornada completa.

La **cuantía de la inversión** que podrá beneficiarse del régimen de libertad de amortización está relacionada con el incremento de personal, estando limitada a la cuantía que resulte de multiplicar la cifra de **120.000 euros por el referido incremento calculado con dos decimales.**

La libertad de amortización será aplicable desde la entrada en funcionamiento de los elementos que puedan acogerse a ella.

Este régimen **también será de aplicación a los elementos encargados en virtud de un contrato de ejecución de obra** suscrito en el período impositivo, siempre que su puesta a disposición sea dentro de los 12 meses siguientes a su conclusión.

Como **también, a los elementos del inmovilizado material y de las inversiones inmobiliarias construidos por la propia empresa,** y también a los elementos nuevos del inmovilizado material y de las inversiones inmobiliarias objeto de un contrato de **arrendamiento financiero**, a condición de que se ejercite la opción de compra.

En caso de incumplimiento en la obligación de incrementar o mantener la plantilla se deberá proceder a ingresar la cuota íntegra que hubiere correspondido a la cantidad deducida en exceso más los intereses de demora correspondientes. El ingreso de la cuota íntegra y de los intereses de demora se realizará conjuntamente con la autoliquidación correspondiente al período impositivo en el que se haya incumplido una u otra obligación.

Tal y como señala la **Dirección General de Tributos en su consulta vinculante (V1683-24), de 10 de julio de 2024**, la amortización acelerada es una opción del contribuyente, no una obligación:

> «El apartado 1 del artículo 103 de la LIS **no contiene un mandato imperativo, sino una opción a disposición del contribuyente** en relación con los elementos citados, siempre que sean nuevos, puestos a disposición en el periodo impositivo en el que se cumplan las condiciones para ser considerada entidad de reducida dimensión, de manera que los mismos puedan amortizarse en función del coeficiente que resulte de multiplicar por 2 el coeficiente de amortización lineal máximo.
>
> Por tanto, dado que **la aceleración de la amortización para estas inversiones no es obligatoria**, se podrán amortizar fiscalmente, de forma acelerada, hasta el coeficiente que resulte de multiplicar por 2 el coeficiente máximo de las tablas de amortización oficialmente aprobadas, de manera que, a efectos fiscales, podría aplicarse un coeficiente inferior y diferente a ese máximo e, incluso, aplicar el coeficiente máximo sin doblarlo».

A TENER EN CUENTA. Las disposiciones adicionales 16.ª y 17.ª de la LIS, contienen dos previsiones para la libertad de amortización en inversiones realizadas en la cadena de valor de movilidad eléctrica, sostenible o conectada, y en inversiones que utilicen energía procedente de fuentes renovables respectivamente, aplicables a los períodos impositivos especificados en las mismas. Estas disposiciones especifican que las entidades a las que, conforme al artículo 101 de la LIS, les sean de aplicación los incentivos fiscales para las empresas de reducida dimensión previstos en el capítulo XI del título VII de la LIS, podrán optar entre aplicar el régimen de libertad de amortización del artículo 102 de la LIS o el régimen de libertad de amortización recogido en las citadas disposiciones.

Amortización de los elementos nuevos del inmovilizado material y de las inversiones inmobiliarias y del inmovilizado intangible

En virtud de lo dispuesto en el **artículo 103 de la LIS**, los elementos nuevos del inmovilizado material y de las inversiones inmobiliarias, así como los elementos del inmovilizado intangible, afectos en ambos casos a actividades económicas, puestos a disposición del contribuyente en el período impositivo en el que se cumplan las condiciones del artículo 101 de la LIS, **podrán amortizarse en función del coeficiente que resulte de multiplicar por 2 el coeficiente de amortización lineal máximo previsto en las tablas de amortización oficialmente aprobadas.**

Esto mismo será de aplicación a los elementos encargados en virtud de un contrato de ejecución de obra suscrito en el período impositivo, siempre que su puesta a disposición sea dentro de los 12 meses siguientes a su conclusión, como también a los elementos del inmovilizado material, intangible y de las inversiones inmobiliarias construidos o producidos por la propia empresa.

El régimen fiscal previsto es compatible con cualquier beneficio fiscal que pudiera proceder por razón de los elementos patrimoniales sujetos a la misma.

Se prevé en el apartado 5.° del artículo 103 de la LIS que: «*Los elementos del inmovilizado intangible a que se refiere el apartado 3 del artículo 13 de esta Ley, adquiridos en el período impositivo en el que se cumplan las condiciones del artículo 101 de esta Ley, podrán deducirse en un 150 por ciento del importe que resulte de aplicar dicho apartado*».

A este respecto, debemos tener en cuenta que, con motivo de las modificaciones que, en el ámbito mercantil, en concreto en el Código de Comercio, se introdujeron a través de la Ley 22/2015, de 20 de julio, de Auditoría de Cuentas, se efectuaron, igualmente a través de dicha ley, diversas modificaciones en la LIS. Así, por una parte, el apartado 4 del artículo 39 del Código de Comercio quedó redactado de la siguiente forma:

> «4. Los inmovilizados intangibles son activos de vida útil definida. Cuando la vida útil de estos activos no pueda estimarse de manera fiable se amortizarán en un plazo de diez años, salvo que otra disposición legal o reglamentaria establezca un plazo diferente».

Por su parte, con efectos para los períodos impositivos que se iniciaran a partir de 1 de enero de 2016, se derogó el apartado 3 del artículo 13 de la LIS y se modificó el artículo 12.2 de la LIS, que quedó redactado así:

> «2. El inmovilizado intangible se amortizará atendiendo a su vida útil. Cuando la misma no pueda estimarse de manera fiable, la amortización será deducible con el límite anual máximo de la veinteava parte de su importe.
>
> La amortización del fondo de comercio será deducible con el límite anual máximo de la veinteava parte de su importe».

El apartado 3 del artículo 13 de la LIS, en su redacción original, establecía que:

> «3. Será deducible el precio de adquisición del activo intangible de vida útil indefinida, incluido el correspondiente a fondos de comercio, con el límite anual máximo de la veinteava parte de su importe.
>
> Esta deducción no está condicionada a su imputación contable en la cuenta de pérdidas y ganancias. Las cantidades deducidas minorarán, a efectos fiscales, el valor del correspondiente inmovilizado intangible».

Ante esta modificación legislativa, la Dirección General de Tributos se ha pronunciado en la consulta vinculante (V2568-22), de 19 de diciembre de 2022, señalando lo siguiente:

> «Por tanto, tras las modificaciones introducidas en la LIS mediante la Ley 22/2015, una interpretación razonable de la norma permite considerar que, dentro de los inmovilizados intangibles (calificados ahora mercantilmente como activos de vida útil definida) a que se refiere el apartado 2 del artículo 12 de la LIS, aquellos cuya vida útil no pueda estimarse de manera fiable, así como el caso del fondo de comercio, podrán amortizarse en un 150 por ciento del importe que resulte deducible de aplicar para ellos lo establecido en el citado apartado 2 del artículo 12 de la LIS.
>
> En consecuencia, en el supuesto de que de conformidad con la normativa contable de aplicación la cartera de clientes se considerara un intangible cuya vida útil no puede estimarse manera fiable y se cumplieran las circunstancias requeridas por el artículo 103 de la LIS, dicho cartera de clientes podría amortizarse en un 150 por ciento del importe que resulte deducible de aplicar para la misma lo establecido en el apartado 2 del artículo 12 de la LIS. En el caso de que, conforme a la contabilidad, dicho intangible tuviera una vida útil que pudiera estimarse de manera fiable, se consideraría que su amortización sigue la regla general de acuerdo con lo previsto en el artículo 12.2 de la LIS anteriormente reproducido».

Así, **a pesar de la desaparición del artículo 13.3 de la LIS al que remitía el artículo 103.5 de la LIS, las empresas de reducida dimensión podrán realizar la amortización, en un 150 % de su importe, del inmovilizado intangible sobre el que no se pueda estimar de manera fiable su vida útil.**

CUESTIONES

1. Cuándo se dan las condiciones para poder aplicar la amortización acelerada del artículo 103 de la LIS, ¿es obligatorio aplicarla?

No, tal y como señala la **Dirección General de Tributos en su consulta vinculante (V1683-24), de 10 de julio de 2024**, la amortización acelerada es una opción del contribuyente, no una obligación:

*«El apartado 1 del artículo 103 de la LIS **no contiene un mandato imperativo, sino una opción a disposición del contribuyente** en relación con los elementos citados, siempre que sean nuevos, puestos a disposición en el periodo impositivo en el que se cumplan las condiciones para ser considerada entidad de reducida dimensión, de manera que los mismos puedan amortizarse en función del coeficiente que resulte de multiplicar por 2 el coeficiente de amortización lineal máximo.*

*Por tanto, dado que **la aceleración de la amortización para estas inversiones no es obligatoria**, se podrán amortizar fiscalmente, de forma acelerada, hasta el coeficiente que resulte de multiplicar por 2 el coeficiente máximo de las tablas de amortización oficialmente aprobadas, de manera que, a efectos fiscales, podría aplicarse un coeficiente inferior y diferente a ese máximo e, incluso, aplicar el coeficiente máximo sin doblarlo».*

2. En el caso de que durante el primer ejercicio de inicio de uso de un inmovilizado no se haya aplicado la amortización acelerada establecida en el artículo 103 de la LIS, ¿podría aplicarse posteriormente en los ejercicios siguientes?

Sí, y así lo recoge la **consulta vinculante de la Dirección General de Tributos (V1683-24), de 10 de julio de 2024**, en la que se concluye:

*«La amortización acelerada constituye una opción para el contribuyente, que deberá ser ejercitada dentro del plazo reglamentario de declaración, y no en relación con periodos impositivos respecto de los que dicho plazo ya haya transcurrido. Por tanto, la entidad consultante, **no podrá rectificar dicha opción, una vez transcurrido el plazo de presentación reglamentario de la correspondiente declaración.***

*Sin embargo, **el hecho de que el contribuyente no hubiera aplicado la amortización acelerada en el periodo impositivo en que se produjo la entrada en funcionamiento de la inversión, no impedirá que pueda aplicarla en periodos impositivos posteriores.***

Por ello, la entidad podrá aplicar la amortización acelerada regulada en el artículo 103 de la LIS, en el periodo impositivo cuyo periodo de declaración no hubiere finalizado, a través de la correspondiente autoliquidación y dentro del plazo voluntario de presentación de la misma».

Pérdidas por deterioro de los créditos por posibles insolvencias de deudores

Otro de los incentivos fiscales para entidades de reducida dimensión se encuentra regulado en el **artículo 104 de la LIS**, en el cual se establece que en el período impositivo en el que se cumplan las condiciones del artículo 101 de la LIS, **será deducible la pérdida por deterioro de los créditos para la cobertura del riesgo derivado de las posibles insolvencias hasta el límite del 1 % por ciento sobre los deudores existentes a la conclusión del período impositivo.**

Los deudores sobre los que se hubiere reconocido la pérdida por deterioro de los créditos por insolvencias establecidas en el artículo 13.1 de la LIS y aquellos otros cuyas pérdidas por deterioro no tengan el carácter de deducibles según lo dispuesto en dicho artículo, no se incluirán entre los deudores referidos en el párrafo anterior.

El saldo de la pérdida por deterioro no podrá exceder del límite del 1 % señalado en el apartado 1 del artículo 104 de la LIS.

Las pérdidas por deterioro de los créditos para la cobertura del riesgo derivado de las posibles insolvencias de los deudores, efectuadas en los períodos impositivos en los que hayan dejado de cumplirse las condiciones del artículo 101 de la LIS, no serán deducibles hasta el importe del saldo de la pérdida por deterioro a que se refiere el apartado 1.

Reserva de nivelación de bases imponibles

El artículo 105 de la LIS señala que las entidades que cumplan las condiciones establecidas en el artículo 101 de la LIS en el período impositivo y apliquen el tipo de gravamen previsto en el primer párrafo del apartado 1 del artículo 29 de la LIS, podrán **minorar su base imponible positiva hasta el 10 por ciento de su importe.**

La minoración no podrá superar el importe de 1 millón de euros. Si el período impositivo tuviera una duración inferior a un año, el importe de la minoración no podrá superar el resultado de multiplicar 1 millón de euros por la proporción existente entre la duración del período impositivo respecto del año.

Dichas cantidades se adicionarán a la base imponible de los períodos impositivos que concluyan en los 5 años inmediatos y sucesivos a la finalización del período impositivo en que se realice dicha minoración, siempre que el contribuyente tenga una base imponible negativa, y hasta el importe de la misma. El importe restante se adicionará a la base imponible del período impositivo correspondiente a la fecha de conclusión del referido plazo.

El contribuyente deberá **dotar una reserva por el importe de la minoración que será indisponible** hasta el período impositivo en que se produzca la adición a la base imponible de la entidad de las cantidades a que se refiere el párrafo anterior. La reserva deberá dotarse **con cargo a los resultados positivos del ejercicio en que se realice la minoración en base imponible.** En el supuesto de no poder dotar esta reserva, la minoración estará condicionada a que la misma se dote con cargo a los primeros resultados positivos de ejercicios siguientes respecto de los que resulte posible realizar esa dotación.

A estos efectos, no se entenderá que se ha dispuesto de la referida reserva, en los siguientes casos:

- Cuando el socio o accionista ejerza su derecho a separarse de la entidad.
- Cuando la reserva se elimine, total o parcialmente, como consecuencia de operaciones a las que resulte de aplicación el régimen fiscal especial establecido en el capítulo VII del título VII de la LIS.
- Cuando la entidad deba aplicar la referida reserva en virtud de una obligación de carácter legal.

Esta minoración se tendrá en cuenta a los efectos de determinar los pagos fraccionados a que se refiere el apartado 3 del artículo 40 de la LIS.

Las cantidades destinadas a la dotación de la reserva prevista en el mentado artículo 105 de la LIS, no podrán aplicarse, simultáneamente, al cumplimiento de la reserva de capitalización establecida en el artículo 25 de la LIS ni de la Reserva para Inversiones en Canarias prevista en el artículo 27 de la Ley 19/1994, de 6 de julio, de modificación del Régimen Económico y Fiscal de Canarias.

El incumplimiento de lo dispuesto en este artículo 105 de la LIS, determinará la integración en la cuota íntegra del período impositivo en que tenga lugar el incumplimiento, la cuota íntegra correspondiente a las cantidades que han sido objeto de minoración, incrementadas en un 5 %, además de los intereses de demora.

RESOLUCIÓN ADMINISTRATIVA

Resolución del ICAC, 1 de 1 de junio de 2016

Asunto: Reserva de capitalización y reserva de nivelación

«(...) la ***reserva de capitalización*** *se concreta en la posibilidad de reducir la base imponible del impuesto en el 10 por ciento de los beneficios retenidos voluntariamente por la empresa, previo cumplimiento de una serie de condiciones y límites. Entre otros, que se dote una reserva por el importe de la reducción, que deberá figurar en el balance con absoluta separación y título apropiado y será indisponible durante un plazo de 5 años desde el cierre del período impositivo al que corresponda esta reducción, salvo por la existencia de pérdidas contables en la entidad. Desde la perspectiva del reconocimiento del gasto por impuesto sobre beneficios, la reserva de capitalización se tratará como un menor impuesto corriente. Además, en los casos de insuficiencia de base imponible, las cantidades pendientes de aplicar originarían el nacimiento de una diferencia temporaria deducible con un régimen contable similar al de las deducciones pendientes de aplicar por insuficiencia de cuota. Por último, en el supuesto de que se produjese el incumplimiento de los requisitos establecidos por la norma fiscal la empresa debería contabilizar el correspondiente pasivo por impuesto corriente. Otra de las novedades de la Ley 27/2014, de 27 de noviembre, es la* ***reserva de nivelación de bases imponibles.*** *La reserva de nivelación se configura como un incentivo fiscal del régimen especial de empresas de reducida dimensión para las entidades que apliquen el tipo de gravamen del 25 por ciento que podrán minorar su base imponible positiva hasta el 10 por ciento de su importe lo que permite a la empresa diferir la tributación a la espera de que surja una base imponible negativa o a que transcurra el plazo de cinco años sin que se hayan generado pérdidas fiscales. Además, la empresa deberá dotar una reserva por el importe de la minoración practicada, que será indisponible hasta el periodo impositivo en que se produzca la adición de las citadas cantidades a la base imponible de la entidad. En este supuesto, desde un punto de vista estrictamente contable, al minorarse la base imponible se pone de manifiesto una diferencia temporaria imponible asociada a un pasivo sin valor en libros pero con base fiscal que traerá consigo el reconocimiento de un pasivo por impuesto diferido cuya reversión se producirá en cualquiera de los dos escenarios regulados por la ley fiscal (generación de bases imponibles negativas o transcurso del plazo de cinco años sin incurrir en pérdidas fiscales). En ambos casos, las reservas que la entidad vaya a reconocer con ocasión de lo dispuesto en la Ley del Impuesto sobre Sociedades se contabilizarán en el momento que establezca la norma tributaria, siguiendo el tratamiento general estipulado en el Plan General de Contabilidad (PGC) o en el Plan General de Contabilidad de Pequeñas y Medianas Empresas (PGC-Pymes) para dotar una reserva».*

A TENER EN CUENTA. El artículo 25 de la LIS que regula la reserva de capitalización ha sido modificado en distintas ocasiones tras la resolución extractada, si bien tras la última reforma llevada a cabo por la Ley 7/2024, de 20 de diciembre, el porcentaje de reducción será del 20 %, y el plazo en el que el importe del incremento de los fondos propios debe mantenerse de 3 años.

2.11. Régimen fiscal de determinados contratos de arrendamiento financiero

Régimen fiscal del IS en determinados contratos de arrendamiento financiero

Este régimen se configura como un beneficio fiscal, el cual consiste en la posibilidad de que determinados bienes adquiridos a través de contrato de arrendamiento financiero se amorticen de manera acelerada con relación a la que resultaría de aplicar los criterios generales de amortización.

Este régimen fiscal especial se aplicará a los contratos de arrendamiento financiero en los que el arrendador sea una entidad de crédito o un establecimiento financiero de crédito. Estos contratos deberán tener una duración mínima de:

- 2 años, cuando su objeto sean bienes muebles.
- 10 años, cuando tengan por objeto bienes inmuebles o establecimiento industriales.

No obstante, reglamentariamente, con el fin de evitar prácticas abusivas, se podrán establecer otros plazos mínimos de duración en función de los distintos bienes que puedan constituir su objeto.

Para la aplicación del régimen fiscal se exige que las cuotas de arrendamiento financiero deberán aparecer expresadas en los respectivos contratos diferenciando la parte que corresponda a la recuperación del coste del bien por la entidad arrendadora, excluido el valor de la opción de compra y la carga financiera exigida por ella, todo ello sin perjuicio de la aplicación del gravamen indirecto que corresponda.

Así mismo, también es preciso que el importe anual de la parte de las cuotas de arrendamiento financiero correspondiente a la recuperación del coste del bien deberá permanecer igual o tener carácter creciente a lo largo del período contractual.

JURISPRUDENCIA

Sentencia del Tribunal Supremo, rec. 1025/2011, de 3 de diciembre de 2012, ECLI:ES:TS:2012:8080

Asunto: Requisito del carácter constante o creciente del importe anual de la recuperación del coste

«En la contestación de 29 de julio de 1997 de este Centro Directivo (Núm. 1716-97) a una consulta formulada por el organismo patronal que agrupa al colectivo de entidades de arrendamiento financiero que, entre otras cuestiones, planteaba el tratamiento de las cantidades iniciales que el arrendatario entregue a cuenta del total a financiar al arrendador, se señaló que: en cuanto a las entregas iniciales a cuenta del total a financiar, o cuando se renueve un bien o equipo entregando el anterior usado

a cuenta, en aquellos casos que no se quiera incumplir el requisito recogido en el artículo 128.4 de la Ley 43/1995 , deberá distribuirse su importe entre las cuotas a satisfacer, de forma que se mantenga el carácter constante o creciente de la parte de recuperación del coste del bien en estos contratos de arrendamiento financiero. En estos casos, las citadas cantidades o el valor del bien entregado no habrán tenido la consideración de fiscalmente deducibles en el momento de su entrega.

El criterio expuesto se refiere al tratamiento de cantidades que se entregan al inicio o a la firma del contrato de arrendamiento financiero a cuenta del total a financiar. Este carácter de a cuenta implica que tales cantidades anticipan una parte del total importe del coste del bien cuya financiación se realiza a través del contrato de arrendamiento financiero.

Para estos casos es para los que se señaló la necesidad de distribuir el importe de dichas entregas iniciales, en la medida en que supongan recuperación del coste del bien, entre las cuotas a satisfacer, de forma que no se incumpla el requisito del carácter constante o creciente del importe anual de la recuperación del coste, exigido en el artículo 115.4 del vigente texto refundido de la Ley del Impuesto sobre Sociedades, aclarando que en tales supuesto dichas cantidades no resultan fiscalmente deducibles en el momento de su entrega.

Cuestión distinta es que el propio contrato de arrendamiento financiero al establecer el calendario de pagos y el desglose de cuotas, prevea un sistema de financiación en el que, desde el inicio, el importe de la recuperación del coste del bien establecido en las cuotas y medido por períodos anuales no resulte constante o creciente a lo largo de todo el período contractual, supuesto en el que el contrato incumpliría el requisito del apartado 4 del citado artículo 115, ya que en este caso no se puede hablar de cantidades entregadas a cuenta, sino del propio desglose de la financiación del bien recogido en las cuotas del contrato.

En consecuencia, no cabe extender el criterio expuesto en la contestación de 29 de julio de 1997, anteriormente transcrito, a los supuestos de contratos de arrendamiento financiero en los que el importe de la recuperación del coste del bien establecido en la primera cuota implique el incumplimiento del carácter constante o creciente de la cuantía anual de la recuperación del coste. Estos contratos, en la medida en que no cumplan el citado requisito previsto en el artículo 115.4, no podrían acceder al régimen fiscal previsto en dicho artículo».

A TENER EN CUENTA. La sentencia extractada se refiere al artículo 115.4 del TRLIS, actualmente derogado, pero el razonamiento expuesto en el extracto resulta aplicable al vigente artículo 106.4 de la LIS.

En todo caso, tendrá la consideración de gasto deducible la carga financiera satisfecha a la entidad arrendadora. También tendrá esta consideración la parte de las cuotas de arrendamiento financiero satisfechas correspondiente a la recuperación del coste del bien, salvo en el caso de que el contrato tenga por objeto terrenos, solares y otros activos no amortizables.

CUESTIÓN

¿Qué sucede si la condición de no amortizable solo concurre en una parte del bien?

En caso de que la condición de no amortizable solo concurra en una parte del bien objeto de la operación, podrá deducirse únicamente la proporción que corresponda a los elementos susceptibles de amortización, que deberá ser expresada diferenciadamente en el respectivo contrato.

El importe de la cantidad deducible no podrá ser superior al resultado de aplicar al coste del bien el duplo del coeficiente de amortización lineal según tablas de amortización oficialmente aprobadas que corresponda al citado bien. El exceso será deducible en los períodos impositivos sucesivos, respetando igual límite. Para el cálculo del citado límite se tendrá en cuenta el momento de la puesta en condiciones de funcionamiento del bien. Si los contribuyentes se trataran de entidades de reducida dimensión, en los términos del capítulo XII del título VII, se tomará el duplo del coeficiente de amortización lineal según tablas de amortización oficialmente aprobadas multiplicado por 1,5.

Esta deducción no estará condicionada a su imputación contable en la cuenta de pérdidas y ganancias.

Las entidades arrendatarias podrán optar, a través de una comunicación al Ministerio de Hacienda, por establecer que el momento temporal para fijar el límite de la deducción se corresponda con el momento de inicio efectivo de la construcción del activo, atendiendo al cumplimiento simultáneo de los siguientes requisitos:

- Que se trate de activos que tengan la consideración de elementos del inmovilizado material que sean objeto de un contrato de arrendamiento financiero, en el que las cuotas del referido contrato satisfagan de forma significativa antes de la finalización de la construcción del activo.
- Que la construcción de estos activos implique un período mínimo de 12 meses.
- Que se trate de activos que reúnan requisitos técnicos y de diseño singulares y que no se correspondan con producciones en serie.

En los supuestos de pérdida o inutilización definitiva del bien por causa no imputable al contribuyente y debidamente justificada, no se integrará en la base imponible del arrendatario la diferencia positiva entre la cantidad deducida en concepto de recuperación del coste del bien y su amortización contable.

De conformidad con el artículo 50 del RIS, el ejercicio de esta opción se hará a través de una comunicación a la Dirección General de Tributos, debiendo realizarse antes de la finalización del período impositivo en el que se pretenda que surta efectos. La comunicación contendrá, como mínimo, los siguientes datos:

- Identificación del activo objeto del contrato de arrendamiento financiero.
- Indicación de la fecha de inicio efectivo y fin del período de construcción del activo.
- Determinación de los importes y del momento temporal en que se van a satisfacer las cuotas del contrato de arrendamiento financiero.
- Indicación de que los activos reúnen requisitos técnicos y de diseño singulares y que no se corresponden con una producción en serie.

2.12. Entidades de tenencia de valores extranjeros

Entidades de tenencia de valores extranjeros en el IS

Podrán acogerse al régimen especial establecido en el capítulo XIII del título VII de la LIS, las entidades cuyo objeto social comprenda la actividad de gestión y administración de valores representativos de los fondos propios de entidades no residentes en territorio español, mediante la correspondiente organización de medios materiales y personales.

El artículo 107 de la LIS establece que para aplicar este régimen los valores o participaciones representativos de la participación en el capital de la entidad de tenencia de valores extranjeros deberán ser nominativos.

Las entidades que se encuentren sometidas a los regímenes especiales de las agrupaciones de interés económico, españolas y europeas, y de uniones temporal de empresas, no podrán acogerse a este régimen especial. Como tampoco pueden acogerse las entidades que tengan la consideración de entidad patrimonial conforme establece el artículo 5.2 de la LIS:

> «A los efectos de lo previsto en esta Ley, se entenderá por entidad patrimonial y que, por tanto, no realiza una actividad económica, aquella en la que más de la mitad de su activo esté constituido por valores o no esté afecto, en los términos del apartado anterior, a una actividad económica (...)».

La opción por el régimen de las entidades de tenencia de valores extranjeros deberá comunicarse al Ministerio de Hacienda. El régimen se aplicará al período impositivo que finalice con posterioridad a dicha comunicación y a los sucesivos que concluyan antes de que se comunique la renuncia al mismo. Esta opción deberá comunicarse a la Administración tributaria, conforme al artículo 51 del RIS.

En esta materia debemos tener presente el régimen transitorio establecido en la disposición transitoria trigésima primera de la LIS la cual fija que las participaciones adquiridas por entidades acogidas al régimen fiscal especial de entidades de tenencia de valores extranjeros previsto en el capítulo XIV del título VII del Texto Refundido de la Ley del impuesto sobre sociedades, según redacción vigente en períodos impositivos que se hubieran iniciado con anterioridad a 1 de enero de 2015, que tuvieran un valor de adquisición superior a 6 millones de euros sin cumplir el requisito de participación mínima establecido en el artículo 21.1.a) del TRLIS, podrán aplicar el régimen fiscal establecido en dicho artículo y en el capítulo XIII del título VII de la LIS, en los períodos que se inicien a partir del 1 de enero de 2015.

Distribución de beneficios en el IS

El artículo 108 de LIS señala que los beneficios o participaciones en beneficios distribuidos a los socios con cargo a las rentas exentas a que se refiere el artículo 21 de la LIS que procedan de entidades no residentes en territorio español o a las rentas extensas a que se refiere el artículo 22 de la LIS obtenidas en el extranjero a través de un establecimiento permanente recibirán el siguiente tratamiento:

- Cuando el perceptor sea contribuyente del IS o del IRNR con establecimiento permanente, los beneficios percibidos tendrán el tratamiento que corresponda de acuerdo con la LIS.
- Cuando el perceptor sea contribuyente del IRPF, el beneficio distribuido se considerará renta del ahorro.
- Cuando el perceptor sea una entidad o persona física no residente en territorio español sin establecimiento permanente, el beneficio distribuido no se entenderá obtenido en territorio español.

La distribución de la prima de emisión tendrá el tratamiento previsto en el apartado 1 del artículo 108 de la LIS para la distribución de beneficios. A estos efectos, se entenderá que el primer beneficio distribuido procede de rentas exentas.

Por cuanto se refiere a las rentas obtenidas en la transmisión de la participación en la entidad de tenencia de valores o en los supuestos de separación del socio o liquidación de la entidad recibirán el siguiente tratamiento:

- Cuando el perceptor sea un contribuyente del IS o del IRNR con establecimiento permanente en territorio español, y cumpla el requisito de participación en la entidad de tenencia de valores extranjeros establecido en el artículo 21.1 de la LIS, podrá aplicar el régimen de exención en los términos previstos en dicho artículo.
- Cuando el perceptor sea una entidad o persona física no residente en territorio español, no se entenderá obtenida en territorio español la renta que se corresponda con las reservas dotadas con cargo a las rentas exentas o con diferencia de valor, imputables en ambos casos a las participaciones en entidades no residentes que cumplan con los requisitos establecidos en el artículo 21 de la LIS o a establecimientos permanentes que cumplan los requisitos del artículo 22 de la LIS.

CUESTIONES

1. ¿El régimen transitorio de la disposición transitoria trigésima primera de la LIS comprende la aplicación del anterior régimen respecto de los socios de la entidad?

Para dar respuesta a esta cuestión podemos referirnos a la consulta vinculante de la Dirección General de Tributos (V2626-16), de 13 de junio de 2016, en la que se establece:

«*De acuerdo con la disposición transitoria trigésima primera de la LIS, las participaciones adquiridas por las entidades acogidas al régimen fiscal especial de entidades de tenencia de valores extranjeros previsto en el texto refundido de la Ley del*

Impuesto sobre Sociedades, aprobado por el Real Decreto Legislativo 4/2004, de 5 de marzo, (TRLIS), con un valor de adquisición superior a 6 millones de euros podrán aplicar el régimen establecido para el mismo tipo de entidades en la LIS. Dicho régimen resultará de aplicación tanto a la propia entidad de tenencia de valores extranjeros como a sus socios.

Ahora bien, esta disposición debe entenderse en el sentido de que será de aplicación del artículo 21 de la LIS, según redacción vigente a partir de 1 de enero de 2015».

2. Para el caso de que la participación de la entidad superara los 6 millones de euros antes de la entrada en vigor de la LIS, si bien tras la entrada en vigor y como consecuencia de las nuevas reglas de participación significativa incorporadas por el artículo 21 de la LIS, sus socios dejen de cumplir el requisito de participación indirecta del 5 %, ¿resultaría aplicable el mismo régimen?

La respuesta, al igual que en la primera cuestión, la encontramos en la consulta vinculante a la que nos hemos referido en la que la DGT señala:

«Teniendo en cuenta la aplicación conjunta de los artículos 21 y disposición transitoria trigésima primera de la LIS, debe indicarse que esta segunda exime del requisito del porcentaje de participación previsto en la letra a) del artículo 21 de la LIS a aquellos dividendos que perciban las entidades de tenencia de valores extranjeros, siempre que el precio de adquisición de las participaciones poseídas fuera superior, para cada una de ellas, a 6 millones de euros. Por tanto, a la hora de determinar si procede la aplicación del artículo 21 de la LIS en los partícipes en entidades de tenencia de valores extranjeros respecto de las participaciones poseídas con anterioridad a la entrada en vigor de la LIS, deberá igualmente eximirse de dicho requisito respecto del porcentaje de participación que dichas entidades poseen indirectamente en aquellas a las que resulta de aplicación la disposición transitoria trigésima primera de la LIS. En otras palabras, las entidades que participen en, al menos, el 5% del capital de una ETVE, habrán cumplido el requisito establecido en el artículo 21 de la LIS respecto de aquellas participaciones en las que la ETVE tuviera la condición de entidad holding y cumpliera los requisitos señalados en la disposición transitoria trigésima primera de la LIS, esto es, respecto de aquellas participaciones de entidades no residentes en territorio español en las que la ETVE tuviera un valor de adquisición superior a 6 millones de euros.

En este sentido, los socios partícipes en las ETVE aplicarán el régimen de exención previsto en el artículo 21 de la LIS y no aplicarán una deducción en la cuota.

Dado que no existe opción por uno u otro régimen (exención versus deducción), no resulta necesario contestar a las cuestiones relativas a estas opciones».

La entidad de tenencia de valores deberá mencionar en la memoria el importe de las rentas exentas y los impuestos pagados en el extranjero correspondientes a estas, así como facilitar a sus socios la información necesaria para que éstos puedan cumplir con lo previsto en los apartado 1 y 2 del artículo 108 de la LIS.

En caso de que el perceptor de la renta resida en un país o territorio calificado como paraíso fiscal no resultarán de aplicación las previsiones de los apartados 1.c) y 2.b) del artículo 108 de la LIS.

A TENER EN CUENTA. Todas las referencias que la normativa realiza a paraísos fiscales, a países o territorios con los que no exista efectivo intercambio de información, o de nula o baja tributación, se entienden efectuadas a la definición de jurisdicción no cooperativa de la disposición adicional primera de la Ley 36/2006, de 29 de noviembre. Actualmente, la lista de jurisdicciones no cooperativas se determina en la Orden HFP/115/2023, de 9 de febrero, que entró en vigor, con carácter general, el 11 de febrero de 2023 y resulta de aplicación a los tributos sin período impositivo devengados a partir de su entrada en vigor y a los demás tributos cuyo período impositivo se iniciara desde ese momento; aunque, para los países o territorios incluidos en su listado y que no estuvieran previstos en el Real Decreto 1080/1991, de 5 de julio, la orden entró en vigor el 11 de agosto de 2023, resultando de aplicación a los tributos sin período impositivo devengados a partir de su entrada en vigor y a los demás tributos cuyo período impositivo se iniciara desde ese momento.

2.13. Entidades parcialmente exentas

Régimen especial de las entidades parcialmente exentas en el IS

El artículo 109 de Ley 27/2014, de 27 de noviembre, del Impuesto sobre Sociedades (LIS), en cuanto al ámbito de aplicación, dispone que el régimen de entidades parcialmente exentas se aplicará a las entidades a que se refiere el artículo 9 de la LIS, apartado 3.

En virtud del mentado artículo 9.3 de la LIS podemos señalar que se encuentran parcialmente exentos del Impuesto sobre Sociedades:

- Las entidades e instituciones sin ánimo de lucro no incluidas en el artículo 9.2 de la LIS.
- Las uniones, federaciones y confederaciones de cooperativas.
- Los colegios profesionales, las asociaciones empresariales, las cámaras oficiales y los sindicatos de trabajadores.
- Los fondos de promoción de empleo constituidos al amparo del artículo veintidós de la Ley 27/1984, de 26 de julio, sobre reconversión y reindustrialización.
- Las Mutuas Colaboradoras de la Seguridad Social, reguladas en el texto refundido de la Ley General de la Seguridad Social, aprobado por el Real Decreto Legislativo 8/2015, de 30 de octubre.
- Las entidades de derecho público Puertos del Estado y las respectivas de las comunidades autónomas, así como las autoridades portuarias.

El siguiente artículo, el art. 110 de la LIS, concreta las rentas que estarán exentas:

a) Las que **procedan de la realización de actividades que constituyan su objeto o finalidad específica**, siempre que no tengan la consideración de actividades económicas. En particular, estarán exentas las cuotas satisfechas por los asociados, colaboradores o benefactores, siempre que no se correspondan con el derecho a percibir una prestación derivada de una actividad económica.

A efectos de la aplicación de este régimen al Organismo Público Puertos del Estado se considerará que **no proceden de la realización de actividades económicas los ingresos procedentes de la actividad de coordinación y control de eficiencia del sistema portuario.**

A TENER EN CUENTA. El Real Decreto-ley 26/2020, de 7 de julio, ha modificado este último párrafo, con efectos para los períodos impositivos que se inicien a partir del 1 de enero de 2020 que no hayan finalizado a 9 de julio de 2020, con lo que para períodos anteriores habría que estar a su redacción anterior.

b) Las **derivadas de adquisiciones y de transmisiones a título lucrativo**, siempre que unas y otras se obtengan o realicen en cumplimiento de su objeto o finalidad específica.

c) Las que se pongan de manifiesto en la **transmisión onerosa de bienes afectos a la realización del objeto,** cuando el total producto obtenido se destine a **nuevas inversiones** en elementos del inmovilizado relacionadas con dicho objeto o finalidad específica. El plazo para realizar estas nuevas inversiones será el comprendido entre el año anterior a la fecha de la entrega o puesta a disposición del elemento patrimonial y los 3 años posteriores. Además, la LIS también contempla otro plazo de 7 años durante el cual deberá mantenerse en el patrimonio de la entidad, salvo que su vida útil fuese inferior.

En caso de no realizarse la inversión entre el año anterior a la fecha de la entrega del elemento patrimonial y los 3 años posteriores y de no mantenerse en el patrimonio de la entidad durante 7 años, la parte de cuota íntegra correspondiente a la renta obtenida se ingresará, además de los intereses de demora, conjuntamente con la cuota correspondiente al período impositivo en que venció aquel.

La transmisión de los elementos antes del término del plazo anterior determinará la integración en la base imponible de la parte de renta no gravada, salvo que el importe obtenido sea objeto de una nueva reinversión.

Esta exención no alcanzará a los rendimientos de actividades económicas, ni a las rentas derivadas del patrimonio, ni a las rentas obtenidas en transmisiones, distintas de las señaladas en él.

A modo de resumen podemos citar a la Dirección General de Tributos, que en reiteradas ocasiones, véase como ejemplo la **consulta vinculante (V0054-25), de 3 de febrero de 2025**, concluye que: «*En definitiva, las rentas obtenidas por la consultante **estarán exentas siempre que procedan de la realización de su objeto o finalidad específica y no deriven del ejercicio de una actividad económica**. No obstante, si la asociación realiza actividades que determinasen la existencia de una actividad económica, en los términos definidos en el artículo 5.1 de la LIS, las rentas procedentes de tales activida-*

des estarían sujetas y no exentas, tanto si las operaciones se realizasen con terceros ajenos a la asociación como con los propios asociados».

|| Determinación de la base imponible

Para la determinación de la base imponible, el **art. 111 de la LIS** dispone que la misma se determinará aplicando las normas del título IV de la LIS, que es el que se dedica al cálculo de la base imponible en general.

Además, el artículo 111 de la LIS también contiene una referencia al artículo 15 de la norma de referencia en lo que a los gastos que no tienen la consideración de fiscalmente deducibles se refiere. En este sentido señala que no tendrán la consideración de gastos fiscalmente deducibles los recogidos en el artículo 15 de la LIS, y además añade los dos siguientes:

- **Los gastos imputables exclusivamente a las rentas exentas**. En el caso de gastos parcialmente imputables a las rentas no exentas serán deducibles en el porcentaje que representen los ingresos obtenidos en el ejercicio de actividades económicas respecto de los ingresos totales de la entidad.
- **Las cantidades que constituyan aplicación de resultados** y, en particular, de los que se destinen exclusivamente al sostenimiento de las actividades exentas que constituyan su objeto o finalidad específica, siempre que no se consideren actividades económicas.

JURISPRUDENCIA

Sentencia del Tribunal Supremo n.º 412/2021, de 23 de marzo, ECLI:ES:TS:2021:1206

Asunto: El cumplimiento de los requisitos para la aplicación de regímenes especiales se llevará a cabo mediante un procedimiento inspector llevado a cabo por un órgano de inspección y no por uno de gestión tributaria.

«Cabe establecer, como doctrina jurisprudencial, que conforme a una interpretación gramatical y sistemática del artículo 141.e) LGT, las actuaciones que se sigan para comprobar el cumplimiento de los requisitos exigidos para la aplicación de regímenes tributarios especiales, como es el que se prevé, en el caso enjuiciado, para los colegios profesionales, en su carácter de entidades parcialmente exentas -y, por ende, a las que se asigna un régimen fiscal especial-, han de ser actuaciones inspectoras y seguirse, necesariamente, por los órganos competentes, a través del procedimiento inspector.

A ello debe añadirse que, conforme a la muy reiterada doctrina de esta Sala Tercera, precisamente acuñada en relación con la aplicación indebida del procedimiento de comprobación limitada, la selección por la Administración, para el ejercicio de sus facultades, de un procedimiento distinto al legalmente debido, conduce a la nulidad de pleno derecho de los actos administrativos -en este caso de liquidación- que les pongan fin, por razón de lo estatuido en el artículo 217.1.e) de la LGT, en relación con sus concordantes de la legislación administrativa general.

Es de aclarar, además, que la vigente LIS de 2014 regula en idénticos términos las entidades parcialmente exentas, incluyendo entre ellas los colegios profesionales (art. 9.3) y regulando para ellas, en los artículos 109 a 111 LIS, el régimen de la exención, su alcance objetivo y su exclusión, en iguales términos que en el TRLIS de 2004».

RESOLUCIÓN ADMINISTRATIVA

Consulta vinculante de la Dirección General de Tributos (V2535-17), de 9 de octubre de 2017

Asunto: Tributación en el IS de las rentas obtenidas por una asociación de madres y padres de un colegio.

«En el supuesto concreto planteado, la asociación consultante tiene por objeto la prestación de determinados servicios a los alumnos de un colegio, tales como la organización de actividades extraescolares, la recogida de niños, la prestación del servicio de comedor entre otros. La entidad consultante recibe rentas derivadas de la prestación de dichos servicios, así como una subvención de la Comunidad Autónoma y una cuota anual fija de los socios (padres y madres) destinada a gastos generales de gestión y funcionamiento propios de la asociación. De los datos que se derivan de la consulta parece que las actividades desarrolladas por la asociación determinan la existencia de una actividad económica que supone la ordenación por cuenta propia de medios materiales y/o humanos con la finalidad de intervenir en la producción o distribución de bienes o servicios. Del mismo modo, las donaciones, subvenciones o cuotas de los asociados percibidas por la asociación que se utilicen para financiar la actividad económica desarrollada por la consultante estarían sujetas y no exentas al Impuesto.

Por tanto, dicha actividad constituiría una actividad económica, por lo que las rentas derivadas de la misma estarían sujetas y no exentas en el Impuesto sobre Sociedades. Ahora bien, el desarrollo y la existencia de una explotación económica que suponga la ordenación por cuenta propia de los medios materiales y humanos, son cuestiones de hecho que deberán probarse por cualquier medio de prueba válido en Derecho ante los órganos competentes de la Administración Tributaria».

2.14. Comunidades titulares de montes vecinales en mano común

El régimen de las comunidades titulares de montes vecinales en mano común en el IS

La Ley 55/1980, de 11 de noviembre, regula los montes vecinales en mano común. Por lo que respecta al tratamiento fiscal, su regulación se encuentra en el capítulo XV del título VII, concretamente en el artículo 112 de la Ley 27/2014, de 27 de noviembre, del Impuesto sobre Sociedades, que regula el régimen de las comunidades titulares de montes vecinales en mano común.

El párrafo primero del artículo segundo de la Ley 55/1980, de 11 de noviembre, establece una definición de los montes vecinales en mano común indicando que «*son bienes indivisibles, inalienables, imprescriptibles e inembargables, no estarán sujetos a contribución alguna de base territorial ni a la cuota empresarial de la Seguridad Social Agraria y su titularidad dominical corresponde, sin asignación de cuotas, a los vecinos integrantes en cada momento del grupo comunitario de que se trate*».

|| Beneficio fiscal

La **base imponible** correspondiente a estas comunidades **se reducirá en el importe de los beneficios del ejercicio que se apliquen a:**

- Inversiones para la conservación, mejora, protección, acceso y servicios destinados al uso social al que el monte esté destinado.
- Gastos de conservación y mantenimiento del monte.
- Financiación de obras de infraestructura y servicios públicos, de interés social.

La **aplicación del beneficio a las indicadas finalidades se deberá efectuar en el propio período impositivo o en los 4 siguientes.** De no realizarse las inversiones o gastos dentro del plazo señalado, la parte de la cuota íntegra correspondiente a los beneficios no aplicados efectivamente a las inversiones y gastos descritos, junto con los intereses de demora, se ingresará conjuntamente con la cuota correspondiente al período impositivo en que venció dicho plazo. Los beneficios podrán aplicarse en un plazo superior al establecido, si en dicho plazo se formula un plan especial de inversiones y gastos por el contribuyente, que sea aceptado por la Administración tributaria en los términos que se establezcan reglamentariamente.

La **Administración tributaria**, en la comprobación del destino de los gastos e inversiones indicadas, **podrá solicitar los informes que precise** de las Administraciones autonómicas y locales competentes.

Esta **reducción resulta incompatible con:**

- La reserva de capitalización prevista en el artículo 25 de la LIS.
- La reserva de nivelación de bases imponibles prevista en el artículo 105 de la LIS.

|| Tributación en el IS

Las comunidades titulares de montes vecinales en mano común **tributarán al tipo general del gravamen.**

No estarán obligadas a presentar declaración por el Impuesto sobre Sociedades en aquellos períodos impositivos en que no obtengan ingresos sometidos a este, ni incurran en gasto alguno, ni realicen las inversiones y gastos a que se refiere el apartado 1 del artículo 112 de la LIS.

Los miembros de las comunidades titulares de montes vecinales en mano común integrarán en la base del IRPF las cantidades que les sean efectivamente distribuidas por la comunidad. Dichos ingresos tendrán el tratamiento previsto para las participaciones en beneficios de cualquier tipo de entidad, a que se refiere la letra a) del apartado 1 del artículo 25 de la LIRPF.

RESOLUCIÓN ADMINISTRATIVA

Consulta vinculante de la Dirección General de Tributos (V1813-21), de 9 de junio de 2021

Asunto: tributación en el IS de las cantidades percibidas en virtud de un contrato de cesión de aprovechamiento forestal.

«De la regulación del régimen especial de las comunidades titulares de montes vecinales en mano común se deduce que, sin perjuicio de la reducción de la base

imponible que contempla el artículo 112 de la LIS citado y sus efectos, **la determinación de la base imponible de estos contribuyentes se realiza de acuerdo con lo establecido en el régimen general del Impuesto.**

Al respecto, el artículo 10.3 de la LIS establece que "en el método de estimación directa, la base imponible se calculará, corrigiendo, mediante la aplicación de los preceptos establecidos en esta Ley, el resultado contable determinado de acuerdo con las normas previstas en el Código de Comercio, en las demás leyes relativas a dicha determinación y en las disposiciones que se dicten en desarrollo de las citadas normas".

De acuerdo con lo anterior, los ingresos percibidos por la comunidad titular de monte vecinal en mano común en concepto de canon o renta por la cesión de los derechos de aprovechamiento o derecho de corta de las plantaciones en las parcelas de la consultante, ***en la medida que tengan la consideración de ingresos determinantes del resultado contable de la comunidad, formarán parte de la base imponible del Impuesto sobre Sociedades****».*

2.15. Entidades navieras en función del tonelaje

Ámbito de aplicación del régimen de entidades navieras en función del tonelaje en el IS

El capítulo XVI del título VII de la LIS establece el régimen especial al que podrán acogerse.

- Las **entidades inscritas en alguno de los registros de empresas navieras** a que se refiere el texto refundido de la Ley de Puertos del Estado y de la Marina mercante cuya actividad comprenda la explotación de buques propios o arrendados. La opción deberá referirse a todos los buques, propios o arrendados, que explota el solicitante, así como a los que adquieran o arrienden con posterioridad
- Las **entidades que realicen, en su totalidad, la gestión técnica y de tripulación de buques**. A estos efectos, se entiende por gestión técnica y de tripulación la asunción de la completa responsabilidad de la explotación náutica del buque, así como de todos los deberes y responsabilidades impuestos por el Código Internacional de Gestión para la Seguridad de la Explotación de los buques y la prevención de la contaminación adoptado por la Organización Marítima Internacional mediante la Resolución A 741. La opción comprenderá todos los buques gestionados por el solicitante, así como los que gestione con posterioridad.

Los buques cuya explotación hace posible aplicar este régimen especial debe reunir los siguientes **requisitos**:

- Estar gestionados estratégica y comercialmente desde España o desde el resto de la Unión Europea o del Espacio Económico Europeo.

A estos efectos, se entiende por gestión estratégica y comercial la asunción por el propietario del buque o por el arrendatario, del control y riesgo de la actividad marítima o de trabajos en el mar.

- Ser aptos para la navegación marítima y estar destinados exclusivamente a actividades de transporte de mercancías, pasajeros, salvamento y otros servicios prestados necesariamente en el mar, sin perjuicio de lo establecido el punto siguiente.

- Tratándose de buques destinados a la actividad de remolque será necesario que menos del 50 % de los ingresos del período impositivo procedan de actividades que se realicen en los puertos y en la prestación de ayuda a un buque autopropulsado para llegar a puerto. En el caso de buques con actividad de dragado será necesario que más del 50 % de los ingresos del período impositivo procedan de la actividad de transporte y depósito en el fondo del mar de materiales extraídos, alcanzando este régimen exclusivamente a esta parte de su actividad. Respecto de las entidades que cedan el uso de estos buques, este requisito se entenderá cumplido cuando justifiquen que los ingresos de la entidad que desarrolla la actividad de remolque o dragado cumple aquellos porcentajes en cada uno de los períodos impositivos en los que fuere aplicable este régimen a aquellas entidades.

A TENER EN CUENTA. Los buques destinados a la actividad de remolque y de dragado, deberán estar registrados en España o en otro Estado miembro de la Unión Europea o Espacio Económico Europeo.

En los casos en que el régimen fuera aplicable a contribuyentes con buques no registrados en España o en otro estado miembro de la UE o del Espacio Económico Europeo, el incremento del porcentaje del tonelaje neto de dichos buques respecto del total de la flota de la entidad acogida al régimen especial, cualquiera que fuese su causa, no impedirá la aplicación de dicho régimen a condición de que el porcentaje medio del tonelaje neto de buques registrados en España o en otro Estado miembro de la UE respecto del tonelaje neto total referido al año anterior al momento en que se produce dicho incremento, se mantenga durante el período de los 3 años posteriores.

Esta condición no se aplicará cuando el porcentaje del tonelaje neto de buques registrados en España o en otro Estado miembro de la UE sea al menos del 60 %.

Este régimen no podrá aplicarse cuando la totalidad de los buques no estén registrados en España o en otro Estado miembro. Tampoco podrán acogerse los buques destinados directa o indirectamente, a actividades pesqueras o deportivas, ni los de recreo.

No resultará de aplicación este régimen durante los períodos impositivos en los que concurran simultáneamente las siguientes circunstancias:

- Que la entidad tenga la condición de mediana o gran empresa de acuerdo con lo dispuesto en la Recomendación 2003/361/CE de la Comisión Europea.
- Que perciban una ayuda de Estado de reestructuración concedida al amparo de lo establecido en la Comunicación 2004/C244/02 de la Comisión Europea.
- Que la Comisión Europea no hubiera tenido en cuenta los beneficios fiscales derivados de la aplicación de este régimen cuando tomó la decisión sobre la ayuda de reestructuración.

Determinación de la base imponible por el método de estimación objetiva

Establece el artículo 114 de la LIS que las entidades acogidas a este régimen determinarán la parte de la base imponible que se corresponda con la explotación, titularidad o gestión técnica y de tripulación de los buques que reúnan los requisitos expuestos con anterioridad, **aplicando a las toneladas de registro neto cada uno de dichos buques la siguiente escala**:

Toneladas de registro neto	Importe diario por cada 100 toneladas - Euros
Entre 0 y hasta 1.000	0,90
Entre 1.001 y hasta 10.000	0,70
Entre 10.001 y hasta 25.000	0,40
Desde 25.001	0,20

Para la aplicación de la escala se tomarán los días del período impositivo en los que los buques estén a disposición del contribuyente o en los que se haya realizado la gestión técnica y de tripulación, excluyendo los días en los que no estén operativos como consecuencia de reparaciones ordinarias o extraordinarias.

La parte de base imponible así determinada incluye las rentas derivadas de los servicios de practicaje, remolque, amarre y desamarre, prestados al buque adscrito a este régimen, cuando el buque sea utilizado por la propia entidad, así como los servicios de carga y descarga, estiba y desestiba relacionados con la carga del buque transportada en él, siempre que se facturen al usuario del transporte y sean prestados por la propia entidad o por un tercero no vinculado a ella.

La aplicación de este régimen deberá abarcar a la totalidad de los buques del solicitante que cumplan los requisitos y a los buques que adquieran, arrienden o gestionen con posterioridad a la autorización, pudiendo acogerse a él los buques tomados en fletamento, siempre que la suma de su tonelaje neto no supere el 75% del total de la flota de la entidad o, en su caso, del grupo fiscal sujeto al régimen. En el caso de entidades que tributen en el régimen de consolidación fiscal la solicitud deberá estar referida a todas las entidades del grupo fiscal que cumplan los requisitos establecidos en el artículo 113 de la LIS.

RESOLUCIÓN ADMINISTRATIVA

Consulta vinculante de la Dirección General de Tributos (V0153-25), de 12 de febrero de 2025

Asunto: Cómputo del porcentaje del 75% del total de la flota con relación a buques tomados en fletamento por días

«(...) a efectos de aplicar el citado límite del 75%, deberá tomarse en consideración el tonelaje neto de los buques en propiedad, ponderado por el número de días que el buque haya estado a disposición de la entidad, excluyendo los días en los que no hayan estado operativos como consecuencia de reparaciones ordinarias o extraordinarias (en adelante, disposición efectiva) así como el tonelaje neto de los buques tomados en fletamento, ponderado por el número de días de fletamento efectivo. De esta forma el citado límite se vería incumplido en el supuesto de que el tonelaje neto de los buques tomados en fletamento, ponderado por el número de días de fletamento efectivo, superase el 75% del tonelaje neto de la flota total de la entidad o del grupo fiscal, tanto en propiedad como tomados en fletamento, ponderado por el número de días de disposición efectiva y de fletamento efectivo, respectivamente (...)».

En el caso de **transmisión de un buque que se encuentre afecto a este régimen especial**, la renta positiva o negativa se considerará integrada en la base imponible. No obstante, cuando se trate de buques cuya titularidad ya se tenía cuando se accedió al régimen especial, o de buques usados adquiridos una vez comenzada su aplicación, se procederá del siguiente modo:

- En el primer ejercicio en que sea de aplicación el régimen, o en el que se hayan adquirido los buques usados, se dotará una reserva indisponible por un importe equivalente a la diferencia positiva existente entre el valor normal de mercado y el valor neto contable de cada uno de los buques afectados, o bien se especificará la citada diferencia, se paradamente para cada uno de los buques durante todos los ejercicios en los que se mantenga la titularidad de estos, en la memoria de sus cuentas anuales.

A TENER EN CUENTA. En el caso de buques adquiridos mediante una operación a la que se haya aplicado el régimen especial del capítulo VII del título VII de la LIS (régimen especial de las fusiones, escisiones, aportaciones de activos, canje de valores y cambio de domicilio social de una sociedad europea o una sociedad cooperativa europea de un Estado miembro a otro de la Unión Europea.

- El incumplimiento de alguna de las obligaciones anteriores constituirá una infracción tributaria grave, sancionándose con una multa pecuniaria proporcional del 5 % del importe de la citada diferencia.
- El importe de la sanción se reducirá en el 40% si concurren las siguientes circunstancias:
  - » Que se realice el ingreso total del importe restante de dicha sanción en el plazo fijado en el apartado 2 del artículo 62 de la LGT o en el plazo o plazos fijados en el acuerdo de aplazamiento o fraccionamiento de la Administración Tributaria hubiera concedido con garantía de aval o certificado de seguro de caución y que el obligado al pago hubiera solicitado con anterioridad a la finalización del plazo del artículo 62.2 de la LGT.
  - » Que no se interponga recurso de reclamación contra la liquidación o sanción.
- El importe de la citada reserva positiva, junto con la diferencia positiva existente en la fecha de transmisión entre la amortización fiscal y contable del buque enajenado, se añadirá a la base imponible cuando se haya producido la transmisión, procediendo de igual modo si el buque se transmite, de forma directa o indirecta, con ocasión de una operación a la que resulte de aplicación el régimen especial del capítulo VII del título VII de la LIS.

RESOLUCIÓN ADMINISTRATIVA

Consulta vinculante de la Dirección General de Tributos (V1562-23), de 6 de junio de 2023

Asunto: Transmisión de un buque sometido al régimen general del IS cuando anteriormente estuvo sujeto al régimen especial

«Asimismo, este Centro Directivo ha dispuesto, en contestación a consulta vinculante V3869-15, de fecha 1 de diciembre de 2015, en relación con la transmisión de un buque que hubiese estado acogido en unos períodos al régimen especial y en otros al régimen general, que:

"Si la transmisión tuviera lugar en un ejercicio en el que las rentas generadas por el buque tributen por el régimen general, deberá integrarse en la base imponible, por un lado, la reserva indisponible prevista el artículo 114.2 de la LIS, en su caso, y por otro la diferencia entre la renta derivada de la transmisión del buque (valor de transmisión menos valor fiscal del buque) y la citada reserva, que se corresponda al tiempo durante el cual el buque ha tributado en régimen general. A estos efectos, dicha diferencia se distribuirá de forma lineal entre los ejercicios en los que se ha tributado por régimen de tonelaje y por régimen general computados desde el primer período en el que se tributó en régimen de tonelaje."

De acuerdo con lo anterior, y partiendo de la base de que el Buque transmitido no se encuentra incluido en régimen de tonelaje ya que la consultante renunció a dicho régimen especial, el 31 de diciembre de 2020, se deberá entender, respecto de la eventual ganancia derivada de su transmisión, que en el período impositivo en que se produzca la referida enajenación, la entidad consultante deberá integrar en la base imponible:

.- La reserva indisponible prevista en el artículo 114.2 de la LIS, que se hubiese dotado o que se hubiese especificado durante todos los ejercicios en los que se hubie-

se mantenido la titularidad del buque en la memoria de sus cuentas anuales, por un importe equivalente a la diferencia positiva existente entre el valor normal de mercado y el valor neto contable del buque afectado, en el primer ejercicio en que hubiere resultado de aplicación el régimen de tonelaje.

.- La diferencia entre la renta derivada de la transmisión del buque (valor de transmisión menos valor fiscal del buque) y la citada reserva, que se corresponda al tiempo durante el cual el buque hubiera tributado en régimen general, la cual se distribuirá de forma lineal entre los ejercicios en los que hubiera tributado en régimen de tonelaje y los que hubiera tributado en régimen general, computados desde el primer período en el que se tributó en régimen de tonelaje».

La parte de base imponible determinada conforme al artículo 114.1 de la LIS no podrá ser compensada con bases imponibles negativas derivadas del resto de actividades de la entidad naviera, ni del ejercicio en curos ni de los anteriores, ni tampoco con las bases imponibles pendientes de compensar en el momento de aplicación del régimen especial».

CUESTIÓN

¿Cómo se determinará la parte de la base imponible que corresponda al resto de actividades del contribuyente?

Establece el artículo 114.4 de la LIS que la determinación de la parte de base imponible que corresponda al resto de actividades del contribuyente se realizará aplicando el régimen general del IS, teniendo en cuenta exclusivamente las rentas procedentes de ellas. Tratándose de actividad de dragado, dicha parte de base imponible incluirá la renta de esa actividad no acogida al régimen especial.

Dicha parte de base imponible estará integrada por todos los ingresos que no procedan de actividades acogidas al régimen especial y por los gastos directamente relacionados con la obtención de aquellos, así como por la parte de los gastos generales de administración que proporcionalmente correspondan a la cifra de negocio generada por estas actividades.

La entidad deberá disponer de los registros contables necesarios para poder determinar los ingresos y gastos, directos o indirectos, correspondientes a las actividades, así como a los activos afectos a las mismas.

Tipo de gravamen y cuota

En todo caso resultará de aplicación el **tipo general del impuesto del 25%**, conforme a lo señalado por el artículo 115 de la LIS.

La parte de la cuota íntegra atribuible a la parte de base imponible determinada según lo dispuesto en el artículo 114 de la LIS no podrá reducirse por la aplicación de ningún tipo de deducción o bonificación. Asimismo, la adquisición de los buques que se afecten al presente régimen no supondrá la aplicación de ningún incentivo ni deducción fiscal.

La parte de cuota íntegra que proceda del resto de base imponible no podrá minorarse por la aplicación de deducciones generadas por la adquisición de los buques referidos antes de su afectación al régimen de las entidades navieras en función del tonelaje.

A TENER EN CUENTA. Tan solo se podrán incluir bonificaciones y deducciones sobre la cuota íntegra que derive de la base imponible que se encuentre sometida al régimen general y, en su caso, de las rentas que se obtengan por la transmisión de buques afectos al régimen especial que no integran parte de base imponible determinada en régimen de estimación objetiva.

Pagos fraccionados

Los contribuyentes que se acojan al régimen de las entidades navieras en función del tonelaje deberán efectuar pagos fraccionados de acuerdo con la modalidad establecida en el artículo 40.3 de la LIS aplicada sobre la base imponible calculada conforme a las reglas establecidas en el artículo 114 de la LIS y aplicando el porcentaje a que se refiere el artículo 115 de la LIS, si computar deducción alguna sobre la parte de cuota derivada de la parte de base imponible determinada según lo dispuesto en el artículo 114.1 de la LIS.

Aplicación del régimen

La aplicación del régimen tributario de las entidades navieras en función del tonelaje estará **condicionada a la autorización** por el Ministerio de Hacienda previa solicitud del contribuyente. Esta autorización se concederá por un **período de 10 años** a partir de la fecha que establezca la autorización, pudiéndose solicitar su prórroga por períodos adicionales de otros 10 años.

La aplicación de este régimen tributario será incompatible, para un mismo buque, con la aplicación de la disposición adicional cuarta de la LIS que establece incentivos fiscales para la renovación de la flota mercante.

Solicitud

La solicitud deberá especificar el período impositivo a partir del cual vaya a surtir efectos y se presentará antes de la finalización del mismo. La solicitud deberá estar referida a la totalidad de los buques explotados o, en su caso, respecto de los que se realice la gestión técnica y de tripulación, por las entidades del mismo grupo fiscal que cumplan las condiciones.

Esta solicitud deberá ir acompañada de los siguientes documentos:

- Estatutos de la entidad, o proyecto de éstos si aún no se ha constituido.
- Respecto de las entidades ya constituidas, certificado de inscripción de la entidad en el registro de buques y empresas navieras o en el registro de buques y empresas navieras, y respecto de las no constituidas, proyecto de constitución o solicitud de inscripción en los citados registros. Esta documentación no se exigirá a las entidades que realicen, en su totalidad, la gestión técnica y de tripulación de buques.
- Identificación y descripción de las actividades de las entidades respecto de las cuales se solicita la aplicación del régimen.

- Acreditación, respecto de cada buque, del título en virtud del cual se utiliza o se utilizará, o se lleva a cabo, en su totalidad, la gestión técnica y de tripulación, del ámbito territorial en el que se llevará a cabo su gestión estratégica y comercial, de su abanderamiento y de su afectación exclusiva a las actividades que se refiere el artículo 113.2b) de la LIS.
- En el caso de sociedades ya constituidas, el último balance aprobado de la entidad.
- Acreditación o, en el caso de entidades no constituidas, previsión del valor neto contable y del valor de mercado de los buques en que concurran las circunstancias previstas en el párrafo segundo del artículo 114.2 de la LIS.
- En el caso de entidades que realicen, en su totalidad, la gestión técnica y de tripulación de buques, documento demostrativo del cumplimiento de las prescripciones del código CGS, expedido en los términos establecidos en la prescripción 13.2 del Código Internacional de Gestión y para la seguridad de la Explotación de los buques y la prevención de la contaminación, adoptado por la Organización Marítima Internacional mediante Resolución A 741.

|| Instrucción y resolución

El órgano competente para la instrucción y resolución de la solicitud del régimen especial será la Dirección General de Tributos, la cual podrá solicitar al contribuyente cuantos datos informes, antecedentes y justificantes sean necesarios.

También podrá recabar informe de los organismos competentes para:

- Verificar la existencia de una contribución a los objetivos de la política comunitaria de transporte marítimo, especialmente en lo relativo al nivel tecnológico de los buques que garantice la seguridad en la navegación y la prevención de la contaminación del medio ambiente u al mantenimiento del empleo comunitario tanto a bordo como en tareas auxiliares al transporte marítimo.
- Verificar la actividad realizada por las entidades que realicen, en su totalidad, la gestión técnica y de tripulación de buques.

A TENER EN CUENTA. La solicitud del informe determinará la interrupción del plazo de resolución.

Por su parte, el contribuyente podrá en cualquier momento del procedimiento anterior al trámite de audiencia, presentar las alegaciones y aportar los documentos y justificantes que estime pertinentes.

Una vez instruido el procedimiento, e inmediatamente antes de redactar la propuesta de resolución, se pondrá de manifiesto al contribuyente, quién dispondrá de un plazo de 15 días para formular las alegaciones, así como para presentar los documentos y justificaciones que estime oportunos.

La resolución que ponga fin al procedimiento será motivada y podrá:

- Autorizar el régimen de las entidades navieras en función del tonelaje, determinando el período impositivo a partir del cual surtirá efectos. La autorización se concederá por un período de diez años.
- Desestimar la concesión del régimen de las entidades navieras en función del tonelaje.

La solicitud deberá **resolverse en el plazo de tres meses**, contados desde la fecha en que la solicitud haya sido presentada o desde la fecha de su subsanación a requerimiento de dicho órgano, transcurrido el cual podrá entenderse denegada.

CUESTIÓN

¿Qué sucede si posteriormente a la concesión el contribuyente adquiere otros buques que cumplen los requisitos del régimen?

El artículo 53.7 del RIS señala que, si con posterioridad a la concesión de una autorización el contribuyente adquiere, arrienda, toma en fletamento o gestiona, en su totalidad, otros buques que cumplan los requisitos del régimen, deberá presentar una nueva solicitud referida a estos. La autorización adicional se concederá por el período temporal de vigencia que reste a la autorización inicial de régimen.

Renuncia e incumplimiento del régimen

El **contribuyente podrá renunciar** a la aplicación del régimen. La renuncia se presentará antes de que finalice el período impositivo respecto del que se pretende que tenga efectos.

En caso de que se **incumplan los requisitos necesarios** para optar por este régimen se producirá la pérdida inmediata del derecho a aplicarlo y determinará la obligación de ingresar, conjuntamente con la cuota correspondiente al período impositivo en que dicho incumplimiento tuvo lugar, las cuotas íntegras correspondientes a todos los ejercicios en los que el régimen resultó de aplicación, calculadas conforme al régimen general del IS, sin perjuicio de los interese de demora, recargos y sanciones que, en su caso, resulten procedentes.

Si el incumplimiento se da respecto de la condición establecida en el artículo 113.3 de la LIS implicará la pérdida del régimen para aquellos buques adicionales que motivaron el incremento a que se refiere dicho apartado, procediendo la regularización establecida en el párrafo anterior que corresponda exclusivamente a tales buques. Cuando tal incremento fuere motivado por la baja de buques registrados en España o en otro Estado miembro de la UE, la regularización corresponderá a dichos buques por todos los períodos impositivos en que los mismos hubiesen estado incluidos en el régimen especial

En los supuestos que hemos expuesto **durante los 5 años siguientes el contribuyente no podrá solicitar una nueva aplicación del régimen.**

2.16. Cooperativas

Régimen fiscal de las cooperativas en el Impuesto sobre Sociedades

|| Las cooperativas y su regulación

Conforme al artículo 7.1.a) de la Ley 27/2014, de 27 de noviembre, del Impuesto sobre Sociedades, las sociedades cooperativas son sujetos pasivos del IS al establecer dicho precepto que:

> «1. Serán contribuyentes del Impuesto, cuando tengan su residencia en territorio español:
>
> a) Las personas jurídicas, excluidas las sociedades civiles que no tengan objeto mercantil».

No obstante lo anterior y en consideración a la función social, actividades y características de las mismas, se encuentran sometidas a un régimen fiscal especial, que se detalla a continuación.

El régimen fiscal de las cooperativas se regula en la Ley 20/1990, de 19 de diciembre, pues así lo indica la disposición final primera de la Ley 27/2014, de 27 de noviembre:

> «1. Las cooperativas tributarán de acuerdo con lo establecido en la Ley 20/1990, de 19 de diciembre, sobre Régimen Fiscal de las Cooperativas.
>
> 2. Los grupos de sociedades cooperativas podrán tributar en régimen de declaración consolidada de acuerdo con lo previsto en el Real Decreto 1345/1992, de 6 de noviembre, por el que se dictan las normas para la adaptación de las disposiciones que regulan la tributación sobre el beneficio consolidado a los grupos de sociedades cooperativas».

La Ley 20/1990, de 19 de diciembre, tiene por objeto la regulación del régimen fiscal de las sociedades cooperativas en consideración a:

- Su función vital.
- Sus actividades.
- Sus características.

Lo dispuesto en la misma se entiende sin perjuicio de los regímenes tributarios forales vigentes de los Territorios Históricos del País Vasco y de Navarra.

A TENER EN CUENTA. En lo no previsto expresamente por la Ley 20/1990, de 19 de diciembre, se aplicarán las normas tributarias generales, como así se indica en el apartado 3 del artículo 1 de dicha ley.

Por lo que respecta al **domicilio fiscal** de las sociedades cooperativas, será el del lugar de su domicilio social, siempre que en él esté efectivamente centralizada su gestión administrativa y la dirección empresarial. En otro caso, se atenderá al lugar en que radique dicha gestión y dirección.

La Ley 20/1990, de 19 de diciembre, establece una clasificación de las cooperativas en su artículo 2 indicando que, las sociedades fiscalmente protegidas se clasifican en:

- Cooperativas protegidas.
- Cooperativas especialmente protegidas.

|| Cooperativas protegidas

Son, en virtud de lo dispuesto en el artículo 6 de la Ley 20/1990, de 19 de diciembre, aquellas entidades que, independientemente de la fecha de su constitución, se ajustan a los principios y disposiciones de la Ley General de Cooperativas o de las Leyes de cooperativas de las Comunidades Autónomas que tengan competencia en esta materia y no concurran en ninguna de las causas previstas en el artículo 13, relativo a las causas de pérdida de la condición de cooperativa fiscalmente protegida, de la Ley 20/1990.

Las normas contenidas en el Capítulo IV del Título III de la Ley 20/1990, de 19 de diciembre, serán de aplicación a todas las cooperativas regularmente constituidas e inscritas en el Registro de Cooperativas correspondiente, aun cuando incurran en alguna de las causas de pérdida de la condición de cooperativa fiscalmente protegida. En este supuesto, las cooperativas tributarán siempre al tipo general del IS por la totalidad de sus resultados.

|| Cooperativas especialmente protegidas

Tienen esta consideración, a tenor de lo dispuesto en el artículo 7 de la Ley 20/1990, de 19 de diciembre, las siguientes:

- Cooperativas de Trabajo Asociado, reguladas en el artículo 8 de la Ley 20/1990, de 19 de diciembre.
- Cooperativas Agrarias, reguladas en el artículo 9 de la Ley 20/1990, de 19 de diciembre.
- Cooperativas de Explotación Comunitaria de la Tierra, reguladas en el artículo 10 de la Ley 20/1990, de 19 de diciembre.
- Cooperativas del Mar, reguladas en el artículo 11 de la Ley 20/1990, de 19 de diciembre.
- Cooperativas de Consumidores y Usuarios, reguladas en el artículo 12 de la Ley 20/1990, de 19 de diciembre.

Estas, se considerarán especialmente protegidas y podrán disfrutar de los beneficios tributarios establecidos en los artículos 33 y 34 de la Ley 20/1990, de 19 de diciembre, con los requisitos señalados en la misma.

En lo relativo a las cooperativas de segundo y ulterior grado, se aplicará lo dispuesto en el artículo 35 de la Ley 20/1990, de 19 de diciembre.

Pérdida de la condición de cooperativa fiscalmente protegida

En lo relativo a la pérdida de la condición de cooperativa fiscalmente protegida, la Ley 20/1990, de 19 de diciembre, establecen en su artículo 13 circunstancias que serán causa de pérdida de dicha condición.

En relación con lo anterior, la Ley 20/1990, de 19 de diciembre, también prevé, en su **artículo 14**, que los delegados de Hacienda **puedan autorizar que no se apliquen los límites previstos en los artículos anteriores al mencionado**, para realizar operaciones con terceros no socios y contratación de personal asalariado, cuando, **como consecuencia de circunstancias excepcionales no imputables a la propia cooperativa,** esta necesite ampliar dichas actividades por plazo y cuantía determinados. Transcurrido un mes desde la presentación de la solicitud sin que se haya notificado la resolución expresamente a la cooperativa, se entenderá otorgada la autorización.

RESOLUCIÓN ADMINISTRATIVA

Resolución del Tribunal Económico Administrativo Central n.º 4569/2021, de 27 de mayo de 2024

Asunto: criterio sobre la pérdida de la condición de cooperativa fiscalmente protegida.

«Criterio:

El incumplimiento de la obligación de contabilización separada de resultados cooperativos y extracooperativos es causa de la pérdida de la condición de cooperativa fiscalmente protegida, lo que determina, a su vez, la tributación al tipo general de la totalidad de sus resultados y la privación de los beneficios disfrutados (artículos 6 y 37 de la Ley Fiscal de Cooperativas).

Se reitera criterio de Resolución TEAC de 23-07-2009 (RG 3658/2008), confirmada por SAN de 16-02-2012 (rec. núm 137/2009)».

Reglas especiales aplicables en el Impuesto sobre Sociedades al régimen fiscal de las cooperativas

La Ley 20/1990, de 19 de diciembre, establece, en su capítulo IV del título II, reglas especiales aplicables en el IS respecto de las cooperativas.

Determinación de la base imponible

Valoración de las operaciones cooperativizadas

Las **operaciones realizadas** por las cooperativas con sus socios, en el desarrollo de sus fines sociales, **se computarán por su valor de mercado**, entendiéndose por tal el precio normal de los bienes, servicios y prestaciones que sea concertado entre partes independientes por dichas operaciones.

De no producirse operaciones significativas entre partes independientes dentro de la zona que actúe la cooperativa, conforme a las normas estatutarias, el **valor de mercado de las entregas** efectuadas por los socios **se determinará rebajando del precio de venta obtenido por esta el margen bruto habitual** para las actividades de comercialización o transformación realizadas.

Cuando se trate de cooperativas de consumidores y usuarios, vivienda, agrarias o de aquellas que, de acuerdo con sus estatutos, realicen servicios o suministros a sus socios, se computará como precio de dichas operaciones aquel por el que efectivamente se realizase. Esto siempre que no resulte inferior al coste de tales servicios y suministros, incluida la parte correspondiente de los gastos generales de la entidad, en cuyo caso se aplicará este último.

En las cooperativas agrarias se aplicará este sistema tanto para los servicios y suministros que la cooperativa realice a sus socios como para que los socios realicen o entreguen a la cooperativa.

En lo relativo al importe de los anticipos laborales de los socios trabajadores y de trabajo, este se calculará conforme a las retribuciones normales en el mismo sector de actividad que hubieran debido percibir si su situación hubiera sido la de trabajadores por cuenta ajena.

A TENER EN CUENTA. La cesión de derechos de uso y aprovechamiento de tierras y otros bienes inmuebles a cooperativas de explotación comunitaria de la tierra se ha de valorar por la renta usual de la zona para dichas cesiones.

Partidas que componen la base imponible

Para determinar la base **se considerarán separadamente los resultados cooperativos y los extracooperativos**.

En virtud de lo dispuesto en los apartados 2 y 3 del artículo 16 de la Ley 20/1990, de 19 de diciembre, se entiende por **resultados cooperativos** aquellos **rendimientos que son determinados conforme a lo previsto en la sección 2.ª del capítulo IV de la Ley 20/1990, de 19 de diciembre**, relativa a los resultados cooperativos. Y por **resultados extracooperativos** los **rendimientos extracooperativos e incrementos y disminuciones patrimoniales a que se refiere la sección 3.ª del capítulo IV de dicha ley**, relativo a los resultados extracooperativos.

Para la determinación de ambos resultados, se imputarán a los ingresos de una u otra clase, además de los gastos específicos necesarios para su obtención, aquella parte que, según criterios de imputación fundados, corresponda de los gastos generales de la cooperativa.

En lo que concierne a la liquidación, la **base imponible** correspondiente a uno u otro **se minorará en el 50 %** de la parte de los mismos que sea destinada obligatoriamente al Fondo de Reserva Obligatorio.

Resultados cooperativos y extracooperativos

Resultados cooperativos

A tenor de lo dispuesto en el artículo 17 de la Ley 20/1990, de 19 de diciembre, en la determinación de los rendimientos cooperativos se considerarán como ingresos de esta naturaleza los siguientes:

- Los procedentes del ejercicio de la actividad cooperativizada realizada con los propios socios.
- Las cuotas periódicas satisfechas por los socios.
- Las subvenciones corrientes.
- Las imputaciones al ejercicio económico de las subvenciones de capital en la forma prevista en las normas contables que sean aplicables.
- Los intereses y retornos procedentes de la participación de la cooperativa, como socio o asociado, en otras cooperativas.
- Los ingresos financieros procedentes de la gestión de la tesorería ordinaria necesaria para la realización de la actividad cooperativizada.

En la determinación de los rendimientos cooperativos se consideran gastos deducibles:

- El importe de las entregas de bienes, servicios o suministros realizados por los socios, las prestaciones de trabajo de los socios y las rentas de los bienes cuyo goce haya sido cedido por los socios a la cooperativa, estimados por su valor de mercado conforme a lo dispuesto en el artículo 15 de la Ley 20/1990, de 19 de diciembre, aunque figuren en contabilidad por un valor inferior.
- Las cantidades que las cooperativas destinen, con carácter obligatorio, al Fondo de Educación y Promoción, con los requisitos establecidos en el artículo 19 de la Ley 20/1990, de 19 de diciembre, que se detallarán en el apartado siguiente.
- Los intereses devengados por los socios y asociados por sus aportaciones obligatorias o voluntarias al capital social y aquellos derivados de retornos cooperativos integrados en el Fondo Especial regulado por el artículo 85.2.c) de la Ley General de Cooperativas, siempre que el tipo de interés no exceda del básico del Banco de España, incrementado en tres puntos para los socios y cinco puntos para los asociados. El tipo de interés básico que se tomará como referencia será el vigente en la fecha de cierre de cada ejercicio económico.

Por lo que respecta a los **gastos no deducibles**, el artículo 20 de la Ley 20/1990, de 19 de diciembre, establece que no tendrán la consideración de partida deducible para determinar la base imponible aquellas cantidades distribuidas entre los socios de la cooperativa a cuenta de sus excedentes ni tampoco el exceso de valor asignado en cuentas a las entregas de bienes, servicios, suministros, prestaciones de trabajo de los socios y rentas de los bienes cuyo goce haya sido cedido por los socios a la cooperativa, sobre su valor de mercado determinado, conforme a lo dispuesto en el artículo 15 de la Ley 20/1990, de 19 de diciembre.

|| Requisitos del Fondo de Educación y Promoción

El **Fondo de Educación y Promoción** se encuentra regulado en el artículo 56 de la Ley 27/1999, de 16 de julio, de Cooperativas. Se trata de un **fondo social obligatorio** que se destinará, en aplicación de las líneas básicas fijadas por los Estatutos o la Asamblea General, a actividades que cumplan alguna de las siguientes finalidades:

- La formación y educación de sus socios y trabajadores en los principios y valores cooperativos, o en materias específicas de su actividad societaria o laboral y demás actividades cooperativas.
- La difusión del cooperativismo, así como la promoción de las relaciones intercooperativas.
- La promoción cultural, profesional y asistencial del entorno local o de la comunidad en general, así como la mejora de la calidad de vida y del desarrollo comunitario y las acciones de protección medioambiental.

Los requisitos de este fondo se encuentran establecidos en el artículo 19 de la Ley 20/1990, de 19 de diciembre. Son los siguientes:

- La cuantía deducible de la dotación al Fondo de Educación y Promoción no podrá exceder en cada ejercicio económico del 30 % de los excedentes netos del mismo. El fondo será aplicado conforme al plan que apruebe la Asamblea General de la cooperativa.
- Las dotaciones al fondo, así como las aplicaciones que requiera el plan, bien se trate de gastos corrientes o bien de inversiones para el inmovilizado, se reflejarán separadamente en la contabilidad social, en cuentas que indiquen claramente su afectación a dicho Fondo.
- Cuando en cumplimiento del plan no se gaste o invierta en el ejercicio siguiente al de la dotación la totalidad de la aprobada, el importe no aplicado deberá materializarse dentro del mismo ejercicio en cuentas de ahorro o en deuda pública.
- La aplicación del fondo a finalidades distintas de las aprobadas dará lugar a la consideración como ingreso del ejercicio en que aquella se produzca del importe indebidamente aplicado, sin perjuicio de lo dispuesto en el apartado 3 del artículo 13 de la Ley 20/1990, de 19 de diciembre.

  Asimismo, se procederá respecto de la parte del Fondo de Reserva Obligatorio que sea objeto de distribución entre los socios, sin perjuicio de lo dispuesto en el apartado 2 del artículo 13 de la Ley 20/1990, de 19 de diciembre.

- A cierre del ejercicio, los saldos de las cuentas representativas de gastos y disminuciones patrimoniales, y en especial las enumeradas a continuación, se cargarán a una cuenta especial de resultados del fondo. Estas son:
  - » Los gastos corrientes de formación, educación y promoción cultural.
  - » Los gastos de conservación, reparación y amortización de los bienes del inmovilizado afectos al fondo.
  - » Las pérdidas producidas en la enajenación de esos mismos bienes.
- De forma análoga, se abonarán a la misma cuenta aquellos saldos de las cuentas representativas de ingresos e incrementos patrimoniales, particularmente:
  - » Las subvenciones, donaciones y ayudas recibidas para el cumplimiento de los fines del fondo.
  - » Las sanciones disciplinarias impuestas por la cooperativa a sus socios.
  - » Los rendimientos financieros de las materializaciones a que se refiere el requisito 3 anteriormente expuesto, relativo a la materialización del importe de la dotación no aplicado, establecido en el artículo 19.3 de la Ley 20/1990, de 19 de diciembre.
  - » Los beneficios derivados de la enajenación de bienes del inmovilizado afecto al fondo.
- El saldo de la cuenta de resultados así determinados se llevará a la del fondo. Respecto a las partidas de gastos, pérdidas, ingresos y beneficios trasladados a la cuenta de resultados del Fondo, estas no se tendrán en cuenta para determinar la base imponible del Impuesto sobre Sociedades de la cooperativa.

A TENER EN CUENTA. Lo dispuesto respecto a los requisitos expuestos, correspondientes al artículo 19 de la Ley 20/1990, de 19 de diciembre, resultará aplicable a cualquier fondo de naturaleza y finalidades similares al Fondo de Educación y Promoción, aunque reciba distinta denominación en virtud de la normativa aplicable al mismo.

|| Los resultados extracooperativos

Por lo que respecta a los resultados extracooperativos, abordaremos los rendimientos extracooperativos así como los incrementos y disminuciones patrimoniales.

Por lo que se refiere a los primeros, los **rendimientos extracooperativos**, tienen la consideración como ingresos de esta naturaleza los siguientes:

- Los procedentes del ejercicio de la actividad cooperativizada cuando fuera realizada con personas no socios.

- Los que deriven de inversiones o participaciones financieras en sociedades de naturaleza no cooperativa.
- Los obtenidos de actividades económicas o fuentes ajenas a los fines específicos de la cooperativa.

  Dentro de estos se comprenderán los procedentes de las secciones de crédito de las cooperativas, excepto:

  » Los resultantes de las operaciones activas realizadas con los socios.

  » Los obtenidos a través de cooperativas de crédito.

  » Los procedentes de inversiones en fondos públicos y valores emitidos por empresas públicas.

En lo relativo a los **incrementos y disminuciones patrimoniales**, la Ley 20/1990, de 19 de diciembre, considera como tales las variaciones en el valor del patrimonio de la cooperativa que se pongan de manifiesto con ocasión de cualquier alteración en la composición de este, conforme a lo dispuesto en la Ley 61/1978, de 27 de diciembre, del Impuesto sobre Sociedades.

A TENER EN CUENTA. La Ley 61/1978, de 27 de diciembre, ha sido derogada por la Ley 43/1995, de 27 de diciembre, del Impuesto sobre Sociedades, que a su vez fue derogada por el Real Decreto Legislativo 4/2004, de 5 de marzo. Este Real Decreto ya no se encuentra vigente pues también fue derogado, por la Ley 27/2014, de 27 de noviembre, del Impuesto sobre Sociedades, siendo esta última la vigente hasta la fecha.

No se consideran incrementos patrimoniales los siguientes:

- Las aportaciones (ya sean obligatorias o voluntarias) de los socios y asociados al capital social, las cuotas de ingreso y las deducciones en las aportaciones obligatorias realizadas por los socios en los supuestos de baja de los mismos en la cooperativa, destinadas al Fondo de Reserva Obligatorio.
- La compensación por los socios de las pérdidas sociales que les fueren imputadas.
- Los resultados de la regularización de los elementos del activo cuando así lo disponga la ley especial que la autorice.

En lo que concierne a la **disminución patrimonial**, no tendrán tal consideración las reducciones del capital social por baja de los socios.

CUESTIÓN

¿Es deducible en el Impuesto sobre Sociedades da dotación obligatoria al Fondo de Educación y Promoción con cargo a los resultados extracooperativos?

La dotación obligatoria al Fondo de Educación y Promoción con cargo a los resultados extracooperativos no es deducible en el IS. Así lo ha establecido el TEAC en su resolución n.º 9085/2022, de 26 de junio de 2023, en la que unifica criterio estableciendo lo siguiente:

«Criterio:

La Ley 20/1990, de 19 de diciembre, de Régimen Fiscal de Cooperativas no otorga carácter deducible a la dotación obligatoria al Fondo de Educación y Promoción con cargo a los resultados extracooperativos. Ni es deducible dicha dotación a la hora de determinar los rendimientos extracooperativos -al no disponer nada en este sentido la Sección 3ª del Capítulo IV del Título II de la Ley 20/1990, relativa a los "Resultados extracooperativos"- ni lo es tampoco para la determinación de los resultados cooperativos, al impedirlo una interpretación sistemática de los preceptos de dicha norma».

RESOLUCIÓN ADMINISTRATIVA

Resolución del Tribunal Económico Administrativo Central n.º 1411/2016, de 10 de septiembre de 2019

Asunto: criterio sobre la no inclusión de los «incrementos del patrimonio» dentro del concepto «ingresos».

«Criterio:

La Ley del Régimen Fiscal de Cooperativas dice literalmente que los "gastos generales" se repartirán en función de los "ingresos" cooperativos y extracooperativos, no pudiéndose incluir dentro del concepto de "ingresos" los "incrementos de patrimonio" ya que si bien dicho concepto ha desaparecido de la normativa general del Impuesto sobre Sociedades, no lo ha hecho respecto de la normativa específica de las cooperativas, la cual es de aplicación prevalente en cuanto que norma específica.

Criterio ya expuesto en RG 3377/11 (confirmada por SAN de 06-04-2017 – rec. nº. 527/2014)».

Otras reglas especiales de la fiscalidad de las cooperativas en el IS

|| Cuota tributaria y compensación de cuotas negativas

Cuando **resulte positiva la suma algebraica** de las cantidades resultantes de aplicar a las bases imponibles —ya sean positivas o negativas—, los tipos de gravamen correspondientes tendrán la **consideración de cuota íntegra**.

De **resultar negativa dicha suma algebraica**, su importe **podrá compensarse** por la cooperativa con las cuotas íntegras positivas de los periodos impositivos siguientes, **con el límite del 70 %** de la cuota íntegra previa a su compensación. **En todo caso**, serán **compensables** en el periodo impositivo cuotas íntegras por el importe que resulte de multiplicar un millón de euros al tipo medio de gravamen de la entidad.

Por su parte, la disposición adicional octava de la Ley 20/1990, de 19 de diciembre, establece —con efectos para los periodos impositivos que se inicien **a partir de 01/01/2016**— que en el supuesto de cooperativas cuyo importe neto de la cifra de negocios sea **al menos de 20 millones de euros durante los 12 meses anteriores** a la fecha en **que se inicie el periodo impositivo**, el límite anteriormente citado (establecido en el artículo 24.1 de la Ley 20/1990, de 19 de diciembre) se sustituirá por:

- **El 50 %**, cuando en los referidos 12 meses el importe neto de la cifra de negocios sea al menos de 20 millones de euros e inferior a 60 millones de euros.

- **El 25 %,** cuando en los referidos 12 meses el importe neto de la cifra de negocios sea al menos de 60 millones de euros.

> **A TENER EN CUENTA**. La limitación a la compensación de cuotas negativas no se aplicará en el importe de las rentas correspondientes a quitas y esperas consecuencia de un acuerdo con los acreedores no vinculados con el contribuyente.

Por lo tanto, resumiendo lo anterior y teniendo en cuenta la cifra de negocios durante los 12 meses anteriores a la fecha del inicio del periodo impositivo:

- 70 %, para sociedades cooperativas cuya cifra de negocios sea inferior a 20 millones de euros.
- 50 %, para sociedades cooperativas cuya cifra de negocios sea al menos de 20 millones de euros, pero inferior a 60 millones de euros.
- 25 %, para sociedades cooperativas cuya cifra de negocios sea de al menos 60 millones de euros.

La **Administración cuenta con el derecho a iniciar un procedimiento de comprobación de las cuotas negativas compensadas o pendientes de compensación** en virtud del artículo 66 bis de la LGT. En relación con este derecho, se ha de traer a colación el artículo 115 de la LGT en la cual, en el párrafo segundo del apartado 1 de dicho artículo se establece que las comprobaciones e investigaciones se podrán realizar incluso en supuestos en que afecten a ejercicios o periodos y conceptos tributarios respectos de los que se produjese ya la prescripción, regulada en el artículo 66.a) de la LGT, siempre que estas resulten precisas en relación con alguno de los derechos a los que se refiere el artículo 66 de la LGT que no hubiesen prescrito. A lo anterior establece una excepción, pues no resultará de aplicación a los supuestos a los que se refiere el artículo 66 bis.2 de la LGT, en los que resultará de aplicación el límite en el mismo establecido.

Dicho límite de prescripción establecido en el artículo 66 bis.2 de la LGT es de 10 años, a contar desde el día siguiente a aquel en que finalice el plazo reglamentario establecido para presentar la declaración o autoliquidación, correspondiente al ejercicio o periodo impositivo en que se generó el derecho a compensar dichas bases o cuotas o a aplicar dichas deducciones. Además, el artículo mencionado señala en su párrafo tercero que, cuando no se hubiese producido la prescripción establecida en el párrafo primero del artículo 66 bis.2 de la LGT, solo podrá realizarse en el curso de procedimientos de comprobación relativos a obligaciones tributarias y periodos cuyo derecho a liquidar no esté prescrito.

A lo anterior la LGT añade que, salvo que la normativa propia de cada tributo establezca otra cosa, la limitación del derecho a comprobar del artículo 66 bis.2 no afectará a la obligación de aportación de las liquidaciones o autoliquidaciones en que se incluyeron las bases, cuotas o deducciones y la contabilidad con ocasión de procedimientos de comprobación e investigación de ejercicios no prescritos en los que se produjeron las compensaciones o aplicaciones señaladas en dicho apartado.

Por lo que respecta a las **cooperativas**, el artículo 24 de la Ley 20/1990, de 19 de diciembre, señala que dicho **derecho de la Administración para iniciar el procedimiento de comprobación de las cuotas negativas compensadas o pendientes de compensación prescribirá** —como se infiere de los preceptos anteriormente mencionados— a los **10 años**, a contar desde el día siguiente a aquel en que finalice el plazo establecido para presentar la declaración o autoliquidación correspondiente al período impositivo en que se generó el derecho a su aplicación.

Transcurrido ese plazo, el contribuyente deberá de acreditar las cuotas negativas cuya compensación pretenda. Lo hará mediante la exhibición de la liquidación o autoliquidación y la contabilidad, con acreditación de su depósito durante el citado plazo en el Registro Mercantil.

> **A TENER EN CUENTA**. Este procedimiento sustituye al previsto en el artículo 26 de la LIS, relativo a la compensación de bases imponibles negativas, que en consecuencia, no resulta de aplicación a las cooperativas.

Deducciones por doble imposición y deducción por creación de empleo

En lo relativo a las **deducciones por doble imposición**, el artículo 25 de la Ley 20/1990, de 19 de diciembre, establece que en aquellas de dividendos y retornos cooperativos o, en su caso, por doble imposición internacional, se practicará por las cooperativas aplicando el tipo de gravamen correspondiente en función del carácter cooperativo o extracooperativo de los rendimientos que originan dicha deducción. Respecto de retornos cooperativos, dicho artículo establece que se estará a lo dispuesto en el artículo 32 de la ley.

Por su parte, el artículo 26 de la ley, regula la **deducción por creación de empleo** prevista en el artículo 26 de la Ley 61/1978, de 27 de diciembre, se aplicará, además de en aquellos supuestos y con los requisitos establecidos para cada ejercicio económico, a la admisión definitiva, una vez superado el periodo de prueba, de nuevos socios en las Cooperativas de Trabajo Asociado o, en general, de socios de trabajo en cualquier cooperativa.

> **A TENER EN CUENTA**. La Ley 20/1990, de 19 de diciembre, hace referencia a la Ley 61/1978, de 27 de diciembre, la cual ha sido derogada por la Ley 43/1995, de 27 de diciembre, del Impuesto sobre Sociedades. En la actualidad esta última también se encuentra derogada por lo que dicha referencia ha de entenderse realizada a la vigente Ley 27/2014, de 27 de noviembre, del Impuesto sobre Sociedades.

Actualización de las aportaciones sociales

El **balance de las cooperativas** podrá ser regularizado en los mismos **términos y con los mismos beneficios** que se establezcan para las **entidades**

sujetas al Impuesto sobre Sociedades, sin perjuicio de lo establecido en las leyes sobre cooperativas respecto al destino del resultado de la regularización del balance. Dicha posibilidad la establece el artículo 28 de la Ley 20/1990, de 19 de diciembre, que añade una **restricción** en tal supuesto, pues no podrá disponerse del saldo de la cuenta de pasivo representativa de la regularización realizada, mientras dicha cuenta no haya sido comprobada o haya transcurrido un año desde la presentación del balance regularizado en el órgano competente de la Administración tributaria, salvo que la Ley de Presupuestos que establezca la vigencia de actualización de balances establezca o disponga lo contrario.

Retenciones

Por lo que respecta a las retenciones realizadas por las cooperativas, estas encuentran su regulación en los artículos 28 y 29 de la Ley 20/1990, de 19 de diciembre, quedando como se expone a continuación.

El artículo 28 de la ley establece la **obligación de las sociedades cooperativas a practicar las retenciones que procedan**, de acuerdo con el ordenamiento vigente, **a sus socios y a terceros**. Dichas retenciones se practicarán tanto por las cantidades efectivamente satisfechas como por las abonadas en cuenta, desde el momento en que resulten exigibles.

En el caso particular de los **socios de cooperativas de trabajo asociado** o de **socios de trabajo de cualquier otra cooperativa, se distinguirán los rendimientos** procedentes **del trabajo personal** de los correspondientes al **capital mobiliario**, considerándose rendimientos del trabajo el importe de los anticipos laborales, en cuantía no superior a las retribuciones normales en la zona para el sector de actividad correspondiente.

A estos efectos, **se asimilarán a dividendos** la parte del excedente disponible del ejercicio económico que se acredite a los socios en concepto de retorno cooperativo y tendrán la consideración de retorno anticipado las cantidades y excesos de valor asignados en cuenta, que se definen como gastos no deducibles en el artículo 20 de la Ley 20/1990, de 19 de diciembre.

Además, también se contemplan, en el artículo 29 de la ley unas **reglas especiales** relativas a las retenciones, al indicar que los **retornos cooperativos** no se considerarán rendimientos del capital mobiliario y, por tanto, no estarán sujetos a retención:

- Cuando se incorporen al capital social, incrementando las aportaciones del socio al mismo.
- Cuando se apliquen al compensar las pérdidas sociales de ejercicios anteriores.

- Cuando se incorporen a un fondo especial, regulado por la Asamblea General, hasta tanto no transcurra el plazo de devolución al socio, se produzca la baja de éste o los destine a satisfacer pérdidas o a realizar aportaciones al capital social. En estos supuestos, el nacimiento de la obligación de retener se produce en el primer día señalado para la disposición de dicho retorno, bajo cualquiera de las modalidades mencionadas anteriormente, y en relación a los intereses que, en su caso, se devenguen, en la fecha señalada para la liquidación de los mismos.

RESOLUCIONES ADMINISTRATIVAS

Consulta vinculante de la Dirección General de Tributos (V0278-24), de 4 de marzo de 2024

Asunto: determinación del periodo impositivo al que han de imputar los socios cantidades percibidas en concepto de retorno cooperativo.

«(...) partiendo de la asimilación de los retornos cooperativos a unos dividendos y, por tanto, de su calificación como rendimientos del capital mobiliario, para determinar su imputación temporal se hace necesario acudir al artículo 14 de la LIRPF, artículo que en la letra a) de su apartado 1 determina que "los rendimientos del trabajo y del capital se imputarán al período impositivo en que sean exigibles por su perceptor".

En relación con lo indicado en el párrafo anterior, el artículo 94 del Reglamento del Impuesto sobre la Renta de las Personas Físicas, aprobado por el Real Decreto 439/2007, de 30 de marzo (BOE del día 31), al regular el nacimiento de la obligación de retener y de ingresar a cuenta sobre los rendimientos del capital mobiliario, dispone que los dividendos se entenderán exigibles en la fecha establecida en el acuerdo de distribución o a partir del día siguiente al de su adopción a falta de la determinación de la citada fecha.

Por tanto, en el caso objeto de consulta, los socios deberán imputar las cantidades percibidas en concepto de retorno cooperativo al ejercicio en que resulten exigibles, entendiéndose exigibles en la fecha establecida en el acuerdo de distribución adoptado por la sociedad o a partir del día siguiente al de su adopción a falta de la determinación de la citada fecha, con independencia del momento en el que se proceda al cobro de dichas cantidades».

Consulta vinculante de la Dirección General de Tributos (V4748-16), de 10 de noviembre de 2016

Asunto: práctica de retenciones e ingresos a cuenta.

«(...) si la cooperativa consultante procediese a la distribución, en favor de sus socios, del excedente correspondiente la indemnización percibida, en forma de retorno cooperativo, deberá practicar las retenciones e ingresos a cuenta que procedan con arreglo a lo dispuesto en el artículo 28.1 de la Ley 20/1990, de 19 de diciembre, salvo que resulte de aplicación alguna de las excepciones previstas en el artículo 29 del mismo texto legal».

2.17. Entidades sin fines lucrativos de la Ley 49/2022, de 23 de diciembre

¿Cómo tributan en el Impuesto de Sociedades las entidades sin fines lucrativos?

La Ley 49/2002, de 23 de diciembre, de régimen fiscal de las entidades sin fines lucrativos y de los incentivos fiscales al mecenazgo regula los incentivos fiscales para estos casos, incluyendo las especialidades de estas entidades en el Impuesto sobre Sociedades.

Tal y como se resume en la **consulta vinculante de la Dirección General de Tributos (V1789-18), de 20 de junio de 2018**, «(...) ***una entidad sin ánimo de lucro tributará por el régimen establecido en la Ley 49/2002 y, en el caso de que no cumpla con los requisitos establecidos para ello, por el régimen de entidades parcialmente exentas establecido en el capítulo XIV del título VII de la LIS***».

RESOLUCIÓN ADMINISTRATIVA

Consulta vinculante de la Dirección General de Tributos (V3499-19), de 20 de diciembre de 2019

Asunto: Aplicación del régimen especial de la Ley 49/2002, de 23 de diciembre y subsidiariamente el previsto en el capítulo XIV del título VII de la LIS

«Así, en la medida en que la asociación consultante no cumple los requisitos establecidos por la Ley 49/2002, no le resultará de aplicación el régimen fiscal especial de las entidades sin fines lucrativos contemplado en el Título II de dicha Ley.

En ese caso, y en la medida en que de acuerdo con lo señalado en el artículo 1 de los estatutos de la entidad consultante, se trate de una organización asociativa y sin ánimo de lucro, tendría la consideración de entidad parcialmente exenta, resultándole de aplicación el régimen especial previsto en el capítulo XIV del título VII de la LIS».

|| Concepto de entidad sin fines lucrativos a los efectos de la Ley

La definición de entidades sin fines lucrativos la encontramos en el **artículo 2 de la Ley 49/2002, de 23 de diciembre**, que incluye como entidades sin fines lucrativos, siempre y cuando cumplan los requisitos correspondientes, a las siguientes:

- Las fundaciones.
- Las asociaciones declaradas de utilidad pública.
- Las organizaciones no gubernamentales de desarrollo a las que se refiere la Ley 1/2023, de 20 de febrero, de Cooperación para el Desarrollo Sostenible y la Solidaridad Global, siempre y cuando tengan forma jurídica de asociaciones de utilidad pública o fundaciones.

> **A TENER EN CUENTA**. El artículo 2 de la Ley 49/2002, de 23 de diciembre, se refiere a la Ley 23/1998, de 7 de julio, de Cooperación Internacional para el desarrollo, que en la actualidad ha sido derogada por la citada Ley 1/2023, de 20 de febrero.

- Las federaciones deportivas españolas, las federaciones deportivas territoriales de ámbito autonómico integradas en aquellas, el Comité Olímpico Español y el Comité Paralímpico Español.
- Las federaciones y asociaciones de las entidades sin fines lucrativos a que se refieren los puntos anteriores.
- Las entidades no residentes en territorio español que operen en el mismo con establecimiento permanente y sean análogas a algunas de las previstas en los puntos anteriores. Se excluyen expresamente las entidades residentes en una jurisdicción no cooperativa, excepto que se trate de un Estado miembro de la Unión Europea y se acredite que su constitución y operativa responden a motivos económicos válidos.
- Las entidades residentes en un Estado miembro de la Unión Europea o de otros Estados integrantes del Espacio Económico Europeo con los que exista normativa sobre asistencia mutua en materia de intercambio de información tributaria en los términos previstos en la Ley 58/2003, de 17 de diciembre, General Tributaria, que sea de aplicación, sin establecimiento permanente en territorio español, que sean análogas a alguna de las previstas en los puntos anteriores. Se excluyen las entidades residentes en una jurisdicción no cooperativa, excepto que se acredite que su constitución y operativa responde a motivos económicos válidos.

Los **requisitos** que estas entidades deben de cumplir para ser consideradas como entidades sin fines lucrativos son los siguientes:

- Deben perseguir fines de interés general.
- Tienen que destinar a la realización de dichos fines de interés general, ya sea directa o indirectamente, el 70 % de las siguientes rentas e ingresos:
  - » Las rentas de las explotaciones económicas que desarrollen.
  - » Las rentas derivadas de la transmisión de bienes o derechos de su titularidad. Para realizar el cálculo de estas rentas no se incluirán las obtenidas en la transmisión onerosa de bienes inmuebles en los que la entidad desarrolle la actividad propia de su objeto o finalidad específica, siempre y cuando el importe de la citada transmisión se reinvierta en bienes y derechos en los que concurra dicha circunstancia.
  - » Los ingresos obtenidos por cualquier otro concepto, deducidos los gastos realizados para la obtención de tales ingresos. Dentro de los gastos realizados para su obtención podrán integrarse, en su caso, la parte proporcional de los gastos por servicios exteriores, los gastos de personal, de otros gastos de gestión, de los gastos financieros y de los tributos, siempre que contribuyan a la obtención de ingresos,

excluyendo de este cálculo los gastos realizados para el cumplimiento de los fines estatutarios o del objeto de la entidad sin fines lucrativos. No se incluirán en el cálculo de los ingresos las aportaciones o donaciones recibidas en concepto de dotación patrimonial en el momento de su constitución o en un momento posterior.

El resto de las rentas e ingresos deberán ser destinados a incrementar la dotación patrimonial y las reservas.

- La actividad realizada no puede consistir en el desarrollo de explotaciones económicas ajenas a su objeto o finalidad estatutaria. Se entiende que se cumple este requisito cuando el importe neto de la cifra de negocios del ejercicio correspondiente al conjunto de las explotaciones económicas no exentas ajenas a su objeto o finalidad estatutaria no excede del 40 % de los ingresos totales de la entidad, siempre que el desarrollo de estas explotaciones económicas no exentas no vulnere las normas reguladoras de defensa de la competencia en relación con empresas que realicen la misma actividad.

  Es importante tener en cuenta que a estos efectos se entiende que **las entidades sin fines lucrativos desarrollan una explotación económica cuando realicen la ordenación por cuenta propia de medios de producción y de recursos humanos, o de uno de ambos, con la finalidad de intervenir en la producción o distribución de bienes o servicios**. Sin embargo, el artículo 3 de la Ley 49/2002, de 23 de diciembre, aclara que el arrendamiento u otras formas de cesión de uso del patrimonio inmobiliario de la entidad no constituye explotación económica.

- Los fundadores, asociados, patronos, representantes estatutarios, miembros de los órganos de gobierno y los cónyuges o parientes hasta el cuarto grado inclusive de cualquiera de ellos no pueden ser los destinatarios principales de las actividades que se realicen por las entidades, ni beneficiarse de condiciones especiales para utilizar sus servicios, con la excepción de las actividades de investigación científica y desarrollo tecnológico, las actividades de asistencia social o deportiva a las que se refieren los números 8.° y 13.° del artículo 20.1 de la LIVA y las fundaciones cuya finalidad sea la conservación y restauración de bienes del Patrimonio Histórico Español. Además, este requisito tampoco se aplica a las federaciones y asociaciones a las que se refiere el artículo 2.e) de la Ley 49/2002, de 23 de diciembre.

- Los cargos de patrono, representante estatutario y miembro del órgano de gobierno deben ser gratuitos, sin perjuicio de que sí tengan derecho a que se les reembolsen los gastos debidamente justificados que el desempeño de su función les ocasione, sin que las cantidades percibidas por este concepto puedan exceder de los límites previstos en la normativa del IRPF para ser consideradas dietas exceptuadas de gravamen. Este requisito no se aplica a las federaciones y asociaciones a las que se refiere el artículo 2.e) de la Ley 49/2002, de 23 de diciembre. Sin embargo, nada obsta para que los patronos, representantes estatutarios y miembros del órgano de gobierno puedan percibir de la entidad retribuciones por la prestación de servicios, incluidos los prestados en el marco de una relación de carácter laboral, distintos de los que implica el desempeño de las funciones que les corresponden como miembros del Patronato u órgano de representación, cuando se cumplan las condiciones previstas en las normas por las que se rige la entidad. En todo caso no podrán participar en los resultados económicos de la entidad, ni por sí mismas, ni a través de persona o entidad interpuesta.

> **A TENER EN CUENTA**. Este requisito también resulta aplicable a los administradores que representen a la entidad en las sociedades mercantiles en que participe, salvo que las retribuciones percibidas por la condición de administrador se reintegren a la entidad que representen. En este caso, la retribución percibida por el administrador estará exenta del IRPF, y no existirá obligación de practicar retención a cuenta de este impuesto.

- En caso de disolución su patrimonio deberá destinarse en su totalidad a alguna de las entidades consideradas como entidades beneficiarias del mecenazgo a los efectos previstos en los artículos 16 a 25 de la Ley 49/2002, de 23 de diciembre, o a entidades públicas de naturaleza no fundacional que persigan fines de interés general, y esta circunstancia esté expresamente contemplada en el negocio fundacional o en los estatutos de la entidad disuelta, siendo aplicable a dichas entidades sin fines lucrativos lo dispuesto en la letra c) del apartado 1 del artículo 76 de la LIS (antiguo artículo 97 de la Ley 43/1995, de 27 de diciembre, del Impuesto sobre Sociedades). Aquellas entidades cuyo régimen jurídico permita, en los supuestos de extinción, la reversión de su patrimonio al aportante del mismo o a sus herederos o legatarios no tendrán nunca la condición de entidades sin fines lucrativos, salvo que la reversión esté prevista en favor de alguna entidad beneficiaria del mecenazgo.
- Deben de estar inscritas en el registro correspondiente.
- Tienen que cumplir las obligaciones contables previstas en las normas por las que se rigen o, en su defecto, en el Código de Comercio y disposiciones complementarias.
- También deben de cumplir con las obligaciones de rendición de cuentas establecidas en su legislación específica, y ausencia de esta, deberán rendir cuentas antes de que transcurran 6 meses desde el cierre de su ejercicio ante el organismo público encargado del registro correspondiente.
- En último lugar, tienen que elaborar una memoria económica anual en la que especificarán los ingresos y gastos del ejercicio, de tal forma que puedan identificarse por categorías y por proyectos, así como el porcentaje de participación que mantengan en entidades mercantiles. Cuando se trate de entidades que estén obligadas por la normativa contable correspondiente a la elaboración anual de una memoria, deberán incluir en esta la mentada información.

A TENER EN CUENTA. El artículo 3 del Real Decreto 1270/2003, de 10 de octubre, por el que se aprueba el Reglamento para la aplicación del régimen fiscal de las entidades sin fines lucrativos y de los incentivos fiscales al mecenazgo detalla la información que debe contener la memoria económica.

CUESTIONES

1. ¿Qué se consideran fines de interés general a los efectos de cumplir los requisitos del artículo 3 de la Ley 49/2002, de 23 de diciembre?

El propio artículo realiza una enumeración, a título de ejemplo ya que no se excluyen otros, y cita los siguientes: los de defensa de los derechos humanos, de las víctimas del terrorismo y actos violentos, los de asistencia social e inclusión social, cívicos, educativos, culturales, científicos, deportivos, sanitarios, laborales, de fortalecimiento institucional, de cooperación para el desarrollo, de promoción del voluntariado, de promoción de la acción social, de defensa del medio ambiente, de defensa de los animales, de promoción y atención a las personas en riesgo de exclusión por razones físicas, económicas o culturales, de promoción de los valores constitucionales y defensa de los principios democráticos, de fomento de la tolerancia, de fomento de la economía social, de desarrollo de la sociedad de la información, de investigación científica, desarrollo o innovación tecnológica y de transferencia de la misma hacia el tejido productivo como elemento impulsor de la productividad y competitividad empresarial.

2. ¿Cuál es el plazo para cumplir el requisito de las entidades sin ánimo de lucro de destinar sus ingresos a la realización de los fines de interés general que persiguen?

El plazo para el cumplimiento de este requisito será el comprendido entre el inicio del ejercicio en que se hayan obtenido las respectivas rentas e ingresos y los cuatro años siguientes al cierre de dicho ejercicio.

3. ¿Un seguro de responsabilidad civil contratado en beneficio de los miembros del órgano de gobierno se considera una remuneración de los cargos a efectos de cumplir el requisito previsto en el apartado 5.° de la Ley 49/2002, de 23 de diciembre?

No, no tendrán la consideración de remuneración de los cargos, los seguros de responsabilidad civil contratados por la entidad sin fines lucrativos en beneficio de los patronos, representantes estatutarios y miembros del órgano del gobierno, siempre que solo cubran riesgos derivados del desempeño de tales cargos en la entidad.

RESOLUCIÓN ADMINISTRATIVA

Consulta Vinculante de la Dirección General de Tributos (V2369-23), de 4 de septiembre

Asunto: Requisitos para cumplir el requisito del artículo 3.2 de la Ley 49/2002, de 23 de diciembre.

«Por su parte, el artículo 3. 1° de la Ley 49/2002 exige la persecución de fines de interés general sin contemplar expresamente si esta persecución debe ser directa o puede realizarse de manera indirecta. A su vez, el artículo 3. 2° de la citada Ley exige destinar al menos el 70% de los ingresos y rentas de la fundación a la persecución de fines de interés general.

En virtud de lo anterior, es reiterado criterio de este Centro Directivo considerar que, con carácter general, debe ser la propia fundación beneficiaria del régimen especial quien realice, directamente, las actividades de "interés general".

No obstante, tal criterio ha sido matizado en contestaciones a consultas vinculantes emitidas por este Centro Directivo (entre otras, las consultas V2016-15, V 3277-16, V 4024-16 y V02937-19), en un supuesto en el que la fundación no realiza directamente la actividad fundacional sino de forma indirecta, pero se cumplen simultáneamente dos circunstancias: (i) que dicha actividad se realice a través de otras entidades a las que igualmente les resulte de aplicación la Ley 49/2002 y, (ii) que la primera no efectúe una mera traslación de fondos a estas segundas, sino que lleve a cabo una labor activa de seguimiento y control en la ejecución de proyectos y en el destino concreto de los fondos aportados.

Por tanto, aun cuando la fundación consultante no destinara sus fondos de forma directa a la realización de actividades que persiguen fines de interés general, ***se consideraría que se cumplen las condiciones anteriormente señaladas, mediante el destino de los fondos a otras entidades que también se encuentren acogidas a lo previsto en la Ley 49/2002, y siempre que se efectúe una labor de seguimiento y control activo en los proyectos seleccionados.***

En el supuesto concreto planteado, la fundación consultante plantea si las aportaciones realizadas y las que se vayan a realizar en un futuro, a las entidades X e Y, ambas sociedades mercantiles, constituidas y residentes en Estados Unidos, íntegramente participadas por la entidad consultante, pueden considerarse destinadas a la realización de los fines fundacionales, a los efectos del cálculo del 70% de ingresos destinados a la realización de tales fines, a la luz de lo dispuesto en el artículo 3.2º de la Ley 49/2002.

En relación con lo anterior, en la medida en que las entidades X e Y, son sociedades mercantiles, residentes en Estados Unidos, y por tanto, no son entidades acogidas a la Ley 49/2002, las aportaciones que la Fundación consultante realice en favor de las citadas entidades, no cumplirían los criterios necesarios para tener la consideración de rentas destinadas a la realización del fin perseguido por la Fundación consultante, a efectos de lo dispuesto en el artículo 3.2º de la citada Ley».

Rentas exentas en el IS para entidades sin fines lucrativos de la Ley 49/2022, de 23 de diciembre

Las entidades sin fines lucrativos que se acogen a la Ley 49/2002, de 23 de diciembre, tributan en el Impuesto sobre Sociedades bajo un régimen fiscal especial. Este régimen se caracteriza por las siguientes particularidades en cuanto a exenciones y rentas exentas:

Están exentas del Impuesto sobre Sociedades las rentas enumeradas en el artículo 6 de la Ley 49/2002, de 23 de diciembre:

- Las que se deriven de los siguientes ingresos:
    - » Los donativos y donaciones recibidos para colaborar en los fines de la entidad, incluidas las aportaciones o donaciones en concepto de dotación patrimonial, en el momento de su constitución o en un momento posterior, y las ayudas económicas recibidas en virtud de los convenios de colaboración empresarial regulados en el artículo 25 de la mentada Ley 49/2002, de 23 de diciembre y en virtud de los contratos de patrocinio publicitario a que se refiere la Ley 34/1998, de 11 de noviembre, General de Publicidad.
    - » Las cuotas satisfechas por los asociados, colaboradores o benefactores, cuando no se correspondan con el derecho a percibir una prestación derivada de una explotación económica no exenta.

  - » Las subvenciones, salvo las destinadas a financiar la realización de explotaciones económicas no exentas.
- Las que procedan del patrimonio mobiliario e inmobiliario de la entidad, como son los dividendos y participaciones en beneficios de sociedades, intereses, cánones y alquileres.
- Las que se deriven de adquisiciones o de transmisiones, por cualquier título, de bienes o derechos, incluidas las obtenidas con ocasión de la disolución y liquidación de la entidad.
- Las que se obtengan en el ejercicio de las explotaciones económicas exentas reguladas en el artículo 7 de la Ley 49/2002, de 23 de diciembre.
- Las que deban ser atribuidas o imputadas a entidades sin fines lucrativas y que procedan de rentas exentas de las enumeradas en los puntos anteriores.

Además, el artículo 7 de la Ley 49/2002, de 23 de diciembre, establece que también estarán **exentas** del Impuesto de Sociedades aquellas rentas obtenidas por entidades sin fines lucrativos, cuando sean desarrolladas en cumplimiento de su objeto y finalidad, y procedan de las siguientes explotaciones económicas:

- Las explotaciones económicas de prestación de servicios de promoción y gestión de la acción social, así como los de asistencia social e inclusión social que se indican a continuación, incluyendo las actividades auxiliares o complementarias de aquellos, como son los servicios accesorios de alimentación, alojamiento o transporte:
  - » Protección de la infancia y de la juventud.
  - » Asistencia a la tercera edad.
  - » Asistencia a personas en riesgo de exclusión o dificultad social o víctimas de malos tratos.
  - » Asistencia a personas con discapacidad, incluida la formación ocupacional, la inserción laboral y la explotación de granjas, talleres y centros especiales en los que desarrollen su trabajo.
  - » Asistencia a minorías étnicas.
  - » Asistencia a refugiados y asilados.
  - » Asistencia a emigrantes, inmigrantes y transeúntes.
  - » Asistencia a personas con cargas familiares no compartidas.
  - » Acción social comunitaria y familiar.
  - » Asistencia a exreclusos.
  - » Reinserción social y prevención de la delincuencia.
  - » Asistencia a alcohólicos y toxicómanos.
  - » Cooperación para el desarrollo.
  - » Inclusión social de las personas a que se refieren los puntos anteriores.

» Acciones de inserción sociolaboral de personas en riesgo de exclusión social.

- Las explotaciones económicas de prestación de servicios de hospitalización o asistencia sanitaria, incluyendo las actividades auxiliares o complementarias de los mismos, como son la entrega de medicamentos o los servicios accesorios de alimentación, alojamiento y transporte.
- Las explotaciones económicas de investigación, desarrollo e innovación, siempre y cuando se trate de actividades definidas con arreglo a lo dispuesto en el artículo 35 de la LIS.
- Las explotaciones económicas de los bienes declarados de interés cultural conforme a la normativa del Patrimonio Histórico del Estado y de las CC. AA., así como de museos, bibliotecas, archivos y centros de documentación, siempre y cuando se cumplan las exigencias establecidas en dicha normativa, en particular respecto de los deberes de visita y exposición pública de dichos bienes.
- Las explotaciones económicas consistentes en la organización de representaciones musicales, coreográficas, teatrales, cinematográficas o circenses.
- Las explotaciones económicas de parques y otros espacios naturales protegidos de características similares.
- Las explotaciones económicas de enseñanza y de formación profesional, en todos los niveles y grados del sistema educativo, así como las de educación de altas capacidades, las de educación infantil hasta los tres años, incluida la guarda y custodia de niños hasta esa edad, las de educación especial, las de educación compensatoria y las de educación permanente y de adultos, cuando estén exentas del IVA, así como las explotaciones económicas de alimentación, alojamiento o transporte realizadas por centros docentes y colegios mayores pertenecientes a entidades sin fines lucrativos.
- Las explotaciones económicas consistentes en la organización de exposiciones, conferencias, coloquios, cursos o seminarios.
- Las explotaciones económicas de elaboración, edición, publicación y venta de libros, revistas, folletos, material audiovisual y material multimedia.
- Las explotaciones económicas de prestación de servicios de carácter deportivo a personas físicas que practiquen el deporte o la educación física, siempre que tales servicios estén directamente relacionados con dichas prácticas y con excepción de los servicios relacionados con espectáculos deportivos y de los prestados a deportistas profesionales.
- Las explotaciones económicas que tengan un carácter meramente auxiliar o complementario de las explotaciones económicas exentas o de las actividades encaminadas a cumplir los fines estatutarios o el objeto de la entidad sin fines lucrativos. No se considerará que las

explotaciones económicas tienen un carácter meramente auxiliar o complementario cuando el importe neto de la cifra de negocios del ejercicio correspondiente al conjunto de ellas exceda del 20 % de los ingresos totales de la entidad.

- Las explotaciones económicas de escasa relevancia. Se consideran como tales aquellas cuyo importe neto de la cifra de negocios del ejercicio no supere en conjunto 20.000 euros.

A TENER EN CUENTA. El artículo 7 ha sido modificado por el Real Decreto-Ley 6/2023, de 19 de diciembre, en vigor desde el 1 de enero de 2024.

CUESTIÓN

¿Las rentas exentas estarán sometidas a retención o a ingreso a cuenta?

No, y así se regula en el artículo 12 de la Ley 49/2002, de 23 diciembre.

Base imponible y tipo de gravamen

Para la determinación de la base imponible hay que atender a las normas recogidas en el **artículo 8 de la Ley 49/2002, de 23 de diciembre**, que dispone que en la base imponible del IS de las entidades sin fines lucrativos únicamente se incluirán las **rentas derivadas de las explotaciones económicas no exentas**. Además, en virtud de lo establecido en el apartado segundo del mentado artículo 8, no serán considerados como gastos deducibles:

- Los establecidos en la normativa general del IS.
- Los gastos imputables exclusivamente a las rentas exentas. En el supuesto de que se trate de gastos parcialmente imputables a las rentas no exentas, serán deducibles en el porcentaje que representen los ingresos obtenidos en el ejercicio de explotaciones económicas no exentas respecto de los ingresos totales de la entidad.
- Las cantidades destinadas a la amortización de elementos patrimoniales no afectos a las explotaciones sometidas a gravamen. Cuando estemos ante elementos afectos parcialmente a la realización de actividades exentas, no resultarán deducibles las cantidades destinadas a la amortización en el porcentaje en el que el elemento patrimonial se encuentre afecto a la realización de dicha actividad.
- Las cantidades que constituyan aplicación de resultados y, en particular, de los excedentes de explotaciones económicas no exentas.

A la base imponible positiva correspondiente a las rentas derivadas de exploraciones económicas no exentas —calculada conforme a las anteriores normas— se le aplicará el tipo de gravamen del **10 %**.

Es importante destacar que las entidades que opten por este régimen especial estarán **obligadas a declarar por el IS la totalidad de sus rentas**, tanto las exentas como las no exentas.

CUESTIÓN

¿Cómo se valoran los bienes y derechos que integran el patrimonio resultante de la disolución de una entidad sin fines lucrativos que se transmiten a otra entidad sin fines lucrativos?

En virtud de lo dispuesto en el **artículo 9 de la Ley 49/2002, de 23 de diciembre**, estos bienes y derechos se valorarán en la adquirente, a efectos fiscales, por los mismos valores que tenían en la entidad disuelta antes de realizarse la transmisión, manteniéndose igualmente la fecha de adquisición por parte de la entidad disuelta.

|| Declaración censal

Para acogerse a este régimen fiscal especial, la entidad debe comunicar su opción a la Administración tributaria mediante la correspondiente declaración censal. Una vez que se haya ejercitado la opción, vinculará a la entidad de forma indefinida durante los períodos impositivos siguientes, en tanto no se renuncie a su aplicación, siempre y cuando se cumplan los requisitos establecidos en el artículo 3 de la Ley 49/2002, de 23 de diciembre.

En el caso de que se incumplan los requisitos establecidos para este tipo de entidades en el ya citado artículo 3, la entidad tendrá la **obligación de ingresar no solo la totalidad de las cuotas correspondientes al ejercicio en que se produzca el incumplimiento** por el IS, los tributos locales y el ITPYAJD, de acuerdo con la normativa reguladora de estos tributos, sino también los **intereses de demora que procedan**.

Esta obligación se refiere:

- A las cuotas correspondientes al ejercicio en que se obtuvieron los resultados e ingresos no aplicados correctamente cuando el requisito incumplido sea el de destinar a la realización de los fines de interés general perseguidos por la entidad el 70 % de las rentas enumerada en el número 2.° del artículo 3 de la Ley 49/2002, de 23 de diciembre.
- A las cuotas correspondientes al ejercicio en que se produzca el incumplimiento y a los cuatro anteriores, cuando el requisito incumplido sea el del número 6.° del citado artículo referido a los casos en que se produce la disolución de la entidad.

CUESTIONES

1. ¿Cuándo comienza a aplicarse este régimen especial?

Conforme al artículo 1 del Reglamento para la aplicación del régimen fiscal de las entidades sin fines lucrativos y de los incentivos fiscales al mecenazgo (Real Decreto 1270/2003, de 10 de octubre), el régimen fiscal especial se aplicará al periodo impositivo que finalice con posterioridad a la fecha de presentación de la declaración censal en que se contenga la opción y a los sucesivos, en tanto que la entidad no renuncie al régimen

2. ¿Y cuándo produce efectos la renuncia?

En este caso el Reglamento especifica que la renuncia producirá efectos a partir del periodo impositivo que se inicie con posterioridad a su presentación, que deberá efectuarse con al menos un mes de antelación al inicio de aquél mediante la correspondiente declaración censal.

En resumen, las entidades sin fines lucrativos que cumplen con los requisitos establecidos en la Ley 49/2002, de 23 de diciembre, pueden beneficiarse de un régimen fiscal especial que incluye exenciones significativas y un tipo reducido del 10 % para las rentas no exentas.

El régimen fiscal de las entidades sin fines lucrativos y de los incentivos fiscales al mecenazgo

El régimen fiscal de los incentivos al mecenazgo en relación con el Impuesto sobre Sociedades se regula principalmente en la Ley 49/2002, de 23 de diciembre, de régimen fiscal de las entidades sin fines lucrativos y de los incentivos fiscales al mecenazgo. Según esta normativa, los donativos, donaciones y aportaciones realizados en favor de las entidades beneficiarias del mecenazgo permiten a los contribuyentes del Impuesto sobre Sociedades practicar una deducción en la cuota del impuesto del 40 % de la base de la deducción.

Los incentivos fiscales al mecenazgo previstos en el título III de la Ley 49/2002, de 23 de diciembre, se aplican a los donativos, donaciones y aportaciones que, cumpliendo los requisitos que el propio título establece, se realicen a favor de las siguientes entidades:

- Las entidades sin fines lucrativos a las que sea de aplicación el régimen fiscal establecido en el título II de la Ley 49/2002, de 23 de diciembre.
- El Estado, las Comunidades Autónomas y las Entidades Locales, así como los Organismos autónomos del Estado y las entidades autónomas de carácter análogo de las Comunidades Autónomas y de las Entidades Locales.
- Las universidades públicas y los colegios mayores adscritos a las mismas.
- El Instituto Cervantes, el Institut Ramon Llull y las demás instituciones con fines análogos de las Comunidades Autónomas con lengua oficial propia.
- Los Organismos Públicos de Investigación dependientes de la Administración General del Estado.

|| Donaciones que dan derecho a deducción

El **artículo 17 de la Ley 49/2002, de 23 de diciembre**, contiene una enumeración de donativos, donaciones y aportaciones irrevocables, que darán derecho a practicar las deducciones previstas en el título III de la misma, y que incluye:

- Donativos y donaciones dinerarias, de bienes o de derechos.
- Cuotas de afiliación a asociaciones que no se correspondan con el derecho a percibir una prestación presente o futura.

- La constitución de un derecho real de usufructo sobre bienes, derechos o valores, realizada sin contraprestación.
- Donativos o donaciones de bienes que formen parte del Patrimonio Histórico Español, que estén inscritos en el Registro general de bienes de interés cultural o incluidos en el Inventario general a que se refiere la Ley 16/1985, de 25 de junio, del Patrimonio Histórico Español.
- Donativos o donaciones de bienes culturales de calidad garantizada en favor de entidades que persigan entre sus fines la realización de actividades museísticas y el fomento y difusión del patrimonio histórico artístico.
- La cesión de uso de un bien mueble o inmueble, por un tiempo determinado, realizada sin contraprestación.
- Los donativos, donaciones y aportaciones aun cuando el donante o aportante pudiera recibir bienes o servicios, entregados o prestados por el donatario o beneficiario, de carácter simbólico, siempre y cuando el valor de los bienes o servicios recibidos no represente más del 15 % del valor del donativo, donación o aportación y, en todo caso, no supere el importe de 25.000 euros.

A TENER EN CUENTA. Estos dos últimos puntos han sido añadidos por el Real Decreto-ley 6/2023, de 19 de diciembre, en vigor desde el 1 de enero de 2024.

CUESTIONES

1. ¿Qué ocurre cuando se revoca una donación?

Cuando se revoca una donación por alguno de los motivos regulados en el Código Civil, el donante ingresará las cuotas correspondientes a las deducciones aplicadas en el período impositivo en el que dicha revocación se produzca, sin perjuicio de los intereses de demora que procedan (apartado tercero del artículo 17 de la Ley 49/2002, de 23 de diciembre).

2. ¿Puede aplicarse la deducción prevista para donaciones en el caso de que lo donado sea una prestación de servicios?

No, y así lo ha dispuesto la Dirección General de Tributos en su **consulta vinculante (V1544-24), de 24 de junio de 2024**, en la que en un supuesto en el que se analizaba la donación de entradas para espectáculos musicales señala que: «(...) Dado que la entrega gratuita de entradas a un concierto no constituye la donación de un bien o derecho sino la donación de una prestación de servicios (producción de conciertos de música) no contemplada en el artículo 17 de la Ley 49/2002, no podrá acogerse a la deducción prevista en los artículos 17 y 20 de dicho texto legal». También en este sentido podemos citar la **consulta vinculante (V3021-20), de 6 de octubre de 2020**, que con relación a un despacho de abogados que pretendía ceder sus servicios de manera gratuita a una fundación establece que: «(...) la elaboración de informes y el asesoramiento jurídico prestado por el despacho de abogados a la Fundación no constituye la "donación de un derecho de cobro" sino la donación de una prestación de servicios que, de acuerdo con lo señalado en el artículo 17 de la Ley 49/2002, no entra dentro del ámbito de las donaciones susceptibles de generar derecho a deducción».

Base imponible de las deducciones por donativos, donaciones y aportaciones

El artículo 18 de la Ley 49/2002, de 23 de diciembre, regula cual será la base de las deducciones por donativos, donaciones y aportaciones realizados en favor de las entidades enumeradas en el artículo 16 de la misma, y establece que la base estará constituida por:

- En los donativos dinerarios, su importe.
- En los donativos o donaciones de bienes o derechos, el valor contable que tuviesen en el momento de la transmisión y, en su defecto, el valor determinado conforme a las normas del Impuesto sobre el Patrimonio.
- En la constitución de un derecho real de usufructo:
  - » Cuando este se constituya sobre bienes inmuebles, el importe anual que resulte de aplicar, en cada uno de los períodos impositivos de duración del usufructo, el 2 % al valor catastral, determinándose proporcionalmente al número de días que corresponda en cada período impositivo.
  - » Cuando se constituya sobre valores, el importe anual de los dividendos o intereses percibidos por el usufructuario en cada uno de los períodos impositivos de duración del usufructo.
  - » Cuando se constituya sobre otros bienes y derechos, el importe anual resultante de aplicar el interés legal del dinero de cada ejercicio al valor del usufructo determinado en el momento de su constitución conforme a las normas del ITPYAJD.
- En los donativos o donaciones de obras de arte de calidad garantizada y de los bienes que formen parte del Patrimonio Histórico Español a que se refieren las letras c) y d) del artículo 17.1 de la Ley 49/2002, de 23 de diciembre (referidas a la constitución de un derecho real de usufructo sin contraprestación, y a los donativos de bienes que formen parte del Patrimonio Histórico Español y estén inscritos en el Registro general de bienes de interés cultural o incluidos en el Inventario general), la valoración efectuada por la Junta de Calificación, Valoración y Exportación. Si los bienes culturales no formasen parte del Patrimonio Histórico Español, la Junta valorará, asimismo, la suficiencia de la calidad de la obra.
- En la cesión de uso de un bien mueble o inmueble a que se refiere la letra f) del artículo 17.1 de la Ley 49/2002, de 23 de diciembre, es decir, la cesión realizada sin contraprestación por un tiempo determinado, el importe de los gastos soportados por el cedente en relación con tales bienes durante el periodo de cesión, siempre que tuvieran la consideración de gastos fiscalmente deducibles de haberse cedido de forma onerosa y sean distintos de tributos y de los intereses de los capitales ajenos y demás gastos de financiación, y estén debidamente contabilizados cuando el cedente esté obligado a llevar contabilidad de acuerdo con el Código de Comercio o legislación equivalente.

La Ley 49/2002, de 23 de diciembre, fija un límite en el apartado segundo del artículo 18 y es que el valor determinado siguiendo estas reglas tendrá como **límite máximo el valor normal en el mercado** del bien o derecho transmitido en el momento de su transmisión.

> **A TENER EN CUENTA**. El artículo 18 de la Ley 49/2022, de 23 de diciembre, ha sido modificado por el Real Decreto-ley 6/2023, de 19 de diciembre, en vigor desde el 1 de enero de 2024.

|| La deducción de la cuota en el Impuesto sobre Sociedades

La Ley 49/2002, de 23 de diciembre regula las deducciones de la cuota en el IRPF, en el IS y en el IRNR. Concretamente, las que aquí nos interesan, que son las deducciones en el Impuesto sobre Sociedades, se regulan en el **artículo 20** de dicha Ley.

> **A TENER EN CUENTA**. El artículo 20 de la Ley 49/2002, de 23 de diciembre, ha sido modificado por el Real Decreto-ley 6/2023, de 19 de diciembre, que entre otra cosas, aumenta los porcentaje aplicables.

Según el mismo, los sujetos pasivos del Impuesto sobre Sociedades tendrán derecho a deducir de la cuota íntegra, minorada en las deducciones y bonificaciones previstas en los capítulos II, III y IV del título VI de la LIS, el **40 %** de la base de la deducción.

Las cantidades correspondientes al período impositivo no deducidas podrán aplicarse en las liquidaciones de los períodos impositivos que concluyan en los **10 años inmediatos y sucesivos**.

Este porcentaje podrá aumentarse cuando en los dos períodos impositivos inmediatos anteriores se hubieran realizado donativos, donaciones o aportaciones con derecho a deducción en favor de una misma entidad, siendo el importe del donativo, donación o aportación de este período impositivo y el del período impositivo anterior, por importe igual o superior, en cada uno de ellos, al del período impositivo inmediato anterior, pasando en estos casos el porcentaje de deducción aplicable a la base de la deducción en favor de esa misma entidad al **50 %**.

En todo caso hay que recordar que tal y como se establece en el apartado segundo del artículo 20 de la Ley 49/2002, de 23 de diciembre, la base de esta deducción **no podrá exceder del 15 % de la base imponible del período impositivo**, existiendo la posibilidad de aplicar en los períodos impositivos que concluyan en los 10 años inmediatos y sucesivos las cantidades que excedan de este límite.

> **A TENER EN CUENTA**. El artículo 22 de la Ley 49/2002, de 23 de diciembre, posibilita que a través de la Ley de Presupuestos Generales del Estado se establezca una relación de actividades prioritarias de mecenazgo en el ámbito de los fines de interés general, y de entidades beneficiarias, y se eleve en 5 puntos porcentuales, como máximo, los porcentajes y límites de las deducciones. La Ley 31/2002, de 23 de diciembre, de Presupuestos Generales del Estado para el año

2023, en su D.A. 57.ª, han hecho uso de esta posibilidad y durante la vigencia de los mismos se consideran actividades prioritarias de mecenazgo, entre otras, las llevadas a cabo por el Instituto Cervantes, el Museo Nacional del Prado, el Museo Nacional Centro de Arte Reina Sofía, la Biblioteca Nacional de España, y la Fundación Deporte Joven en colaboración con el Consejo Superior de Deportes (con el límite de 50.000 €), la conservación, restauración o rehabilitación de los bienes del Patrimonio Histórico Español, las actividades de fomento, promoción y difusión de las artes escénicas y musicales llevadas a cabo por las Administraciones públicas o con el apoyo de éstas, las llevadas a cabo por el Instituto de la Cinematografía y de las Artes Audiovisuales, la investigación, desarrollo e innovación en las infraestructuras que forman parte del Mapa nacional de Infraestructuras Científicas y Técnicas Singulares... Los donativos, donaciones y aportaciones a estas actividades pueden beneficiarse de la elevación en cinco puntos porcentuales de los porcentajes y límites de las deducciones establecidas en los artículos 19, 20 y 21 de la Ley 49/2002.

Conviene destacar que, en virtud de lo dispuesto en el **artículo 23 de la Ley 49/2002, de 23 de diciembre, estarán exentas del Impuesto sobre Sociedades las rentas positivas que se pongan de manifiesto con ocasión de los donativos, donaciones y aportaciones a los que se refiere el artículo 17 de dicha ley.**

CUESTIONES

1. ¿Cómo se justifica la efectividad de los donativos, donaciones y aportaciones deducibles?

Se justificará mediante certificación expedida por la entidad beneficiaria con los requisitos establecidos reglamentariamente.

2. ¿Qué datos debe contener esta certificación?

En virtud de lo establecido en el artículo 24 de la Ley 49/2002, de 23 de diciembre, y en el artículo 6 del Real Decreto 1270/2003, de 10 de octubre, por el que se aprueba el Reglamento para la aplicación del régimen fiscal de las entidades sin fines lucrativos y de los incentivos fiscales al mecenazgo, el contenido mínimo de esta certificación será:

- El número de identificación fiscal y los datos de identificación personal del donante y de la entidad donataria.
- Mención expresa de que la entidad donataria se encuentra incluida en las reguladas en el artículo 16 de la Ley 49/2002, de 23 de diciembre.
- Fecha e importe del donativo cuando éste sea dinerario.
- Documento público u otro documento auténtico que acredite la entrega del bien donado cuando no se trate de donativos en dinero.
- Destino que la entidad donataria dará al objeto donado en el cumplimiento de su finalidad específica.
- Mención expresa del carácter irrevocable de la donación.

3. ¿La entidad beneficiaria tiene que remitir algún documento a la Administración Tributaria?

Sí, deberá remitir una declaración informativa sobre las certificaciones emitidas de los donativos, donaciones y aportaciones deducibles percibidos durante cada año natural, que se presentará en el mes de enero de cada año y en relación con los donativos percibidos en el año inmediato anterior, y en la que, además de sus datos de identificación, deberá constar la siguiente información referida a los donantes y aportantes:

- Nombre y apellidos, razón o denominación social.
- NIF.
- Importe del donativo o aportación y, en caso de que estos sean en especie, valoración de lo donado o aportado.
- Importe del donativo o aportación. En caso de que estos sean en especie, valoración de lo donado o aportado.
- Información sobre las revocaciones de donativos y aportaciones que, en su caso, se hayan producido en el año natural.
- Indicación de si el donativo o aportación da derecho a la aplicación de alguna de las deducciones aprobadas por las comunidades autónomas.

4. La condonación de una deuda en favor de una fundación, ¿puede generar derecho a practicar la deducción del artículo 20 de la Ley 49/2002, de 23 de diciembre?

Sí, y así lo recoge la **consulta vinculante de la DGT (V3142-23), de 4 de diciembre de 2023**, en la que Tributos afirma que la condonación de la deuda en favor de la fundación generará, en sede de la asociación consultante, el derecho a practicar una deducción en la cuota íntegra del período impositivo con arreglo a lo dispuesto en el artículo 20 de la Ley 49/2002, de 23 de diciembre, siempre que se trate de una donación, irrevocable, pura y simple y siempre que se cumplan los límites previstos en dicho artículo. Así, la base de la deducción se determinará con arreglo a lo dispuesto en el artículo 18 de la citada Ley 49/2002, la cual no podrá exceder del 15 % de la base imponible del período impositivo, atendiendo a lo dispuesto en el artículo 20.2 del mismo texto legal.

RESOLUCIÓN ADMINISTRATIVA

Consulta vinculante de la Dirección General de Tributos (V2133-24), de 2 de octubre de 2024

Asunto: donación realizada por una fundación a una entidad participada indirectamente por dicha la fundación donante

*«(...) con arreglo a los hechos recogidos en el escrito de consulta, **la entidad donante está íntegramente participada, de forma indirecta, por la fundación, beneficiaria** de la operación planteada.*

Procede, en este punto, analizar si la operación que la consultante pretende realizar podría reputarse como donación irrevocable, pura y simple en favor de la fundación F, y si originaría, por consiguiente, el derecho a beneficiarse de los incentivos contenidos en el Título III de la Ley 49/2002.

A estos efectos, la consultante alega el criterio contenido en la contestación vinculante de este Centro Directivo a la consulta V1576-06, que reconoce la exención de las rentas positivas que afloraren con ocasión de las donaciones de bienes o derechos, en sede del donante, cuando el donante estuviere íntegramente participado por una entidad cuyo capital pertenezca, a su vez, a una entidad beneficiaria del mecenazgo.

No obstante, el criterio contenido en dicha consulta ha sido superado, con posterioridad, en consultas vinculantes dictadas por este Centro Directivo (véanse las contestaciones V0982-11 y V1540-11), en las que partiendo, de lo dispuesto en la Norma de Registro y Valoración 18ª del Plan General de Contabilidad (PGC), aprobado por el Real Decreto 1514/2007, de 16 de noviembre, en vigor desde 1 de enero de 2008, ha concluido que las enajenaciones a título lucrativo efectuadas por una sociedad en favor de su socio no deben ser tratadas como donaciones, no aceptándose que entre socio y sociedad la causa de un negocio pueda ser la mera liberalidad.

En particular, siguiendo lo dispuesto en la ya citada consulta V1540-11, de 15 de junio de 2011, este Centro Directivo manifestó:

"Contablemente, la Norma de Registro y Valoración 18ª del Plan General de Contabilidad (PGC), aprobado por el Real Decreto 1514/2007, de 16 de noviembre, en su apartado 2, recoge una regla especial respecto de las donaciones otorgadas por los socios o propietarios, señalando que las donaciones no reintegrables recibidas de socios o propietarios, no constituyen ingresos para las entidades participadas, debiendo registrarse directamente en los fondos propios, independientemente del tipo de donación de que se trate.

A la vista de dicho tratamiento, la norma contable parece rechazar la posibilidad de que entre socio y sociedad pueda existir como causa del negocio la mera liberalidad. Por el contrario, la solución que se recoge para estas transacciones guarda sintonía con la causa mercantil que ampara las ampliaciones de capital.

Con arreglo a lo anterior, en sentido inverso, las donaciones realizadas por las entidades participadas a favor de sus matrices deben considerarse como distribución de fondos propios (reservas, prima de emisión o capital), desde la sociedad hacia el socio."

(...)

En definitiva, dado que la operación planteada ***no responde a un acto de liberalidad, en el que se aprecie animus donandi por parte del aportante, sino que responde a una distribución de fondos propios*** *(reservas, prima de emisión o capital), desde la sociedad hacia el socio último (fundación),* ***no resultarán de aplicación los incentivos fiscales*** *recogidos en el título III de la Ley 49/2002, de 23 de diciembre, de régimen fiscal de las entidades sin fines lucrativos y de los incentivos fiscales al mecenazgo.*

Por tanto, no resultará de aplicación la exención recogida en el artículo 23 de la Ley 49/2002, respecto de la renta puesta de manifiesto con ocasión de la entrega del bien inmueble, en sede de la entidad aportante, dado que dicha entrega no responde a ninguna de las operaciones recogidas en el artículo 17 de la Ley 49/2002. Del mismo modo, la entrega del bien inmueble tampoco dará derecho a aplicar, en sede de la entidad consultante, la deducción en la cuota íntegra del Impuesto sobre Sociedades, en los términos previstos en los artículos 17, 18 y 20 del mismo texto legal, dado que no se corresponde con una donación irrevocable, pura y simple realizada en favor de la fundación beneficiaria».

2.18. Régimen fiscal de Canarias

Especialidades del Impuesto de Sociedades en Canarias

El impuesto de sociedades presenta una serie de especialidades en relación con las entidades que tienen su domicilio fiscal o desarrollan su actividad en el territorio de las Islas Canarias. Su principal regulación se encuentra, además de la LIS de aplicación general, en la Ley 19/1994, de 6 de julio y en la Ley 20/1991, de 7 de junio.

Las especialidades en este ámbito son las siguientes:

|| Reserva para inversores en Canarias (RIC)

La reserva para inversores se encuentra regulada en el artículo 27 de la Ley 19/1994, de 6 de julio, y el mismo reconoce el **derecho de las entidades sujetas al IS a la reducción en la base imponible que, con relación a los establecimientos situados en Canarias, destinen de sus beneficios a la reserva para inversiones**. Esta reducción se aplicará a las dotaciones que en cada período impositivo se hagan a la reserva para inversiones hasta el **límite del 90 %** de la parte de beneficio obtenido en el mismo período que no sea objeto de distribución.

Esta reserva para inversiones **deberá figurar en los balances** con absoluta separación y título apropiado y será indisponible en tanto que los bienes en que se materializó deban permanecer en la empresa. Las cantidades destinadas a la reserva para inversiones en Canarias deberán materializarse en el plazo máximo de 3 años, contados desde la fecha de devengo del impuesto correspondiente al ejercicio en que se ha dotado la misma.

Por cuanto se refiere a los elementos patrimoniales en que se materialice la inversión, los mismos deberán estar situados o ser recibidos en el archipiélago canario, utilizados en el mismo, afectos y necesario para el desarrollo de actividades económicas del contribuyente, salvo en los casos en que contribuyan a la mejora y protección del medio ambiente en el territorio canario. Así mismo, los elementos patrimoniales deberán permanecer en funcionamiento en la empresa del adquiriente durante 5 años como mínimo, sin ser objeto de transmisión, arrendamiento o cesión a terceros para su uso.

En el mentado precepto se establece la posibilidad de que el contribuyente realice **inversiones anticipadas**, que se considerarán como materialización de la reserva para inversiones que se dote con cargo a beneficios obtenidos en el período impositivo en el que se realiza la inversión o en los tres posteriores, siempre que cumpla los requisitos.

Es preciso señalar que la aplicación de este beneficio de la reserva para inversión será incompatible, para los mismos bienes y gastos, con las deducciones para incentivar la realización de determinadas actividades reguladas en el capítulo IV del título VI de la LIS y con la deducción por inversiones regulada en el artículo 94 de la Ley 20/1991, de 7 de junio.

|| Zona Especial Canaria (ZEC)

Regulada en el **título V de la Ley 19/1994, de 6 de julio**, la ZEC se creó con el fin de promover la creación de empleo de calidad, el desarrollo económico y social del archipiélago y a diversificación de su estructura productiva, presidida por el principio de estanqueidad geográfica. Esta ZEC se extenderá a todo el territorio de las Islas Canarias.

Las entidades para poder pertenecer a esta ZEC deberán cumplir los requisitos previstos en el artículo 31.2 de la Ley 19/1994, de 6 de julio, e **inscri-**

birse en el Registro Oficial de Entidades de la Zona Especial Canaria. Este registro tiene el carácter de registro público y será dependiente del Consorcio de la Zona Especial Canaria.

El Consorcio de la ZEC es un organismo público, adscrito al Ministerio de Hacienda, con personalidad jurídica y patrimonios propio y plena capacidad pública y privada, que tiene las funciones de vigilancia y supervisión de las actividades desarrolladas por las entidades de la ZEC. Los órganos de gobierno del Consorcio de la ZEC son el Consejo Rector y el presidente. Además, tiene adscrita una Comisión técnica que se encarga de la emisión de informes vinculantes sobre las solicitudes de inscripción. Como órgano de asesoramiento el Consorcio de la ZEC tiene una Comisión Consultiva.

La tributación de las entidades de la ZEC en el Impuesto de Sociedades presenta una serie de **especialidades**:

- Aplicarán el **tipo de gravamen del 4%**.
- Llevarán su **contabilidad** de acuerdo con el CdC y demás normativa contable con ciertas especialidades establecidas en el artículo 42.1.b) de la Ley 19/1994, de 6 de julio.
- Los contribuyentes que realicen las operaciones de comercio de bienes a las que se refiere el artículo 44.1.a)(ii) de la Ley 19/1994, de 6 de julio, deberán suscribir trimestralmente **declaración informativa de operaciones** con bienes realizadas fuera de la ZEC. También deberán llevar registro de la documentación aduanera correspondiente.

Los beneficios fiscales de la ZEC se podrán simultanear con otras ayudas a la inversión y a la creación de empleo dentro de los límites y con las condiciones establecidas en la normativa comunitaria.

|| Deducción por inversiones en Canarias

El artículo 94 de la Ley 20/1991, de 7 de junio, señala que las sociedades y demás entidades jurídicas sujetas al Impuesto de Sociedades, con domicilio fiscal en Canarias, podrán acogerse a una **deducción especial en relación a la inversiones realizadas y que permanezcan en el archipiélago canario**. Las especialidades de esta deducción son:

- Los **tipos aplicables** sobre las inversiones realizadas serán **superiores en un 80% a los del régimen general**, con un **diferencial mínimo de 20 puntos porcentuales**.
- Esta deducción tendrá por **límite máximo el 80% de la cuota líquida con un diferencial mínimo de 35 puntos porcentuales**. La cuota líquida es el resultado de minorar la cuota íntegra en el importe de las deducciones por doble imposición y, en su caso, las bonificaciones previstas en la LIS. No obstante, en las islas de La Palma, La Gomera y El Hierro, el tope mínimo del 80% se incrementará al 10% y el diferencial mínimo pasará a 45 puntos porcentuales cuando la normativa comunitaria de ayudas de estado así lo permita y se trate de inversiones contempladas en la Ley 2/2016, de 27 de septiembre y demás leyes de medidas para la ordenación de la actividad económica de estas islas.

Esta deducción **también será aplicable** a las sociedades y entidades jurídicas que no tenga su domicilio fiscal en Canarias, respecto de los **establecimientos permanentes** situados en este territorio y siempre que las inversiones correspondientes se realicen y permanezcan en el archipiélago canario. También podrán aplicar esta deducción las personas físicas que realicen actividades empresariales o profesionales en Canarias.

Régimen del Impuesto de Sociedades para buques y empresas navieras

Este régimen se encuentra regulado en el **título VII de la Ley 19/1994, de 6 de julio,** siendo preciso para la aplicación de los incentivos fiscales los siguientes requisitos:

- Disponer de los **registros contables** necesarios para determinar ingresos y gastos, correspondientes a las actividades que se acojan al régimen.
- Buques deberán ser **aptos para la navegación marítima** y estar destinados a actividades de transporte de mercancías, pasajeros, salvamento y otros servicios prestados necesariamente en el mar.
- Tratándose de buques destinados a **actividad de remolque** será necesario que más del 50% de la actividad efectivamente realizada en el período impositivo constituya actividad de transporte marítimo. Si se trata de buques con **actividad de dragado** es preciso que más del 50% de la actividad constituya actividad de transporte y depósito en el fondo del mar de materiales extraídos, alcanzando este régimen exclusivamente a esta parte de su actividad.

A las entidades que se acojan al régimen para buques y empresas navieras se les **bonificará un 90% de la cuota del IS** después de practicar, en su caso, las deducciones por doble imposición a que se refiere el capítulo II del título VI de la LIS, que corresponda a:

- La parte de la base imponible que proceda de la explotación desarrollada por las empresas navieras relativa a los servicios regulares.
- La parte de la base imponible que proceda de la explotación desarrollada por las empresas navieras de sus buques inscritos en el registro Especial de Buques y Empresas Navieras o en un registro de otro Estado miembro de la Unión Europea o del Espacio Económico Europeo.

La reserva para inversores en Canarias

La RIC en Canarias (Reserva para inversores en Canarias) se encuentra prevista en el artículo 27 de la Ley 19/1994, de 6 de julio, de modificación del Régimen Económico y Fiscal de Canarias. Este precepto establece que las entidades sujetas al IS tendrán derecho a la **reducción en la base imponible de las cantidades que**, con relación a sus establecimientos situados en Canarias, **destinen de sus beneficios a la reserva para inversiones**.

En caso de que la entidad tenga por actividad principal la prestación de servicios financieros o la prestación de servicios a entidades que pertenezcan al mismo grupo de sociedades, únicamente podrán disfrutar de la reducción cuando materialicen los importes destinados a la reserva en las inversiones previstas en las letras A, B y en su caso, en las condiciones que reglamentariamente se puedan establecer, en el número 1° de la letra D del apartado 4 del artículo 27 del Ley 19/1994, de 6 de julio.

|| Dotaciones a la reserva

La reducción a la que nos estamos refiriendo se aplicará a las **dotaciones que en cada período impositivo se hagan a la reserva para inversiones**. El artículo 27.2 de la Ley 19/1994, de 6 julio, establece como **límite el 90% de la parte del beneficio obtenido** en el mismo período que no sea objeto de distribución, en cuanto proceda de establecimientos situados en Canarias.

> **A TENER EN CUENTA**. En ningún caso la aplicación de la reducción podrá determinar que la base imponible sea negativa.

A estos efectos se considerará:

- **Beneficios procedentes de establecimientos en Canarias**: los derivados de actividades económicas. En estos se incluirán la transmisión de los elementos patrimoniales afectos a la actividad y los derivados de la transmisión de elementos patrimoniales no afectos a actividades económicas, en los términos que reglamentariamente se determinen.
- **Beneficios no distribuidos**: los destinados a nutrir las reservas, excluida la de carácter legal. No tendrá esta consideración el beneficio que derive de la transmisión de elementos patrimoniales cuya adquisición hubiera determinado la materialización de la reserva para inversiones dotada con beneficios de períodos impositivos a partir de 1 de enero de 2007.

  En caso de elementos patrimoniales que solo parcialmente se hubiesen destinado a la materialización de la reserva a partir de la mentada fecha, se considerará beneficio no distribuido la parte proporcional del mismo que corresponda al valor de adquisición que no hubiera supuesto materialización de dicha reserva.

Las asignaciones a reservas se considerarán disminuidas en el importe que eventualmente se hubiese detraído de los fondos propios, ya en el ejercicio al que la reducción de la base imponible se refiere, ya en el que se adoptara el acuerdo de realizar las mencionadas asignaciones.

Se determina que las entidades sujetas al Impuesto sobre Sociedades tendrán derecho a la reducción en la base imponible de las cantidades que, con relación a sus establecimientos situados en Canarias, destinen de sus beneficios a la reserva para inversiones regulada en el mencionado artículo 27.

|| Requisitos

La reserva para inversiones **deberá figurar en los balances con absoluta separación u título apropiado y será indisponible** en tanto que los bienes en que se materializó deban permanecer en la empresa.

Las cantidades destinadas a la reserva para inversiones en Canarias deberán **materializarse en el plazo máximo de 3 años**, contados desde la fecha del devengo del impuesto correspondiente al ejercicio en que se ha dotado la misma, en la relación de alguna de las siguientes inversiones:

- Las **inversiones iniciales** consistentes en la adquisición de elementos patrimoniales nuevos del inmovilizado material o intangible (Artículo 27.4.A de la Ley 19/1994, de 6 de julio).
- La **creación de puestos de trabajo** relacionada de forma directa con las inversiones del artículo 27.4.A de la Ley 19/1994, de 6 de julio, que se produzca dentro de un período de seis meses a contar desde la fecha de entrada en funcionamiento de dicha inversión.

CUESTIÓN

¿Cómo se determina la creación de puesto de trabajo?

La creación de puestos de trabajo se determinará por el incremento de la plantilla media total del contribuyente producido en dicho período respecto de la media de los 12 meses anteriores a la fecha de la entrada en funcionamiento de la inversión, siempre que dicho incremento se mantenga durante un período de cinco años, salvo que en el caso de contribuyentes que cumplan las condiciones del artículo 101 de la LIS, en el período impositivo en el que se obtiene el beneficio con cargo al cual se dota la reserva, quienes deberán mantener dicho incremento durante tres años.

Para el **cálculo de la plantilla media total de la empresa y de su incremento** se tomarán las personas empleadas, en los términos que dispongan la legislación laboral, teniendo en cuenta la jornada contratada en relación con la jornada completa.

- La **creación de puestos de trabajo** efectuada en el período impositivo **que no pueda ser considerada como inversión inicial** por no reunir alguno de los requisitos establecidos en el artículo 27.1.B de la Ley 19/1994, de 6 de julio, con el límite del 50% de las dotaciones a la reserva efectuadas por el contribuyente en el período impositivo.
- La **adquisición de elementos patrimoniales del inmovilizado material o intangible que no pueda ser considerada como inversión inicial,** la inversión en elementos patrimoniales que contribuyan a la mejora y protección del medio ambiente en el territorio canario, así como aquellos gastos de investigación y desarrollo que reglamentariamente se determinen.
- La **suscripción** de:
    - Acciones o participaciones en el capital emitidas por sociedades como consecuencia de su constitución o ampliación de capital que desarrollen en el archipiélago su actividad, siempre que se cumplan los siguientes requisitos:
    - Esas sociedades realizarán las inversiones a que se refiere el artículo 27 de la Ley 19/1994, de 6 de julio, con las condiciones en él prescritas.

- Deberá realizar las inversiones en el plazo de 3 años a contar desde la fecha del devengo del impuesto correspondiente al ejercicio en el que el contribuyente que adquiere las acciones o las participaciones en su capital hubiera dotado la reserva.
- Los elementos patrimoniales deberán mantenerse en funcionamiento en Canarias en los términos previstos en el precepto de referencia.
- El importe del valor de adquisición de las inversiones realizadas por la sociedad participada deberá alcanzar, como mínimo, el importe desembolsado de las acciones o participaciones adquiridas por el contribuyente.
- Las inversiones realizadas por la sociedad participada no darán lugar a la aplicación de ningún otro beneficio fiscal, salvo los previstos en el artículo 25 de la Ley 19/1994, de 6 de julio.

» Acciones o participaciones en el capital emitidas por entidades de la Zona Especial Canaria como consecuencia de su constitución o ampliación de capital, siempre que se cumpla con los requisitos y condiciones establecidos en el artículo 27.4.D.1° de la Ley 19/1994, de 6 de julio, y del capítulo I del título V del mismo texto normativo. Adicionalmente, se deberán reunir las siguientes condiciones:

- El importe de la emisión o ampliación de capital destinada a la materialización de la reserva no podrá aplicarse, en ningún caso, al cumplimiento de los requisitos de inversión mínima de las entidades de la Zona Especial Canaria regulados en el artículo 31 de la Ley 19/1994, de 6 de julio.
- La persona o entidad que suscriba las acciones o participaciones emitidas no podrá transmitir o ceder el uso a terceros de los elementos patrimoniales afectos a su actividad económica, existentes en el ejercicio anterior de la suscripción, en dicho ejercicio o en los cuatro ejercicios posteriores, salvo que haya terminado su vida útil y se proceda a su sustitución o que se trate de operaciones realizadas en el curso normal de su actividad por contribuyentes que se dediquen, a través de una explotación económica, al arrendamiento o cesión de terceros para su uso de elementos patrimoniales del inmovilizado, siempre que no exista vinculación, directa o indirecta, con los arrendatarios o cesionarios de dichos bienes, en los términos definidos en el artículo 18.2 de la LIS, ni se trate de operaciones de arrendamiento financiero. En ningún caso podrá transmitirlos o ceder su uso a la entidad de la Zona Especial Canaria cuyas acciones suscriba ni a otra persona vinculada con esta última en los términos anteriormente indicados.
- La persona o entidad que suscriba las acciones o participaciones emitidas no procederá a la reducción de su plantilla media total, existente en el ejercicio anterior a la suscripción, en los cuatro ejercicios posteriores. Para el cálculo de la plantilla media

total de la empresa se tomarán las personas empleadas en los términos que disponga la legislación laboral, teniendo en cuenta la jornada contratada en relación con la jornada completa.

» Cualquier instrumento financiero emitido por entidades financieras siempre que los fondos captados con el objeto de materializar la reserva sean destinados a la financiación en Canarias de proyectos privados, cuyas inversiones sean aptas de acuerdo con lo regulado en el artículo 27 de la Ley 19/1994, de 6 de julio, siempre que las emisiones estén supervisadas por el Gobierno de Canarias, y cuenten con un informe vinculante de la AEAT, en los términos que reglamentariamente se establezcan.

A estos efectos, el contribuyente que materializa la reserva procederá a comunicar fehacientemente a la entidad financiera el importe de la misma, así como la fecha en que termina el plazo para la materialización. Esta última, a su vez, comunicará fehacientemente al contribuyente las inversiones efectuadas, así como su fecha. Las inversiones realizadas se entenderán financiada según el orden en el que se haya producido el desembolso efectivo. En el caso de desembolsos efectuados en la misma fecha, se considerará que contribuyen de forma proporcional a la financiación de la inversión.

A TENER EN CUENTA. Las inversiones realizadas no darán lugar a la aplicación de ningún otro beneficio fiscal, salvo los previstos en el artículo 25 de la Ley 19/1994, de 6 de julio.

» Títulos valores emitidos por organismos públicos que procedan a la construcción o explotación de infraestructuras o equipamiento de interés público a la rehabilitación de viviendas protegidas destinadas al arrendamiento en favor de personas inscritas en el Registro Público de Demandantes de Vivienda Protegida de Canarias, para las Administraciones públicas en Canarias, cuando la financiación obtenida con dicha emisión se destine de forma exclusiva a tal construcción o explotación, con el límite del 50% de las dotaciones efectuadas en cada ejercicio. A estos efectos, el Gobierno de la Nación aprobará la cuantía y el destino de las emisiones, a partir de las propuestas que en tal sentido le formule la Comunidad Autónoma de Canarias, previo informe del Comité de Inversiones Públicas.

» Títulos valores emitidos por entidades que procedan a la construcción o explotación de infraestructuras o equipamientos de interés público para las Administraciones públicas en Canarias, una vez obtenida la correspondiente concesión administrativa o título administrativo habilitante, cuando la financiación obtenida con dicha emisión se destine de forma exclusiva a tal construcción o explotación, con el límite del 50% de las dotaciones efectuadas en cada ejercicio y en los términos que se prevean reglamentariamente. La emisión de los correspondientes títulos valores estará sujeta a autorización administrativa previa por parte de la Administración competente para el otorgamiento del correspondiente título administrativo habilitante. A estos efectos, y cuando se trate de entidades del sector público, el Gobierno de la Nación aprobará la cuantía y el destino de las emisiones, a partir de las propuestas que en tal sentido formule en su caso la Comunidad Autónoma de Canarias, previo informe del Comité de Inversiones Públicas.

A TENER EN CUENTA. El apartado 4 del artículo 27 de la Ley 19/1994, de 6 de julio ha sido modificado con efectos para los periodos impositivos iniciados a partir del 1 de enero de 2025, por la disposición final 4 de la Ley 7/2024, de 20 de diciembre incluyendo en las inversiones la rehabilitación de viviendas protegidas.

Ubicación de los elementos patrimoniales

Los elementos patrimoniales en que se materialice la inversión **deberán estar situados o ser recibidos en el archipiélago canario**, utilizados en el mismo, afectos y necesarios para el desarrollo de actividades económicas del contribuyente, salvo en el caso de los que contribuyan a la mejora y protección del medio ambiente en el territorio canario. A tal efecto se entenderán situados y utilizados en el archipiélago:

- Las aeronaves que, por su destino, contribuyan a mejorar la conexiones de las Islas Canarias, en los términos que reglamentariamente se determinen.
- Los buques con pabellón español y con puerto base en Canarias, incluido los inscritos en el Registro Especial de Buques y Empresas Navieras.
- Las redes de transporte y de comunicaciones que conecten el archipiélago canario con el exterior, por el tramo de la misma que se encuentre dentro del territorio de la Islas Canarias y a la parte situada fuera del mismo que se utilice para conectar entre sí las distintas islas del archipiélago.
- Las aplicaciones informáticas y los derechos de propiedad industrial, que no sean meros signos distintivos del contribuyente o de sus productos siempre que hayan sido creados con medios de la entidad situados en el ámbito territorial canario o adquiridos a terceros para su transformación siempre que su explotación económica se dirija, realice, contrate, distribuya, organice y facture desde Canarias.
- Los derechos de propiedad intelectual, en la medida que hubieran sido creados con medios de la entidad situados en el ámbito territorial canario o adquiridos a terceros para su transformación, siempre que su explotación económica se dirija, realice contrate, distribuya, organice y facture desde el referido ámbito.
- Las concesiones administrativas de uso de bienes de dominio público radicados en Canarias.
- Las concesiones administrativas de prestación de servicios públicos que se desarrollen exclusivamente en el archipiélago.

- Las concesiones administrativas de obra pública para la ejecución o explotación de infraestructuras públicas radicadas en Canarias.

Importe de la materialización

Se entenderá que el importe de la materialización **alcanzará al precio de adquisición o coste de producción de los elementos patrimoniales, con exclusión de los intereses, impuestos estatales indirecto y sus recargos, sin que pueda resultar superior a su valor de mercado.**

En el caso de redes de transporte y comunicaciones que conecten el archipiélago canario con el exterior, el importe de la materialización de la reserva alcanzará al valor de adquisición o coste de producción del tramo de la misma que se encuentre dentro del territorio de las Islas Canarias y a la parte situada fuera del mismo que se utilice para conectar entre sí las distintas islas del archipiélago.

En el caso de las inversiones iniciales consistentes en la adquisición de elementos patrimoniales nuevos del inmovilizado material o intangible, el importe de la materialización no podrá exceder del 50% del valor total del proyecto de inversión del que formen parte, salvo que se trate de contribuyentes que cumplan las condiciones del artículo 101 de la LIS en el período impositivo en el que se obtiene el beneficio con cargo al cual se dota la reserva. Este 50% se computará en el período impositivo en el que se obtiene el beneficio con cargo al cual se dota la reserva.

En los casos de creación de puestos de trabajo, se considerará producida la materialización únicamente durante los dos primeros años desde que se produce el incremento de plantilla y se computará, en cada período impositivo, por el importe del coste medio de los salarios brutos y las cotizaciones sociales obligatorias que se corresponda con dicho incremento. En el supuesto previsto en el artículo 27.4.B de la Ley 19/1994, de 6 de julio, se entenderá por materialización de la reserva el coste medio referido hasta un máximo de 36.000 euros por trabajador.

El importe de la materialización de la reserva en gastos de investigación y desarrollo también alcanzará a los proyectos contratados con universidades organismos públicos de investigación o centros de innovación y tecnología, oficialmente reconocidos y registrados y situados en Canarias.

En el caso de los instrumentos financieros, se considerará producida la materialización en el importe desembolsado con ocasión de su suscripción. En el caso de acciones o participaciones, también tendrán la consideración el importe desembolsado en concepto de prima de emisión.

La parte de la inversión financiada con subvenciones no se considerará como importe de materialización de la reserva.

Momento de la materialización

Se entenderá producida la materialización, incluso en los casos de la adquisición mediante arrendamiento financiero, en el momento en que los **activos entren en funcionamiento**.

Los elementos patrimoniales en que se haya materializado la reserva para inversiones **deberán permanecer en funcionamiento en la empresa durante mínimo 5 años**, sin ser objeto de transmisión, arrendamiento o cesión a terceros para su uso. Cuando su permanencia fuera inferior a dicho período, no se considerará incumplido este requisito cuando se proceda a la adquisición de otro elemento patrimonial que lo sustituya por su valor neto contable, con anterioridad o en el plazo de 6 meses desde su baja en el balance, que reúna los requisitos exigidos para la aplicación de la reducción y que permanezca en funcionamiento durante el tiempo necesario para completar dicho período. No podrá entenderse que esta nueva adquisición supone la materialización de las cantidades destinadas a la reserva para inversiones en Canarias, salvo por el importe de la misma que excede del valor neto contable del elemento patrimonial que se sustituye y que tuvo la consideración de materialización de la reserva. En el **caso de adquisición de suelo el plazo será de 10 años**.

CUESTIÓN

¿Pueden disfrutar del régimen de la reserva para inversiones los contribuyentes que se dediquen a la actividad económica de arrendamiento o cesión a terceros de elementos patrimoniales del inmovilizado?

Sí, siempre que no exista vinculación, directa o indirecta, con los arrendatario o cesionarios de dichos bienes, en los términos del artículo 18.2 de la LIS, ni se trate de arrendamiento financiero. A estos efectos, se entenderá que el arrendamiento de inmuebles se realiza como actividad económica únicamente cuando concurran las circunstancias previstas en el artículo 27.2 de la LIRPF.

Cuando se trate de los **valores** a que se refiere la letra D del artículo 27.4 de la Ley 19/1994, de 6 de julio, deberán permanecer en el patrimonio del contribuyente durante **5 años ininterrumpidos**, sin que los derechos de uso o disfrute asociados a los mismos puedan ser objeto de cesión a terceros.

Mientras no se cumplan los plazos de mantenimiento los contribuyentes **harán constar en la memoria de las cuentas anuales** la siguiente información:

- Importe de las dotaciones efectuadas a la reserva con indicación del ejercicio en que se efectuaron.
- Importe de la reserva pendiente de materialización, con indicación del ejercicio en que se hubiera dotado.
- Importe y la fecha de las inversiones, con indicación del ejercicio en que se produjo la dotación de la reserva, así como la identificación de los elementos patrimoniales en que se materializa.
- Importe y la fecha de las inversiones anticipadas a la dotación lo que se hará constar a partir de la memoria correspondiente al ejercicio en que las mismas se materializaron.
- Importe correspondiente a cualquier otro beneficio fiscal devengado con ocasión de cada inversión realizada como consecuencia de la materialización de la reserva.
- Importe de las subvenciones solicitadas o concedidas por cualquier Administración pública con ocasión de cada inversión realizada como consecuencia de la materialización de la reserva regulada en este artículo.

A TENER EN CUENTA. Los contribuyentes que no tengan obligación de llevar cuentas anuales llevarán un libro registro de bienes de inversión en la que deberá figurar la información a la que hemos hecho, exceptuando el importe de las subvenciones.

Inversiones anticipadas

Los **contribuyentes podrán llevar a cabo inversiones anticipadas**, que se considerarán como materialización de la reserva para inversiones que se dote con cargo a beneficios obtenidos en el período impositivo en el que se realiza la inversión o en los tres posteriores, siempre que se cumplan los restantes requisitos exigidos en el mismo. Estas dotaciones habrán de realizarse con cargo a beneficios obtenidos dentro del período de vigencia del Reglamento (UE) 651/2014 de la Comisión de 17 de junio de 2014 por el que se declaran determinadas categorías de ayudas compatibles con el mercado interior.

La materialización y su sistema de financiación se comunicarán conjuntamente con la declaración del IS, IRNR o el IRPF del período impositivo en que se realicen las inversiones anticipadas.

Limitaciones

La aplicación del beneficio de la reserva para inversiones será incompatible, para los mismos bienes y gastos, con las deducciones para incentivar la realización de determinadas actividades reguladas en el capítulo IV del título VI de la LIS y con la deducción por inversiones regulada en el artículo 94 de la Ley 20/1991, de 7 de junio.

Tratándose de activos usados y de suelo, no podrán haberse beneficiado anteriormente del régimen de reserva, por dotaciones que se hubieran realizado con beneficios de períodos impositivos iniciados a partir de 1 de enero de 2007 ni de las deducciones para incentivar la realización de determinadas actividades reguladas en el capítulo IV del título VI de la LIS, ni de la deducción por inversiones regulada en el artículo 94 de la Ley 20/1991, de 7 de junio. Se considerará apta la inversión que recaiga en activos usados que solo parcialmente se hubiesen beneficiado del régimen de la reserva para inversiones en Canarias en la parte proporcional correspondiente.

La suma del importe de la minoración de la cuota íntegra por el impuesto que se derive de la aplicación de la reducción y de cualquier otro beneficio fiscal o subvención, devengados o concedidos con ocasión de una misma inversión, de las previstas en las letras A y B del artículo 27.4, y , en su caso, en el número 1° de la letra D del mismo artículo, no podrá exceder de los límites previstos en la normativa comunitaria para las ayudas de inversión.

Cuestión

¿Cómo se computa el importe correspondiente a una misma inversión?

Para computar el importe correspondiente a una misma inversión se considerará integrado en un proyecto único el conjunto de activos adquiridos en un plazo de 3 años que se integren en una unidad autónoma determinante de una explotación económica, es decir, un conjunto capaz de funcionar con sus propios medios.

Contribuyentes por el método de estimación directa

Los contribuyentes del IRPF que determinen sus rendimientos netos mediante el método de estimación directa **tendrán derecho a una deducción en la cuota íntegra por los rendimientos netos de explotación que se destinen a la reserva para inversiones**, siempre y cuando éstos provengan de actividades económicas realizadas mediante establecimientos situados en Canarias.

La deducción se calculará aplicando el tipo medio de gravamen a las dotaciones anuales a la reserva y tendrá como límite el 80% de la parte de la cuota íntegra que proporcionalmente corresponda a la cuantía de los rendimientos netos de explotación que provengan de establecimientos situados en Canarias.

Este beneficio fiscal se aplicará de acuerdo con lo dispuesto en los apartados 3 a 14 del artículo 27 de la Ley 19/1994, de 6 de julio, en los mismos términos que los exigidos a las sociedades y demás entidades jurídicas.

Incumplimientos

La disposición de la reserva para inversiones con anterioridad a la finalización del plazo de mantenimiento de la inversión o para inversiones diferentes a las previstas en el artículo 27.4 de la Ley 19/1994, de 6 de julio, así como el incumplimiento de cualquier otro de los requisitos establecidos, salvo los contenidos en los apartados 3 y 13 del mismo precepto, dará lugar a que el contribuyente proceda a la integración, en la base imponible del IS o IRNR o en la cuota íntegra del IRPF del ejercicio en que ocurrieran estas circunstancias, de las cantidades que en su día dieron lugar a la reducción de aquélla o a la deducción de ésta, sin perjuicio de las sanciones que resulten procedentes.

En caso de incumplimiento de la obligación del ejercicio de la opción de compra prevista en los contratos de arrendamiento financiero, la integración en la base imponible tendrá lugar en el ejercicio en el que contractualmente estuviera previsto que ésta debiera haberse ejercitado.

Se liquidarán intereses de demora en los términos de la LGT y su normativa de desarrollo.

¿Qué es y cómo se regula la Zona Especial Canaria (ZEC)?

En virtud del artículo 28 de la Ley 19/1994, de 6 de julio, de modificación del Régimen Económico y Fiscal de Canarias, se creó una Zona Especial en las Islas Canarias con la finalidad de promover la creación de empleo de calidad, el desarrollo económico y social del archipiélago y la diversificación de su estructura productiva, presidida por el principio de estanqueidad geográfica.

|| Vigencia de la ZEC

Estos incentivos fiscales, conforme señala el artículo 29 de la Ley 19/1994, de 6 de julio, podrán disfrutar durante los 6 años posteriores a la finalización de la vigencia del Reglamento (UE) 651/2014 de la Comisión de 17 de junio de 2014, o de la norma que lo sustituya, y se podrán prorrogar, si así lo dispone la normativa en materia de ayudas de Estado aplicable a Canarias, previa comunicación de la Comisión Europea.

La autorización de la inscripción en el Registro Oficial de Entidades de la Zona Especial Canaria tendrá como límite la fecha establecida en el artículo 59 del citado Reglamento para la finalización de su vigencia.

A TENER EN CUENTA. El Reglamento (UE) 2023/1315 de la Comisión de 23 de junio de 2023, ha modificado el párrafo segundo del artículo 59 del Reglamento (UE) 651/2014 de la Comisión de 17 de junio de 2014, por el que se dispone que será aplicable hasta el 31 de diciembre de 2026.

El mantenimiento de la Zona Especial Canaria estará condicionado en todo caso al resultado de las revisiones periódicas que deba realizar la Comisión Europea.

|| Ámbito de la ZEC

El **ámbito geográfico** de la Zona Especial Canaria se extenderá a **todo el territorio de las islas Canarias.**

Por lo que se refiere **al ámbito subjetivo,** son **entidades** de la Zona Especial Canaria las personas jurídicas y sucursales de nueva creación que, reuniendo los **requisitos enumerados en el artículo 31.2 de la Ley 19/1994, de 6 de julio**, sean **inscritas en el Registro Oficial de Entidades de la Zona Especial Canaria.**

|| Consorcio de la Zona Especial Canaria

Es un organismo público, adscrito al Ministerio de Hacienda, con personalidad jurídica y patrimonio propios y plena capacidad pública y privada, que tendrá las funciones de vigilancia y supervisión de las actividades desarrolladas por las entidades de la Zona Especial Canaria y las demás que se le atribuyen en esta Ley 19/1994, de 6 de julio. Los órganos de gobierno y administración del Consorcio de la Zona Especial Canaria son el Consejo Rector y el Presidente.

El Consorcio tiene adscrita una Comisión Técnica, compuesta por tres funcionarios, de los cuales dos serán designados por el Ministro de Hacienda y uno por el Gobierno de Canarias. La finalidad de esta comisión es la emisión de informes sobre las solicitudes de inscripción en el Registro Oficial de Entidades de la Zona Especial Canaria, previa comprobación de los requisitos legales y reglamentarios para obtener la inscripción, informes que serán vinculantes en lo relativo a los extremos de solvencia, viabilidad y competitividad internacional, contenidos en el artículo 31.2.f) de la Ley 19/1994, de 6 de julio.

Además, el Consorcio tiene una Comisión Consultiva, presidida por el Vicepresidente del Consorcio y compuesta por representantes de a, de las entidades de la Zona Especial Canaria, de las Cámaras Oficiales de Comercio, Industria y Navegación, de las confederaciones empresariales y organizaciones sindicales canarias, del sector de la ciencia y tecnología y de personas de reconocida competencia en materias jurídicas, económicas y financieras, que serán nombradas por el Gobierno de Canarias. Esta comisión consultiva es un órgano de asesoramiento del Consejo Rector que informará sobre cuantas cuestiones le sean planteadas por el mismo.

Registro Oficial de Entidades de la Zona Especial Canaria

El Registro Oficial de Entidades de la Zona Especial Canaria, dependiente del Consorcio de la Zona Especial Canaria, tiene el carácter de registro público administrativo.

La inscripción de una entidad en el Registro Oficial de Entidades de la Zona Especial Canaria estará condicionada a la autorización previa del Consorcio de la Zona Especial Canaria. Para ello, se deberá presentarse una solicitud a la que se acompañará la memoria a que se refiere el artículo 31.2.f) de la Ley 19/1994, de 6 de julio, junto con un depósito o aval por importe de la tasa de inscripción. A la vista de la documentación aportada, el Consejo Rector procederá a la autorización, previo informe favorable de la Comisión Técnica.

La autorización por parte del Consejo Rector deberá otorgarse, de forma expresa, en el plazo de 2 meses, a contar desde la fecha de recepción de la solicitud en el Consorcio de la Zona Especial Canaria. Transcurrido el plazo indicado sin resolución expresa, se entenderá desestimada la solicitud de autorización.

Una vez que haya obtenido la autorización, el solicitante deberá aportar al Registro Oficial de Entidades de la Zona Especial Canaria los documentos acreditativos de la constitución de la entidad con arreglo a la Ley. La inscripción deberá practicarse en el plazo de 10 días, a contar desde el día en que se presentaren los documentos.

Régimen fiscal en el Impuesto sobre Sociedades

Las entidades de la Zona Especial Canaria tributarán en el Impuesto sobre Sociedades con las siguientes **especialidades**:

- Aplicarán el **tipo de gravamen especial del 4 %** a aquella parte de la base imponible que corresponda a las operaciones que realicen material y efectivamente en el ámbito geográfico de la Zona Especial Canaria.
- Las entidades de la Zona Especial Canaria llevarán su **contabilidad** de acuerdo con lo dispuesto en el Código de Comercio y demás normativa contable que les sea de aplicación, sin perjuicio de las siguientes **especialidades**:
  - » Deberán individualizar en cuentas separadas las operaciones indicadas en los apartados 1 y 2 del artículo 44 de la Ley 19/1994, de 6 de julio.
  - » Las sucursales a que se refiere el artículo 31.2.c) de la Ley 19/1994, de 6 de julio, deberán llevar contabilidad separada de la contabilidad de la entidad de la Zona Especial Canaria.

» Deberá incluirse en la memoria un desglose de la parte de la cuenta de pérdidas y ganancias, así como de todas aquellas cuentas que reflejan aplicación del beneficio, que proceda de las operaciones realizadas efectiva y materialmente en el ámbito geográfico de la ZEC, determinada por aplicación a las mismas del porcentaje obtenido según se establece en el artículo 44 de la Ley 19/1994, de 6 de julio.

- Los contribuyentes que realicen las operaciones de comercio de bienes a las que se refiere el artículo 44.1.a)(ii) de la Ley 19/1994, de 6 de julio, **deberán suscribir trimestralmente declaración informativa de operaciones con bienes realizadas fuera de la Zona Especial Canaria** en donde se hará constar el origen y destino de las mercancías, la tipología de mercancías, cantidad y resto de información requerida, de acuerdo con el código aduanero de la Unión y demás normativa aplicable. Igualmente deberán llevar registro de la documentación aduanera correspondiente. Mediante Orden de la persona titular del Ministerio de Hacienda y Función Pública se aprobará la declaración informativa y los requisitos del libro registro de operaciones con bienes realizadas fuera del ámbito de la Zona Especial Canaria.

A TENER EN CUENTA. Esta especialidad fue incorporada por la disposición final séptima de la Ley 31/2022, de 23 de diciembre, de Presupuestos Generales del Estado para el año 2023, con efectos de 1 de enero de 2023.

Los beneficios fiscales de la Zona Especial Canaria se podrán simultanear con otras ayudas a la inversión y a la creación de empleo dentro de los límites y con las condiciones establecidas en la normativa comunitaria.

Para determinar la parte de la base imponible de la entidad de la Zona Especial Canaria que, a efectos de la aplicación del tipo especial de gravamen, se derive de las operaciones realizadas material y efectivamente en el ámbito geográfico de la Zona Especial Canaria, se aplicará sobre la base imponible de la entidad el porcentaje resultante de lo establecido en el artículo 44 de la Ley 19/1994, de 6 de julio.

A efectos de determinar la base imponible, no se entenderán efectuados en el ámbito de la Zona Especial Canaria las operaciones realizadas, directa o indirectamente, con personas o entidades residentes en jurisdicciones no cooperativas, o que se paguen a través de personas o entidades residentes en estas.

|| Exenciones del ITPyAJD

Las entidades de la ZEC gozarán de exención en el ITPyAJD respecto de los actos, contratos y operaciones siguientes:

- Las adquisiciones de bienes y derechos que se destinen por el sujeto pasivo al desarrollo de su actividad, siempre que los mismos estuvieran situados, pudieran ejercitarse o hubieran de cumplirse en el ámbito geográfico de la ZEC.

- Las operaciones societarias realizadas por las mencionadas entidades, con excepción de la disolución de las mismas.
- Los actos jurídicos documentados vinculados a las operaciones realizadas por las citadas entidades en el ámbito geográfico de la Zona Especial Canaria, a excepción de las letras de cambio, los documentos que suplan a éstas o realicen función de giro, y las escrituras, actas o testimonios notariales gravados por el artículo 31.1 del TRLTPyAJD.

Exenciones en el IGIC

Las entregas de bienes y prestaciones de servicios realizadas por las entidades de la ZEC a otras entidades de la ZEC estarán exentas de tributación por el IGIC.

Además, darán derecho a la deducción y devolución de las cuotas soportadas por repercusión directa en sus adquisiciones de bienes o en los servicios recibidos por dichas entidades, o de la carga impositiva implícita en los mismos, así como de las cuotas satisfechas a la Hacienda Pública, en la medida en que los correspondientes bienes y servicios se utilicen por el sujeto pasivo en la realización de las operaciones mencionadas.

Asimismo, estarán exentas de dicho tributo las importaciones de bienes realizadas por las entidades de la Zona Especial Canaria.

Tasas aplicables a las entidades de la ZEC

Vinculadas a las entidades de la ZEC existen las siguientes tasas específicas:

- Tasa de gestión de la solicitud de autorización para la inscripción en el Registro Oficial de Entidades de la ZEC.
- Tasa anual de permanencia en el Registro Oficial de Entidades de la Zona Especial Canaria.

Pérdida de beneficios fiscales

El incumplimiento de cualquiera de los requisitos previstos en el artículo 31 de la Ley 19/1994, de 6 de julio, determinará, la pérdida del derecho al disfrute de los beneficios fiscales establecidos en el presente título, sin perjuicio de la revocación o cancelación de la inscripción en el Registro Oficial de Entidades de la Zona Especial Canaria.

En el caso del IS, esta pérdida surtirá efectos en el período impositivo en que dicho incumplimiento se produzca. En el caso de que el requisito incumplido fuera el contemplado en el artículo 31.2.d) de la Ley 19/1994, de 6 de julio, junto a la cuota diferencial del ejercicio se incluirá la diferencia entre la cuota íntegra liquidada en los períodos impositivos finalizados con anterioridad y la que se hubiera liquidado aplicando el tipo de gravamen general a la totalidad de la base imponible, así como los correspondientes intereses de demora.

Deducción en el IS por inversiones en Canarias

El artículo 94 de la Ley 20/1991, de 7 de junio, establece que las sociedades y entidades jurídicas sujetas al IS, con domicilio fiscal en Canarias, podrán acogerse a partir del primer ejercicio cerrado y en relación a las inversiones realizadas y que permanezcan en el archipiélago canario al régimen de deducción previsto en el artículo 26 de la Ley 61/1978, de 27 de diciembre, de acuerdo con las siguientes peculiaridades:

- Los tipos aplicables sobre las inversiones realizadas serán superiores en un 80 % a los del régimen general, con un diferencial mínimo de 20 puntos porcentuales.
- Deducción por inversión en Canarias, tendrá por límite máximo el porcentaje que a continuación se indica de la cuota líquida resultante de minorar la cuota íntegra en el importe de las deducciones por doble imposición y en, su caso las bonificaciones previstas en la LIS. Tal porcentaje será siempre superior en un 80% al que para cada modificación de la deducción por inversiones se fije en el régimen general con un diferencial mínimo de 35 puntos porcentuales. No obstante, en las islas de La Palma, La Gomera y El Hierro, el tope mínimo del 80 % se incrementará al 10 % y el diferencial mínimo pasará a 45 puntos porcentuales cuando la normativa comunitaria de ayudas de estado así lo permita y se trate de inversiones contempladas en la Ley 2/2016, de 27 de septiembre y demás leyes de medidas para la ordenación de la actividad económica de estas islas.

A TENER EN CUENTA. La Ley 2/2016, de 27 de septiembre a que se refiere el artículo 94, ha sido derogada por la Ley 14/2019, de 25 de abril.

Este régimen de deducción por inversiones será de aplicación a las sociedades y demás entidades jurídicas que no tengan su domicilio fiscal en Canarias, respecto de los establecimientos permanentes situados en este territorio y siempre que las inversiones correspondientes se realicen y permanezcan en el archipiélago canario.

En este supuesto el límite máximo sobre la cuota líquida de la deducción por inversión en Canarias se aplicará con independencia del que corresponda por las inversiones acogidas al régimen general.

Igual criterio se seguirá respecto a las inversiones realizadas en territorio peninsular o Islas Baleares, mediante establecimientos permanentes, por las entidades domiciliadas en Canarias.

Este régimen de deducción por inversiones también será de aplicación a las personas físicas que realicen actividades empresariales o profesionales en Canarias, con los mismos condicionantes y restricciones que establezca la normativa del IRPF para la aplicación a los sujetos pasivos los incentivos o estímulos a la inversión establecidos en el IS.

Además de los elementos que dan derecho a la deducción en el régimen general, las inversiones podrán efectuarse igualmente en elementos de activo fijo usados, que no hubieran gozado anteriormente de la deducción por inversiones en el resto del territorio nacional, cuando supongan una evidente mejora tecnológica para la empresa, en la forma y con los requisitos que se determinen reglamentariamente.

A TENER EN CUENTA. El artículo 26 de la Ley 61/1978, de 27 de diciembre, ha sido derogado por la Ley 43/1995, de 27 de diciembre, aunque sigue resultando aplicación conforme a la disposición transitoria cuarta de la Ley 19/1994, de 6 de julio.

JURISPRUDENCIA

Sentencia del Tribunal Supremo n.º 605/2024, de 10 de abril, ECLI:ES:TS:2024:2022

Asunto: Aplicabilidad del artículo 26 de la Ley 61/1978, de 27 de diciembre

«La DT 4ª de dicha Ley 19/1994, dedicada al régimen de deducción por inversiones en Canarias, dispuso en su redacción original que "en el supuesto de supresión del Régimen General de Deducción por Inversiones regulado por la Ley 61/1978, de 27 de diciembre, del Impuesto sobre Sociedades, su aplicación futura en las islas Canarias, mientras no se establezca un sistema sustitutorio equivalente, continuará realizándose conforme a la normativa vigente en el momento de la supresión". La normativa a la que se remite es, ni más ni menos, que el artículo 26 de dicha Ley 61/1978 y los preceptos reglamentarios que desarrollan su contenido.

Queremos llamar la atención sobre varias cosas: (i) cuando se aprobó la Ley 19/1994 ni siquiera había comenzado la tramitación parlamentaria del Proyecto de Ley del Impuesto sobre Sociedades. Este se publicó el 24 de marzo de 1995, BOCG Congreso de los Diputados, Serie A, núm. 106-1. En definitiva, con dicha DT 4ª se pretendía una especie de blindaje del régimen de deducción por inversiones en Canarias (ii) las expresiones utilizadas son indicativas de la voluntad de preservar en el tiempo dicho régimen fiscal, puesto que garantiza la aplicación de la Ley 61/1978, en territorio canario, en el futuro, un futuro indefinido, que no por una duración determinada, en tanto no se establezca una regulación distinta, concretamente, un "sistema sustitutorio equivalente". Los términos utilizados están cargados de intención, no basta cualquier modificación, sino una modificación que sea merecedora de ese calificativo "sistema sustitutorio equivalente". Adelantemos ya nuestra conclusión. Esa condición no se ha cumplido hasta ahora, de ahí que siga vigente lo dispuesto en DT 4ª.

La Ley 43/1995, como ya se ha dicho, entró en vigor el 1 de enero de 1996. No contiene una referencia al régimen canario, cuando habla de ámbito de aplicación espacial, similar a la contenida en artículo 2.dos de la Ley 61/1978, de 27 de diciembre.

No se incluye la deducción por activos fijos nuevos, que nos viene ocupando, en el Capítulo IV del Título VI de la Ley 43/1995, que está dedicado a "deducciones para incentivar la realización de determinadas actividades", se incluye en su DA 12ª, la regulación de la deducción por inversiones en elementos nuevos del inmovilizado material (...).

(...) esta DA 12ª contiene un régimen pensado para aplicarse a los periodos impositivos que se iniciasen en 1996, dejando abierta la posibilidad de que se prolongara, a través de la Ley de Presupuestos (Disposición Final Única, apartado 2), cosa que, finalmente, no tuvo lugar.

Por su parte, la última redacción, antes de su derogación, del artículo 26 de la Ley 61/1978 es la dada por el artículo 74 de la Ley 41/1994, de 30 de diciembre, de Presupuestos Generales del Estado para 1995, que lleva por título "deducción por inversiones" (entre ellas el 5 por 100 del importe de las inversiones que efectivamente se realicen en activos fijos materiales nuevos, afectos al desarrollo de la actividad empresarial de la entidad, sin que se consideren como tales los terrenos), creación de empleo y gastos de formación profesional, complementada con lo dispuesto en los artículos 200 y siguientes del RIS/1982.

La deducción que nos ocupa es aplicable, por tanto, en Canarias, aunque se haya suprimido en el resto del territorio de aplicación del impuesto. La técnica jurídica para mantener su vigencia es deficiente y generadora de inseguridad jurídica. Eso sí, como es natural, es aplicable, pero su disfrute está supeditado al cumplimiento de determinados requisitos».

Una vez expuesto el contenido del artículo 94 de la Ley 20/1991, de 7 de junio, veamos resumidamente las posibles deducciones aplicables en Canarias con el fin de incentivar la realización de determinadas actividades:

|| Deducción por actividades de investigación y desarrollo

Para aplicar esta deducción las entidades deberán cumplir los requisitos generales establecidos en el apartado 1 del artículo 35 de la LIS. Sobre los porcentajes de este precepto, se aplicarán lo porcentajes incrementados del artículo 94.1.a) de la Ley 20/1991, de 7 de junio. En consecuencia, los porcentajes aplicables son:

- Gastos en investigación y desarrollo realizados en el ejercicio: 45 %
- Excesos de gastos respecto a la media de los realizados en los dos años anteriores: 75,6 %
- Inversiones en elementos de inmovilizado material e intangible, siempre que estén afectos exclusivamente a las actividades de investigación y desarrollo (excepto inmuebles y terrenos): 28 %
- Gastos de personal correspondientes a investigadores cualificados adscritos en exclusiva a actividades de investigación y desarrollo: 37 %

También deberá incrementarse los límites aplicables a la deducción de conformidad con el artículo 94.1.b) de la Ley 20/1991, de 7 de junio, por lo que estará sujeta al límite conjunto del 60/90 % y en el caso de La Palma, La Gomera y El Hierro del 70/100 %.

|| Deducción por actividades de innovación tecnológica

En este supuesto resulta de aplicación la disposición adicional decimotercera de la Ley 19/1994, de 6 de julio, que establece que se aplicará el 45 % cuando la actividad cumpla los criterios establecidos en el artículo 35.2 de la LIS. En cuanto a los límites incrementados se aplicarán los establecidos en el artículo 94.1.b) de la Ley 20/1991, de 7 de junio, por lo que los mismo serán del 60/90 % y en el caso de La Palma, La Gomera y El Hierro del 70/100 %.

Deducción por inversiones en producciones cinematográficas españolas

Los porcentajes de esta deducción establecidos en el apartado 1 del artículo 36 de la LIS se incrementarán conforme al artículo 94.1.a) de la Ley 20/1991, de 7 de junio:

- Respecto al primer millón de euros: 54 % (siempre que la intensidad de ayuda no exceda del 50% de los constes subvencionables en los términos del Reglamento (UE) n.° 651/2014 de la Comisión, de 17 de junio de 2014).
- Sobre el exceso de dicho importe: 45 %

Los límites incrementados se aplicarán los establecidos en el artículo 94.1.b) de la Ley 20/1991, de 7 de junio, por lo que los mismo serán del 60/90 % y en el caso de La Palma, La Gomera y El Hierro del 70/100 %.

La disposición adicional 14ª de la Ley 19/1994, de 6 de julio, establece que el importe máximo de esta deducción no podrá ser superior al resultado de incrementar en un 80 % el importe máximo recogido en el artículo 36.1 de la LIS.

Deducción por inversiones en producciones cinematográficas extranjeras

Los porcentajes establecidos en el artículo 36.2 de la LIS se incrementarán conforme al artículo 94.1.a) de la Ley 20/1991, de 7 de junio, por lo que resultarán de aplicación:

- Respecto al primer millón de euros: 54 % (siempre que la intensidad de ayuda no exceda del 50 % de los constes subvencionables en los términos del Reglamento (UE) n.° 651/2014 de la Comisión, de 17 de junio de 2014).
- Sobre el exceso de dicho importe: 45 %.
- Cuando el productor se encargue de la ejecución de servicios de efectos visuales y los gastos realizados en territorio español sean inferiores a 1 millón de euros: 54 % de la base de deducción.

En consonancia con lo dispuesto en el artículo 36.2 de la LIS que establece que la deducción por inversiones en producciones cinematográficas extranjeras queda excluida del límite a que se refiere el último párrafo artículo 39.1 de la LIS, los límites aplicables a esta deducción no se incrementarán de acuerdo con lo dispuesto en el artículo 94.1.b) de la Ley 20/1991, de 7 de junio.

Señala la disposición adicional 14ª de la Ley 19/1994, de 6 de julio:

> «El importe de la deducción por gastos realizados en territorio español por producciones extranjeras de largometrajes cinematográficos o de obras audiovisuales a que se refiere el apartado 2 del artículo 36 de la Ley 27/2014 no podrá ser superior al resultado de incrementar en un 80 por cien el importe máximo a que se refiere dicho artículo cuando se trate de gastos realizados en Canarias.

> Con respecto al importe mínimo de gasto que fija la letra a) del apartado 2 del artículo 36 de la Ley 27/2014, los gastos realizados en Canarias de animación de una producción extranjera deberán ser superiores a 200.000 euros. En relación con la ejecución de servicios de efectos visuales, será de aplicación lo dispuesto en la letra b) del apartado 2 del artículo 36 de la Ley 27/2014».

Deducción por inversiones en producción y exhibición de espectáculo en vivo de arte escénicas y musicales

Los porcentajes previstos en el artículo 36.3 de la LIS se incrementarán conforme al artículo 94.1.a) de la Ley 20/1991, de 7 de junio, por lo que resulta de aplicación el tipo del 40 %.

En cuanto al límite de la deducción también se incrementará siendo el límite conjunto del 60/90 % y en el caso de La Palma, La Gomera y El Hierro del 70/100 %. Además, la disposición adicional 14ª de la Ley 19/1994, de 6 de julio, establece:

> «El importe de la deducción por gastos realizados en la producción y exhibición de espectáculos en vivo de artes escénicas y musicales a que se refiere el apartado 3 del artículo 36 de la Ley 27/2014 no podrá ser superior al resultado de incrementar en un 80 por cien el importe máximo a que se refiere dicho artículo cuando se trate de gastos realizados en Canarias».

Deducción por creación de empleo para trabajadores con discapacidad

En virtud del artículo 94 bis de la Ley 20/1991, de 7 de junio, los importes establecidos en el artículo 38 de la LIS se incrementarán en un 30 %. De tal forma que en Canarias las deducciones por creación de empleo para trabajadores con discapacidad de 9.000 y 12.000 euros se elevarán a 11.700 y 15.600 euros, respectivamente. También resultará aplicable la mejora de los límites de deducción quedando sujeta al límite conjunto del 60/90 % y en el caso del La Palma, La Gomera y El Hierro del 70/100 %.

A TENER EN CUENTA. Los porcentajes indicados para cada deducción son los establecidos por el manual de la AEAT para el ejercicio 2023.

Deducción por inversiones en territorios de África Occidental y por gastos de propaganda y publicidad

El artículo 27 bis de la Ley 19/1994, de 6 de julio, establece que las entidades sujetas al IS que tengan su domicilio fiscal en Canarias tendrán derecho a deducciones en la cuota íntegra siempre que cumplan estos requisitos:

- Importe neto de la cifra de negocios en el período impositivo inmediato anterior sea igual o inferior a 10 millones de euros.
- Plantilla media de dicho período sea inferior a 50 personas.

A TENER EN CUENTA. Esta deducción resultará también de aplicación a personas físicas que realicen actividades económicas en Canarias.

Las deducciones que estas entidades pueden aplicar en la cuota íntegra son:

- El 15 % de las inversiones que efectivamente se realicen en la constitución de filiales o establecimientos permanentes en el Reino de Marruecos, en la República Islámica de Mauritania, en la República de Senegal, en la República de Gambia, en la República de Guinea Bissau y en la República de Cabo Verde, siempre que estas entidades realicen actividades económicas en dichos territorios en el plazo de 1 año desde el momento de la inversión. La aplicación de la deducción requerirá:
  - » Que la entidad por sí sola o conjuntamente con otras entidades con domicilio fiscal en Canarias ostente un porcentaje de participación en el capital o en los fondos propios de la filial de, al menos, el 50 %, y
  - » Que la inversión en dicha entidad participada o establecimiento permanente se mantenga durante un plazo de, al menos, 3 años.
- El 15 % del importe satisfecho en concepto de gastos de propaganda y publicidad de proyección plurianual para lanzamiento de productos, de apertura y prospección de mercados en el extranjero y de concurrencia a ferias, exposiciones y manifestaciones análogas incluyendo en este caso las celebradas en España con carácter internacional.

Las deducciones expuestas serán del 10 % cuando no concurriendo los requisitos expuestos al inicio:

- La cifra de negocios no exceda de 50 millones.
- La plantilla media sea inferior a 250 personas.

En el supuesto de que las entidades formen parte de un grupo de sociedades conforme al artículo 42 del Código de Comercio, el importe neto de la cifra de negocios y la plantilla media se referirán al conjunto de entidades pertenecientes al mismo grupo, con independencia de la residencia y de la obligación de formular cuentas anuales consolidadas.

Si la entidad fuera de nueva creación, el importe neto de la cifra de negocios se referirá al primer período impositivo en que se desarrolle efectivamente la actividad. Si el período impositivo inmediato anterior hubiere tenido una duración inferior al año, o la actividad se hubiere desarrollado durante un plazo también inferior, el importe neto de la cifra de negocios se elevará al año.

La deducción prevista para inversiones en territorio de África Occidental se aplicará en el período impositivo en que la entidad participada o el establecimiento permanente inicien la actividad económica y estará condicionada a un incremento de la plantilla en Canarias del contribuyente en ese período impositivo respecto de la plantilla media existente en el período impositivo anterior y al mantenimiento de dicho incremento durante un plazo de 3 años. Esta deducción estará sometida a los límites establecidos en el artículo 39.1 de la LIS.

Régimen del Impuesto sobre Sociedades para buques y empresas navieras

El título VII de la Ley 19/1994, de 6 de julio, se refiere al **registro especial de buques y empresas navieras** en el que se encarga de su regulación así como del **régimen fiscal** que le resulta de aplicación, siendo el artículo 76 el que se encarga del régimen fiscal del impuesto de sociedades.

Para el análisis del régimen especial debemos partir de lo dispuesto en el artículo en el artículo 73 bis de la Ley 19/1994, de 6 de julio, en el que se establece como **requisitos**:

- La entidad deberá disponer de los **registros contables** necesarios para poder determinar los ingresos y gastos, directos o indirectos, correspondientes a las actividades acogidas al régimen, así como los activos afectos a las mismas.
- Los **buques deberán ser aptos para la navegación marítima** y estar destinados a actividades de transporte de mercancías de pasajeros, salvamento y otros servicios prestados necesariamente en el mar, en los términos que se establezcan por orden de la persona titular del Ministerio de Hacienda, sin perjuicio de lo establecido en el punto siguiente.
- Tratándose de **buques destinados a la actividad de remolque** será necesario que más del 50% de la actividad efectivamente realizada durante el período impositivo constituya actividad de transporte marítimo. En el caso de **buques con actividad de dragado** será necesario más del 50% de la actividad efectivamente realizada durante el período impositivo constituya actividad de transporte y depósito en el fondo del mar de materiales extraídos, alcanzando este régimen exclusivamente a esta parte de su actividad.

Este régimen se podrá aplicar a los **buques tomados en fletamento**, siempre que la suma de su tonelaje neto no supere el 75% del total de la flota de la entidad o, en su caso, del grupo de sociedades según los criterios establecidos en el artículo 42 del Código de Comercio, con independencia de la residencia y de la obligación de formular cuentas anuales consolidadas.

Por cuanto se **refiere al régimen fiscal del IS de los buques y empresas navieras** el artículo 76 de la Ley 19/1994, de 6 de julio, establece que se bonificará en un 90% la porción de la cuota del IS resultante después de practicar, en su caso, las deducciones por doble imposición a que se refiere el capítulo II del título VI de la LIS, que corresponda a:

- La parte de la base imponible que proceda de la explotación desarrollada por las empresas navieras relativa a los **servicios regulares** entre las Islas Canarias y entre éstas y el resto del territorio nacional a que se refiere el artículo 73.2 de la Ley 19/1994, de 6 de julio.
- La parte de la base imponible que proceda de la explotación desarrollada por las empresas navieras de sus **buques inscritos** en el Registro Especial de Buques y Empresas Navieras o en un registro de otro Estado miembro de la Unión Europea o del Espacio Económico Europeo.

CUESTIÓN

Una empresa cuenta con buques inscritos en el Registro Especial de Buques y Empresas Navieras y presta un servicio que incluye el transporte marítimo, así como la entrega en el destino final que se realiza por transporte terrestre. Este servicio se le factura al cliente de manera global. El contribuyente se cuestiona si es posible bonificar la cuota que derive de la entrega por medio del transporte terrestre.

No será posible bonificar esa parte del servicio, ya que conforme al artículo 76.2 de la Ley 19/1994, de 6 de julio, se partirá de la base imponible que se corresponda exclusivamente con el servicio de transporte marítimo prestado mediante los buques registrados. Por cuanto se refiere a la forma de determinar y acreditar el importe de la cuota objeto de la bonificación, deberá ser el sujeto pasivo quién lo realice por cualquier medio de prueba admitido en Derecho y cuya valoración corresponderá, en su caso, a los órganos competentes en materia de comprobación de la Administración tributaria [consulta vinculante de la Dirección General de Tributos (V2801-14) de 17 de octubre de 2014].

Como **límite a estas bonificaciones** se establece que la parte de la base imponible que proceda de la realización de actividades estrechamente relacionadas con el transporte marítimo supere a la parte de base imponible resultante de las actividades que generan el derecho a la aplicación del régimen especial, la cuota correspondiente a dicho exceso no podrá ser objeto de bonificación. Esta limitación se aplica respecto de cada uno de los buques cuya explotación genere el derecho a la bonificación.

Las bases imponibles negativas derivadas de las actividades que generan el derecho a la aplicación de este régimen no podrán ser compensadas no bases imponible positivas derivadas del resto de las actividades de la entidad, ni del ejercicio en curso ni en los posteriores.

A TENER EN CUENTA. Estas bonificaciones no serán de aplicación a las empresas naviera constituidas como entidades ZEC, las cuales gozarán del régimen previsto para dichas entidades en el título V de la Ley 19/1994, de 6 de julio.

2.19. Régimen fiscal de las Illes Balears

El régimen fiscal especial de las Illes Balears en el Impuesto sobre Sociedades

Tanto la **Ley 31/2022, de 23 de diciembre**, en su disposición adicional septuagésima, como el **Real Decreto 710/2024, de 23 de julio**, establecen el Régimen fiscal especial de las Illes Balears, para los periodos impositivos que se inicien **entre el 1 de enero de 2023 y el 31 de diciembre de 2028**. Este régimen especial permite aplicar a los contribuyentes tanto del Impuesto sobre Sociedades como del Impuesto sobre la Renta de no Residentes una serie de beneficios fiscales en reconocimiento del hecho específico y de su insularidad. A continuación, será objeto de estudio lo relativo al Impuesto sobre Sociedades.

Este régimen resultará de aplicación en el ámbito territorial de la Comunidad Autónoma de las Illes Balears y el gobierno, previa coordinación con el Gobierno de la Comunidad Autónoma de las Illes Balears, tiene la facultad de dictar todas las disposiciones que sean necesarias para el desarrollo de la disposición adicional septuagésima de la Ley 31/2022, de 23 de diciembre, como ha sido el caso del Real Decreto 710/2024, de 23 de julio.

A los efectos de lo dispuesto en el Reglamento de desarrollo del Régimen fiscal especial de las Illes Balears, se entenderá por tal la reserva para inversiones en las Illes Balears y el régimen especial para empresas industriales, agrícolas, ganaderas y pesqueras, que se encuentran previstos en la disposición adicional septuagésima de la Ley 31/2022, de 23 de diciembre.

A TENER EN CUENTA. El apartado seis de la disposición adicional septuagésima de la Ley 31/2022, de 23 de diciembre, contempla la adecuación de estos regímenes al derecho de la Unión Europea, así como un sistema de control y seguimiento de su aplicación. Por su parte, el Real Decreto 710/2024, de 23 de julio, regula los límites de la acumulación de ayudas derivados de la aplicación del derecho de la Unión Europea, teniendo en cuenta el ordenamiento sobre ayudas de minimis, que deberá respetarse para el cálculo de los incentivos, así como, en su caso, los límites previstos en otras disposiciones junto con las reglas de acumulación que pudieran resultar de aplicación. Asimismo, aborda las facultades de seguimiento y control de la Administración tributaria estatal y las obligaciones de información vinculadas a las referidas ayudas, junto con la concreción de los objetivos económicos perseguidos mediante la aplicación del régimen fiscal especial y su control ex post.

Reserva para inversiones en las Illes Balears

Los contribuyentes del Impuesto sobre Sociedades tienen derecho a la **reducción de la base imponible** de las cantidades que, con relación a sus establecimientos situados en las Illes Balears, destinen de sus beneficios a la reserva para inversiones de acuerdo con lo dispuesto en el apartado Cuatro de la disposición adicional septuagésima de la Ley 31/2022, de 23 de diciembre.

El artículo 3 del Real Decreto 710/2024, de 23 de julio, establece que a los solos efectos de la reserva para inversiones en las Illes Balears (RIB), se entenderá por establecimientos, para los contribuyentes del Impuesto sobre Sociedades y del Impuesto sobre la Renta de las Personas Físicas, aquellos que cumplan los requisitos previstos en el apartado 3 del artículo 22 de la LIS, para el caso en que se encontraran situados en las Illes Balears. Asimismo, también indica que, en todo caso, se entenderá que un establecimiento está situado en el territorio de las Illes Balears cuando esté en sus aguas territoriales hasta el límite del mar territorial, de acuerdo con la Ley 10/1977, de 4 de enero.

|| Dotaciones a la reserva

Esta reducción se aplicará a las dotaciones que en cada periodo impositivo se hagan a la reserva para inversiones **hasta el límite del 90 % de la parte de beneficio obtenido** en el mismo período que no sea objeto de distribución, en cuanto proceda de establecimientos situados en las Illes Balears. Pero **en ningún caso** la aplicación de la reducción podrá determinar que la **base imponible resulte negativa**.

A estos efectos, se considerarán beneficios procedentes de establecimientos en las Illes Balears los derivados de actividades económicas, incluidos los procedentes de la transmisión de los elementos patrimoniales afectos a las mismas; y se considerarán beneficios no distribuidos los destinados a nutrir las reservas, excluida la de carácter legal. No tendrá la consideración de beneficio no distribuido el derivado de la transmisión de elementos patrimoniales cuya adquisición hubiera determinado la materialización de la reserva para inversiones regulada en el apartado Cuatro de la disposición adicional septuagésima, ni el que se derive de los valores representativos de la participación en el capital o fondos propios de otras entidades, así como la cesión a terceros de capitales propios.

Las asignaciones a reservas se considerarán **disminuidas** en el importe que eventualmente se hubiese detraído de los fondos propios, ya en el ejercicio al que la reducción de la base imponible se refiere, ya en el que se adoptara el acuerdo de realizar las mencionadas asignaciones, como así se reconoce, por ejemplo, en la reciente consulta vinculante de la Dirección General de Tributos (V2003-24), de 18 de septiembre de 2024, en relación con el cálculo de la RIB en el supuesto de distribución de dividendos.

|| Requisitos

El número 3 del apartado Cuatro de la disposición adicional septuagésima, establece los **requisitos formales de la reserva.** En él se indica que la reserva para inversiones deberá **figurar en los balances** con **absoluta separación y título apropiado** y será **indisponible** mientras que los bienes en que se materializó deban permanecer en la empresa.

Además, en su párrafo segundo establece que l**a dotación de la reserva no tendrá la consideración de incremento de fondos propios** a los efectos de lo previsto en el artículo 25.2 de la LIS, ni servirá para cumplir el requisito establecido en la letra b) del apartado primero de dicho artículo, ni el requisito previsto en el artículo 105.3 de la LIS para la reserva de capitalización.

|| Materialización de la reserva

Las cantidades destinadas a la RIB deberán materializarse en el **plazo máximo de tres años**. Este plazo contará desde la fecha del devengo del impuesto correspondiente al ejercicio en que se dotase la misma, en la realización de alguna de las siguientes inversiones:

- La **adquisición de elementos patrimoniales del inmovilizado material o intangible, de elementos patrimoniales que contribuyan a la mejora y protección del medio ambiente en el territorio de las Illes Balears**, en los términos que reglamentariamente se determinen, **así como los gastos de investigación y desarrollo derivados de activi-**

dades de investigación, desarrollo e innovación tecnológica a que se refieren los apartados 1 y 2 del artículo 35 de la LIS. Si se tratase de suelo, ya sea edificado o no, este debe afectarse:

» A la promoción de viviendas protegidas, cuando proceda esta calificación de acuerdo con lo previsto en la normativa autonómica reguladora de las actuaciones del Plan de Vivienda de las Illes Balears, y sean destinadas al arrendamiento por la sociedad promotora.

» Al desarrollo de actividades industriales incluidas en las divisiones 1 a 4 de la sección primera de las tarifas del Impuesto sobre Actividades Económicas, aprobadas por el Real Decreto Legislativo 1175/1990, de 28 de septiembre.

» A las actividades sociosanitarias, centros residenciales de mayores, geriátricos y centros de rehabilitación neurológica y física.

» A las zonas comerciales objeto de un proceso de rehabilitación.

» A las actividades turísticas reguladas en la Ley 8/2012, de 19 de julio, cuya adquisición tenga por objeto la rehabilitación de un establecimiento turístico.

A los solos efectos de entender incluido en el importe de la materialización de la reserva el valor correspondiente al suelo, se considerarán obras de rehabilitación las actuaciones dirigidas a la renovación, ampliación o mejora de establecimientos turísticos, siempre que reúnan las condiciones necesarias para ser incorporadas al inmovilizado material como mayor valor del inmueble.

Cabe mencionar en este punto, la consulta vinculante de la Dirección General de Tributos (V1844-24), de 2 de agosto de 2024, relativa a la materialización de la reserva en la adquisición de un inmueble en el que el consultante tiene su sede y de la que es arrendatario. En ella aclaró el centro directivo que se podrá considerar materialización de la RIB la parte correspondiente al vuelo, sin la necesidad de que se afecte el inmueble a las actividades mencionadas anteriormente en este punto añadiendo que:

> «En particular, para que la adquisición por la entidad consultante del inmueble en el que tiene actualmente su sede, en régimen de arrendamiento, así como la adquisición de cualquier otro inmueble en el que se creará una nueva sede en el archipiélago balear, constituyan inversiones aptas a efectos de materializar la RIB, en la parte correspondiente al vuelo, dichas inversiones deberán tener la consideración de elementos patrimoniales del inmovilizado material de acuerdo con las normas de registro y valoración dictadas en desarrollo del Plan General de Contabilidad, con independencia de que se trate de bienes nuevos o usados. Asimismo, deberán ser utilizados en el territorio balear, estar afectos a la actividad económica que desarrolla la consultante y ser necesarios para el desarrollo de la misma».

En el caso de inmovilizado intangible, la reserva no podrá materializarse en marcas ni en conocimientos no patentados, en los términos que reglamentariamente se determinen.

En lo relativo al transporte, tratándose de elementos de transporte de pasajeros por vía marítima, deberán dedicarse exclusivamente a servicios públicos en el ámbito de funciones de interés general que se correspondan con las necesidades públicas de las Illes Balears. Si se tratase de vehículos de transporte de pasajeros por carretera será necesario que la empresa tenga el domicilio fiscal en el territorio de las Illes Balears.

- La **creación de puestos de trabajo relacionada de forma directa** con las inversiones previstas en el punto anterior, que se produzca dentro de un período de seis meses a contar desde la fecha de entrada en funcionamiento de dicha inversión, con los siguientes requisitos:
  - » La creación de puestos de trabajo se determinará por el incremento de la plantilla media total del contribuyente producido en dicho período respecto de la plantilla media de los 12 meses anteriores a la fecha de la entrada en funcionamiento de la inversión, siempre que dicho incremento se mantenga durante un período de cinco años, Se determinará conforme a lo anterior salvo en el caso de contribuyentes que cumplan las condiciones del artículo 101 de la LIS, en el período impositivo en el que se obtiene el beneficio con cargo al cual se dota la reserva, quienes deberán mantener dicho incremento durante tres años.
  - » Para el cálculo de la plantilla media total de la empresa y de su incremento se tomarán las personas empleadas, en los términos que disponga la legislación laboral, teniendo en cuenta la jornada contratada en relación con la jornada completa.
- La **suscripción de acciones o participaciones en el capital emitidas por sociedades como consecuencia de su constitución o ampliación de capital que desarrollen en el archipiélago su actividad**, siempre que se cumplan los siguientes requisitos:
  - » Estas sociedades realizarán las inversiones previstas en los dos puntos anteriores, correspondientes a las letras A y B del número 4 del apartado Cuatro de la disposición adicional septuagésima, en las condiciones reguladas en dicho apartado de la disposición. Siempre que, tanto la entidad suscriptora del capital como la que efectúa la inversión, cumplan las condiciones del artículo 101 de la LIS, en el período impositivo en el que se obtiene el beneficio con cargo al cual se dota la reserva, será posible efectuar las inversiones de los dos puntos anteriores en los términos y condiciones previstos para este tipo de contribuyentes.
  - » Estas sociedades deberán efectuar estas inversiones en el plazo de tres años a contar desde la fecha del devengo del impuesto correspondiente al ejercicio en el que el contribuyente que adquiere las acciones o las participaciones en su capital hubiera dotado la reserva regulada en el apartado Cuatro de la disposición adicional septuagésima.
  - » Los elementos patrimoniales así adquiridos deberán mantenerse en funcionamiento en las Illes Balears en los términos previstos en el apartado Cuatro de la disposición adicional septuagésima.

» El importe del valor de adquisición de las inversiones realizadas por la sociedad participada deberá alcanzar, como mínimo, el importe desembolsado de las acciones o participaciones adquiridas por el contribuyente.

Las inversiones que realice la sociedad participada no darán lugar a la aplicación de ningún otro beneficio fiscal.

Además, a estos efectos, la entidad suscriptora del capital procederá a comunicar fehacientemente a la sociedad emisora el valor nominal de las acciones o participaciones adquiridas y la fecha en que termina el plazo para la materialización de su inversión. La sociedad emisora comunicará fehacientemente a la entidad suscriptora de su capital las inversiones efectuadas con cargo a sus acciones o participaciones cuya suscripción haya supuesto la materialización de la reserva y su fecha. Las inversiones realizadas se entenderán financiadas con los fondos derivados de las acciones o participaciones emitidas según el orden en el que se haya producido su desembolso efectivo. En el caso de desembolsos efectuados en la misma fecha, se considerará que contribuyen de forma proporcional a la financiación de la inversión.

|| Requisitos para la materialización de la reserva

La disposición adicional septuagésima establece requisitos para la materialización de la reserva. Son los siguientes:

- Los elementos patrimoniales en que se materialice la inversión deberán estar situados o ser recibidos en el archipiélago balear, ser utilizados en el mismo, estar afectos y ser necesarios para el desarrollo de actividades económicas del contribuyente, a excepción de los que contribuyan a la mejora y protección del medio ambiente en el territorio balear. La disposición adicional septuagésima, en su apartado Cuatro.5, realiza una enumeración de aquellos elementos patrimoniales que a tal efecto se entienden situados y utilizados en el archipiélago.
- Se entenderá que el importe de la materialización alcanzará al precio de adquisición o coste de producción de los elementos patrimoniales, con exclusión de los intereses, impuestos estatales indirectos y sus recargos, sin que pueda resultar superior a su valor de mercado.

  Si se tratase de:

  » Redes de transporte y comunicaciones que conecten el archipiélago balear con el exterior, el importe de la materialización alcanzará al valor de adquisición o coste de producción del tramo de la misma que se encuentre dentro del territorio de las Illes Balears y a la parte situada fuera del mismo que se utilice para conectar entre sí las distintas islas del archipiélago.

  » Inversiones previstas en la letra A del número 4 del apartado Cuatro de la disposición adicional septuagésima, el importe de la materialización de la reserva en elementos patrimoniales del inmovilizado intangible no podrá exceder del 50 % del valor total del proyecto de inversión del que formen parte, a excepción de que se trate de contribuyentes que cumplan las condiciones del artículo 101 de la LIS, en el período impositivo en el que se obtiene el beneficio con cargo al cual se dota la reserva.

Se computará el 50 % del importe de los costes de estudios preparatorios y de consultoría, cuando estén directamente relacionados con las inversiones previstas en la letra A del número 4 del apartado Cuatro de la disposición adicional septuagésima y se trate de contribuyentes que cumplan las condiciones del artículo 101 de la LIS, en el período impositivo en el que se obtiene el beneficio con cargo al cual se dota la reserva.

En los casos de creación de puestos de trabajo, se considerará producida la materialización únicamente durante los dos primeros años desde que se produce el incremento de plantilla y se computará, en cada período impositivo, por el importe del coste medio de los salarios brutos y las cotizaciones sociales obligatorias que se corresponda con dicho incremento.

El importe de la materialización de la reserva en gastos de investigación, desarrollo e innovación tecnológica también alcanzará a los proyectos contratados con universidades, organismos públicos de investigación o centros de innovación y tecnología, oficialmente reconocidos y registrados y situados en Illes Balears.

En el caso de los valores a que se refiere la letra C del número 4 del apartado Cuatro de la disposición adicional septuagésima, se considerará producida la materialización en el importe desembolsado con ocasión de su suscripción. También tendrá esta consideración el importe desembolsado en concepto de prima de emisión.

CUESTIÓN

¿Se considera como importe de materialización de la reserva aquella parte de la inversión que fue financiada con subvenciones?

No, no se considerará como importe de materialización de la reserva, pues así lo establece la disposición adicional septuagésima, en su apartado Cuatro.6, de la Ley 31/2022. de 23 de diciembre.

- La materialización se entiende producida incluso en los casos de la adquisición mediante arrendamiento financiero, en el momento en que los elementos patrimoniales entren en funcionamiento.
- Los elementos patrimoniales en que se haya materializado la reserva para inversiones a que se refiere la letra A del número 4 del apartado Cuatro de la disposición adicional septuagésima, así como los adquiridos en virtud de lo dispuesto en la letra C de ese mismo número, deberán permanecer en funcionamiento en la empresa del adquirente durante cinco años como mínimo, sin ser objeto de transmisión, arrendamiento o cesión a terceros para su uso. Si su vida útil fuese inferior a dicho periodo, no se considerará incumplido este requisito cuando se proceda a la adquisición de otro elemento patrimonial que lo sustituya por su valor contable, en el plazo de seis meses desde su baja en el balance que reúna los requisitos exigidos para la aplicación de la reducción prevista en este apartado y que

permanezca en funcionamiento durante el tiempo necesario para completar dicho período. No podrá entenderse que esta nueva adquisición supone la materialización de las cantidades destinadas a la reserva para inversiones en las Illes Balears, excepto por el importe de la misma que excede del valor neto contable del elemento patrimonial que se sustituye y que tuvo la consideración de materialización de la reserva regulada en el apartado Cuatro de la disposición adicional septuagésima. En el supuesto de la adquisición de suelo, el plazo será de diez años.

En los casos de pérdida del elemento patrimonial se deberá proceder a su sustitución en los términos previstos en el párrafo anterior.

Respecto a los contribuyentes que se dediquen a la **actividad económica de arrendamiento o cesión a terceros para su uso de elementos patrimoniales del inmovilizado,** podrán disfrutar del régimen de la reserva para inversiones, siempre que no exista vinculación, directa o indirecta, con los arrendatarios o cesionarios de dichos bienes, en los términos definidos en el artículo 18.2 de la LIS, ni se trate de operaciones de arrendamiento financiero. A estos efectos, se entenderá que el arrendamiento de inmuebles se realiza como actividad económica solo cuando concurran las circunstancias previstas en el artículo 27.2 de la LIRPF.

En el caso de **arrendamiento de bienes inmuebles**, además de las condiciones previstas en el párrafo previo, el contribuyente deberá tener la consideración de empresa turística de acuerdo con lo previsto en la Ley 8/2012, de 19 de julio, tratarse del arrendamiento de viviendas protegidas por la sociedad promotora, de bienes inmuebles afectos al desarrollo de actividades industriales incluidas en las divisiones 1 a 4 de la sección primera de las tarifas del IAE, aprobadas por el Real Decreto Legislativo 1175/1990, de 28 de septiembre, de actividades sociosanitarias, centros residenciales de mayores, geriátricos y centros de rehabilitación neurológica y física o de zonas comerciales situadas en áreas cuya oferta turística se encuentre en declive, por precisar de intervenciones integradas de rehabilitación de áreas urbanas, según los términos en que se define en la Ley 8/2012, de 19 de julio, y el Decreto-ley 1/2013, de 7 de junio.

Si se trata de valores a los que se refiere la letra C del número 4 del apartado Cuatro de la disposición adicional septuagésima, deberán permanecer en el patrimonio del contribuyente durante **cinco años ininterrumpidos**, sin que los derechos de uso o disfrute asociados a los mismos puedan ser objeto de cesión a terceros.

Mientras no se cumpla el plazo de mantenimiento en este punto indicado y al que se refiere el número 8 del apartado Cuatro de la disposición adicional septuagésima, los contribuyentes harán constar en la memoria de las cuentas anuales:

1. El importe de las dotaciones efectuadas a la reserva con indicación del ejercicio en que se efectuaron.
2. El importe de la reserva pendiente de materialización, con indicación del ejercicio en que se hubiera dotado.

3. El importe y la fecha de las inversiones, con indicación del ejercicio en que se produjo la dotación de la reserva, así como la identificación de los elementos patrimoniales en que se materializa.
4. El importe y la fecha de las inversiones anticipadas a la dotación, previstas en el número 10 de este apartado, lo que se hará constar a partir de la memoria correspondiente al ejercicio en que las mismas se materializaron.
5. El importe correspondiente a cualquier otro beneficio fiscal devengado con ocasión de cada inversión realizada como consecuencia de la materialización de la reserva regulada en este apartado.
6. El importe de las subvenciones u otras medidas de apoyo solicitadas o concedidas por cualquier Administración pública con ocasión de cada inversión realizada como consecuencia de la materialización de la reserva regulada en este apartado.
7. Declaración fehaciente sobre el importe de todas las demás ayudas de *minimis* recibidas durante los dos ejercicios fiscales anteriores y, cuando acontezca la materialización de la reserva, que no se han aplicado otras ayudas estatales cuya concurrencia suponga exceder de los límites establecidos en el Ordenamiento comunitario que, en cada caso, resulten de aplicación.

Los contribuyentes que no tengan obligación de llevar cuentas anuales llevarán un libro registro de bienes de inversión, en el que figurará la información requerida en los números 1 a 7 mencionados.

En relación con las inversiones previstas en la letra C del número 4 del apartado Cuatro de la disposición adicional septuagésima, la sociedad que realice las inversiones previstas en su letra A, mientras no se cumpla el plazo de mantenimiento a que se refiere el número 8 del apartado Cuatro de la disposición adicional, hará constar en la memoria de las cuentas anuales el importe y la fecha de las inversiones efectuadas que supongan la materialización de la reserva dotada por la entidad suscriptora de sus acciones o participaciones, así como los ejercicios durante los cuales la misma deba mantenerse en funcionamiento.

- Las inversiones en que se materialice la reserva se podrán financiar mediante los contratos de arrendamiento financiero regulados en el artículo 106 de la LIS, en cuyo caso la reducción en la base imponible quedará condicionada al ejercicio efectivo de la opción de compra.

|| Inversiones anticipadas

En virtud de lo dispuesto en el número 10, apartado Cuatro, de la disposición adicional septuagésima, los contribuyentes podrán llevar a cabo inversiones anticipadas, que **se considerarán como materialización de la reserva para inversiones** que se dote con cargo a beneficios obtenidos en el período impositivo en el que se realiza la inversión o en los tres posteriores, siempre que se cumplan los restantes requisitos exigidos en el mismo.

La materialización y su sistema de financiación se comunicarán conjuntamente con la declaración del Impuesto sobre Sociedades del período impositivo en que se realicen las inversiones anticipadas.

|| Incompatibilidades

La aplicación del beneficio de la reserva para inversiones **resultará incompatible**, para los mismos bienes y gastos, con las deducciones para incentivar la realización de determinadas actividades reguladas en el capítulo IV del título VI de la LIS. Asimismo, resultará incompatible para los mismos bienes y gastos con cualquier beneficio fiscal o medida de distinta naturaleza que tenga la condición de ayuda estatal bajo el derecho de la Unión Europea, si dicha acumulación excediera de los límites establecidos en el ordenamiento comunitario que, en cada caso, resulten de aplicación.

A este respecto señala el artículo 23 del Real Decreto 710/2024, de 23 de julio que, dicha incompatibilidad de beneficios fiscales —regulados en el número 11 del apartado Cuatro de la disposición adicional septuagésima de la Ley 31/2022, de 23 de diciembre— se entenderá referida a la parte del beneficio no distribuido íntegramente de la base imponible o, en su caso, del rendimiento neto de explotación determinante de la cuota íntegra, objeto de la reserva para inversiones en las Illes Balears, sin que tal incompatibilidad se extienda a los beneficios fiscales que, en su caso, puedan aplicarse los contribuyentes en relación con la parte restante del beneficio o rendimiento neto de estos.

En el caso de a**ctivos usados y de suelo**, estos no podrán haberse beneficiado previamente del régimen de la reserva para inversiones ni de las deducciones para incentivar la realización de determinadas actividades reguladas en el capítulo IV del título VI de la LIS.

La aplicación del beneficio de la reserva para inversiones **será compatible**, en lo referido a la creación de puestos de trabajo, con el régimen especial de empresas industriales, agrícolas, ganaderas y pesqueras.

|| Incumplimiento de los requisitos

La disposición de la reserva para inversiones con anterioridad a la finalización del plazo de mantenimiento de la inversión o para inversiones diferentes a las previstas en el número 4 del apartado Cuatro de la disposición adicional septuagésima, así como el incumplimiento de cualquier otro de los requisitos exigidos, salvo el de la contabilización separada e indisponibilidad de la reserva y el de información en la memoria de las cuentas anuales, dará lugar a que el contribuyente proceda a la integración en la base imponible del Impuesto sobre Sociedades del período impositivo en que se produjo el incumplimiento, de las cantidades que en su día dieron lugar a la reducción de aquella, sin perjuicio de las sanciones que resulten procedentes.

Por lo que respecta a los contratos de arrendamiento, si se incumple la obligación del ejercicio de la opción de compra, la integración en la base imponible tendrá lugar en el período impositivo en el que contractualmente estuviera previsto que esta debiera haberse ejercitado.

En ambos supuestos, se liquidarán intereses de demora en los términos previstos en la LGT y en su normativa de desarrollo.

Obligaciones de información

En virtud de lo dispuesto en el número 16 del apartado Cuatro de la disposición adicional septuagésima, se establecerá reglamentariamente la información que deberán suministrar los contribuyentes que practiquen esta reducción junto con la declaración por el Impuesto sobre Sociedades, del Impuesto sobre la Renta de las Personas Físicas o del Impuesto sobre la Renta de no Residentes para verificar que el importe de las ayudas y beneficios obtenidos en relación con una misma inversión no excede los límites establecidos en el ordenamiento comunitario que resulte de aplicación.

Por su parte, el artículo 24 del Real Decreto 710/2024, de 23 de julio, establece las obligaciones de información respecto a los contribuyentes que apliquen la reserva junto con las declaraciones mencionadas en el párrafo anterior, consistiendo dicha información al menos en:

- Corrección al resultado de la cuenta de pérdidas y ganancias en concepto de reserva para inversiones en las Illes Balears.
- Importe de la dotación a la reserva para inversiones en las Illes Balears con cargo a beneficios del ejercicio.
- Importes aplicados/materializados en la liquidación del ejercicio, con indicación, para cada uno de los cinco ejercicios anteriores a dicho ejercicio de:
  - » Los importes pendientes de materializar la reserva a principio de periodo.
  - » Las inversiones previstas.
  - » Las inversiones anticipadas consideradas materialización de la reserva para inversiones en la liquidación del ejercicio.
  - » Los importes pendientes de materialización al término del periodo.
- Importes de las inversiones anticipadas de los cinco ejercicios anteriores, con indicación, para cada uno de ellos, de los importes pendientes de dotar la reserva al inicio y al término de periodo.

RESOLUCIÓN ADMINISTRATIVA

Consulta vinculante de la Dirección General de Tributos (V2046-24), de 25 de septiembre de 2024

Asunto: consideración de inversión apta de la adquisición de un inmueble destinado única y exclusivamente a satisfacer necesidades habitacionales de los trabajadores durante la duración de los contratos.

«Siguiendo lo dispuesto en el escrito de consulta, la consultante plantea materializar la RIB, en el plazo legalmente previsto, en la ***adquisición de un inmueble destinado únicamente y exclusivamente a satisfacer las necesidades habitacionales de sus trabajadores (laborales), durante la duración de sus respectivos contratos****, y ello debido al problema de viviendas que hay en el archipiélago balear.*

Siguiendo la ***doctrina del Instituto de Contabilidad y Auditoría de Cuentas****, en la consulta 7 de su Boletín Oficial 48, de diciembre de 2001, en un supuesto de adquisición de un vehículo destinado a ser cedido en uso al personal de una empresa, para fines privados, se señala lo siguiente:*

"La calificación contable de un vehículo adquirido para cederlo en uso al personal de una empresa, será la de un inmovilizado material, en tanto se trata de un elemento patrimonial destinado a su utilización duradera en la actividad de la empresa.

De acuerdo con lo anterior, si el vehículo es cedido al trabajador para fines privados, se trataría de una retribución en especie derivada de una relación laboral, entendiendo por aquélla toda remuneración o prestación comprometida por el empresario a favor del trabajador y consistente en el pago a través de la entrega de bienes, la prestación de servicios o el reconocimiento de derechos distintos al dinero en efectivo.

(...).".

De acuerdo con lo anterior, si bien el elemento en que se pretende invertir se encuentra sito en Illes Baleares y está afecto a la actividad económica desarrollada por la entidad consultante, no obstante, con arreglo a lo dispuesto en el punto 8 del apartado 4 de la DA 70 de la LPGE 2023, ***no puede considerarse como inversión apta, a efectos de la materialización de la RIB, en la medida en que el elemento patrimonial en que se ha materializado (o se va a materializar) la Reserva para Inversiones en Illes Balears debe permanecer en funcionamiento en la empresa del adquirente durante cinco años como mínimo, sin ser objeto de transmisión, arrendamiento o cesión a terceros para su uso.*** *Por tanto,* ***dado que, en el supuesto concreto planteado, la inversión en el inmueble se destinará únicamente y exclusivamente a ser cedido a sus trabajadores, no se considerará apta a efectos de la materialización de la RIB****».*

Régimen especial para empresas industriales, agrícolas, ganaderas y pesqueras en el IS para las Illes Balears

El régimen especial para empresas industriales, agrícolas, ganaderas y pesqueras en el Impuesto sobre Sociedades se encuentra regulado en el apartado Cinco de la disposición adicional septuagésima de la Ley 31/2022, de 23 de diciembre y en el Real Decreto 710/2024, de 23 de julio, por el que se aprueba el Reglamento de desarrollo del Régimen fiscal especial de las Illes Balears.

Bonificación

Los contribuyentes del Impuesto sobre Sociedades en las Illes Balears aplicarán una **bonificación del 10 % de la cuota íntegra** correspondiente a los rendimientos derivados de la venta de bienes corporales producidos en las Illes Balears por ellos mismos, propios de actividades agrícolas, ganaderas, industriales y pesqueras, en este último caso en relación con las capturas efectuadas en su zona pesquera y acuícola. **Podrán beneficiarse** de esta bonificación las **personas o entidades domiciliadas en las Illes Balears o en otros territorios que se dediquen a la producción de tales bienes en el archipiélago**, mediante sucursal o establecimiento permanente, **no siendo**

aplicable a los rendimientos derivados de la venta de bienes corporales producidos en las Illes Balears propios de actividades de construcción naval, fibras sintéticas, industria del automóvil, siderurgia e industria del carbón.

El Real Decreto 710/2024, de 23 de julio, establece en sus artículos 26 y 27 precisiones respecto a las actividades pesqueras con derecho a bonificación y a las actividades de construcción naval:

- En relación con las actividades pesqueras susceptibles del derecho a la bonificación prevista en el apartado Cinco de la disposición adicional septuagésima de la Ley 31/2022, de 23 de diciembre, será necesario que la pesca de altura se desembarque en los puertos baleares y se manipule o transforme en el archipiélago. Se podrán beneficiar de esta bonificación las personas o entidades domiciliadas en las Illes Balears o en otros territorios que se dediquen a la producción de tales bienes en el archipiélago mediante sucursal o establecimiento permanente.
- A efectos de lo previsto en el número 7 del apartado Cinco de la disposición adicional septuagésima de la Ley 31/2022, de 23 de diciembre, no se entenderán como actividades de construcción naval las que produzcan artefactos flotantes de recreo a los que hace referencia el artículo 3.3 del Real Decreto 875/2014, de 10 de octubre, por el que se regulan las titulaciones náuticas para el gobierno de las embarcaciones de recreo.

CUESTIÓN

¿Las ayudas y subvenciones forman parte del rendimiento sobre el que puede aplicarse la bonificación?

No, en virtud de lo dispuesto en el artículo 28 del Real Decreto 710/2024, de 23 de julio, por el que se aprueba el Reglamento de desarrollo del Régimen fiscal especial de las Illes Balears, no forman parte del rendimiento sobre el que puede aplicarse la bonificación las ayudas y subvenciones, a excepción de que estas deban repercutirse obligatoriamente en el precio de venta del producto al usuario final.

|| Requisitos

El apartado Cinco de la disposición adicional septuagésima de la Ley 31/2022, de 23 de diciembre, establece una serie de **requisitos para la aplicación de la bonificación en cada periodo impositivo**. Así las cosas, pueden aplicar esta bonificación en cada período impositivo las **entidades domiciliadas en las Illes Balears o en otros territorios que se dediquen a la producción de tales bienes en el archipiélago, mediante sucursal o establecimiento permanente**.

Además, se exigirá que la **plantilla media** en dicho período no sea inferior a la plantilla media correspondiente a los doce meses anteriores al inicio del primer período impositivo en que tenga efectos este régimen especial. Cuando la entidad se haya constituido dentro de los 12 meses señalados anteriormente, se tendrá en cuenta la plantilla media que resulte de ese período.

A TENER EN CUENTA. Como se establece en el número 5 del apartado Cinco de la disposición adicional septuagésima, para realizar el cálculo de la plantilla media, se tomarán las personas empleadas —en los términos que disponga la legislación laboral— teniendo en cuenta la jornada contratada en relación con la jornada completa. Por su parte, el número 6.b) de dicho precepto establece que el cumplimiento del requisito de mantenimiento de empleo en períodos impositivos sucesivos se referirá a la plantilla media del primero período impositivo de la entidad.

Cuando la entidad se haya **constituido en el primer período impositivo en que tenga efectos este régimen especial**, la aplicación de la bonificación requerirá que dicha e**ntidad cumpla los requisitos** para que resulte de **aplicación el tipo de gravamen reducido para entidades de nueva creación** regulados en el apartado 1 del artículo 29 de la LIS. El cumplimiento del requisito de mantenimiento de empleo en periodos impositivos sucesivos regulado en el número 3 del apartado Cinco de la disposición adicional septuagésima, se referirá a la plantilla media del primer período impositivo de la entidad.

Bonificación incrementada

La bonificación anteriormente mencionada del 10 % de la cuota íntegra correspondiente a los rendimientos derivados de la venta de bienes corporales se incrementará **hasta el 25 %** en aquellos períodos impositivos en los que, además de cumplirse el requisito de la plantilla media previsto en el apartado anterior, se haya producido un **incremento de plantilla media no inferior a la unidad respecto de la plantilla media del período impositivo anterior y dicho incremento se mantenga durante, al menos, un plazo de tres años** a partir de la fecha de finalización del período impositivo en el que se aplique esta bonificación incrementada.

Si la entidad se **constituye en el primer período impositivo en que tenga efectos este régimen especial**, la aplicación de la bonificación requerirá que dicha **entidad cumpla los requisitos** para que resulte de **aplicación el tipo de gravamen reducido para entidades de nueva creación** regulados en el apartado 1 del artículo 29 de la LIS. A estos efectos, se considerará que la plantilla media de la entidad anterior al primer período impositivo de la entidad es cero.

CUESTIONES

1. ¿Con qué periodicidad se realizará un informe de seguimiento de la aplicación de los beneficios fiscales?

El informe, en virtud de lo dispuesto en el número 1 del apartado Siete de la disposición adicional septuagésima de la Ley 31/2022, de 23 de diciembre, se realizará anualmente. Adicionalmente, en 2028 se realizará un control de eficacia para conocer el logro de los objetivos económicos perseguidos por los beneficios fiscales.

2. ¿Qué infracciones tributarias se consideran graves en el régimen fiscal especial de las Illes Balears en el Impuesto sobre Sociedades?

Las infracciones tributarias graves se encuentran recogidas en el número 15 del apartado Cuatro de la disposición adicional septuagésima de la Ley 31/2022, de 23 de diciembre, estableciendo las siguiente:

«a) La falta de contabilización de la reserva para inversiones en los términos previstos en el número 3 de este apartado, que será sancionada con multa pecuniaria proporcional del 2 por ciento de la dotación que debiera haberse efectuado.

b) No hacer constar en la memoria de las cuentas anuales la información a que se refiere el número 12 de este apartado, que será sancionada con multa pecuniaria proporcional del 2 por ciento del importe de las dotaciones a la reserva para inversiones que debieran haberse incluido.

c) Incluir datos falsos, incompletos o inexactos en la memoria de las cuentas anuales a que se refiere el número 12 de este apartado, que será sancionada con multa pecuniaria fija de 100 euros por cada dato omitido, falso o inexacto, con un mínimo de 1.000 euros».

Asimismo, dicho precepto también establece una infracción tributaria leve, la falta de comunicación de los datos o la comunicación de datos falsos, incompletos o inexactos a que se refiere la letra C del número 4 del apartado Cuatro de dicha disposición adicional. Esta infracción leve será sancionada con multa pecuniaria fija de 100 euros por cada dato omitido, falso o inexacto, con un mínimo de 500 euros.

2.20. Régimen fiscal especial de las sociedades anónimas cotizadas de inversión en el mercado inmobiliario (SOCIMI)

El régimen fiscal especial de las SOCIMI

La Ley 11/2009, de 26 de octubre (en adelante, LSOCIMI), establece las especialidades del régimen jurídico de las Sociedades Anónimas Cotizadas de Inversión en el Mercado Inmobiliario, las denominadas SOCIMI. A los efectos de dicha norma, tienen tal consideración aquellas **sociedades anónimas cotizadas cuyo objeto social principal sea el que especifica la norma y que cumplan los demás requisitos** en ella previstos.

Estas sociedades podrán **optar por la aplicación del régimen fiscal especial** que configura la LSOCIMI, que analizaremos a continuación; aunque antes nos referimos a los requisitos para que una sociedad tenga la consideración de SOCIMI a los efectos de dicha norma.

A TENER EN CUENTA. A lo largo de su articulado, la LSOCIMI realiza remisiones a diferentes preceptos del derogado Real Decreto Legislativo 4/2004, de 5 de marzo (TRLIS); que en la exposición se han sustituido por las referencias a los artículos correspondientes de la LIS (Ley 27/2014, de 27 de noviembre). No en vano, según la disposición adicional undécima de la LIS, *«las referencias normativas efectuadas en otras disposiciones al Texto Refundido de la Ley del Impuesto sobre Sociedades, aprobado por el Real Decreto Legislativo 4/2004, de 5 de marzo, se entenderán realizadas a los preceptos correspondientes de esta Ley»*.

|| Objeto social y requisitos de las SOCIMI

Para que una determinada entidad pueda tener la consideración de SOCIMI, tendrá que cumplir los requisitos que especifican los artículos 2 a 6 de la LSOCIMI. Básicamente:

- **Objeto social principal**. Las SOCIMI tendrán como objeto social principal:
  - » La adquisición y promoción de inmuebles de naturaleza urbana para su arrendamiento. La actividad de promoción incluye la rehabilitación de edificaciones en los términos establecidos en la LIVA.
  - » La tenencia de participaciones en el capital de otras SOCIMI o en el de otras entidades no residentes en territorio español que tengan el mismo objeto social que aquellas y que estén sometidas a un régimen similar al establecido para las SOCIMI en cuanto a la política obligatoria, legal o estatutaria, de distribución de beneficios.
  - » La tenencia de participaciones en el capital de otras entidades, residentes o no en territorio español, que tengan como objeto social principal la adquisición de bienes inmuebles de naturaleza urbana para su arrendamiento y que estén sometidas al mismo régimen establecido para las SOCIMI en cuanto a la política obligatoria, legal o estatutaria, de distribución de beneficios y cumplan los requisitos de inversión a que se refiere el artículo 3 de la LSOCIMI. Estas entidades no podrán tener participaciones en el capital de otras entidades; las participaciones representativas del capital de estas entidades deberán ser nominativas y la totalidad de su capital debe pertenecer a otras SOCIMI o entidades no residentes a las que se refiere el punto anterior; tratándose de entidades residentes en territorio español, estas podrán optar por la aplicación del régimen fiscal especial en las condiciones del artículo 8 de la LSOCIMI.
  - » La tenencia de acciones o participaciones de Instituciones de Inversión Colectiva Inmobiliaria reguladas en la Ley 35/2003, de 4 de noviembre, de Instituciones de Inversión Colectiva.

  Junto a la actividad económica derivada del objeto social principal, las SOCIMI podrán **desarrollar otras actividades accesorias**, entendiéndose como tales aquellas que en su conjunto sus rentas representen menos del 20 % de las rentas de la sociedad en cada período impositivo.

- **Requisito de inversión**. Deberán tener invertido, al menos, el **80 %** del valor del activo en inmuebles de naturaleza urbana destinados al arrendamiento, en terrenos para la promoción de bienes inmuebles que vayan a destinarse a esa finalidad siempre que la promoción se inicie dentro de los tres años siguientes a su adquisición, así como en participaciones en el capital o patrimonio de otras entidades a las que antes se hizo referencia.

> **A TENER EN CUENTA**. Este porcentaje de inversión y el porcentaje de rentas al que se hará referencia en el siguiente punto se calcularán sobre el resultado o balance consolidado en el caso de que la sociedad sea dominante de un grupo según los criterios del artículo 42 del Código

de Comercio, con independencia de la residencia y de la obligación de formular cuentas anuales consolidadas. Dicho grupo estará integrado exclusivamente por las SOCIMI y el resto de entidades a que se refiere el artículo 2.1 de la LSOCIMI.

El valor del activo se determinará según la media de los balances individuales o, en su caso, consolidados trimestrales del ejercicio, pudiendo optar la sociedad para calcular dicho valor por sustituir el valor contable por el de mercado de los elementos integrantes de tales balances, el cual se aplicaría en todos los balances del ejercicio. A estos efectos, no se computarán, en su caso, el dinero o derechos de crédito procedente de la transmisión de dichos inmuebles o participaciones que se haya realizado en el mismo ejercicio o anteriores siempre que, en este último caso, no haya transcurrido el plazo de reinversión a que se refiere el artículo 6 de la LSOCIMI.

De cara a este cómputo, si se trata de inmuebles situados en el extranjero [incluidos los tenidos por las entidades a las que se refiere el artículo 2.1.c) de la LSOCIMI], deberán tener naturaleza análoga a los situados en territorio español y deberá existir efectivo intercambio de información tributaria con el país o territorio en el que estén situados, en los términos establecidos en la disposición adicional primera de la Ley 36/2006, de 29 de noviembre.

- **Requisito de rentas.** Al menos el **80 %** de las rentas del período impositivo correspondientes a cada ejercicio, excluidas las derivadas de la transmisión de las participaciones y de los inmuebles afectos ambos al cumplimiento de su objeto social principal, una vez transcurrido el plazo de mantenimiento al que luego se hará referencia, deberá provenir:
  - » Del arrendamiento de bienes inmuebles afectos al cumplimiento de su objeto social principal con personas o entidades respecto de las cuales no se produzca alguna de las circunstancias establecidas en el artículo 42 del Código de Comercio, con independencia de la residencia.
  - » Y/o de dividendos o participaciones en beneficios procedentes de participaciones afectas al cumplimiento de su objeto social principal.
- **Requisitos de mantenimiento**:
  - » Los inmuebles que integren el activo de la sociedad tendrán que permanecer arrendados durante al menos tres años. Se sumará el tiempo que hayan estado ofrecidos en arrendamiento, con un máximo de un año; y el plazo se computará del siguiente modo:
    - En el caso de inmuebles que figuren en el patrimonio de la sociedad antes del momento de acogerse al régimen, desde la fecha de inicio del primer período impositivo en que se aplique el régimen fiscal especial, siempre que a dicha fecha el bien se encontrara arrendado u ofrecido en arrendamiento. De lo contrario, se estará a lo dispuesto en el punto siguiente.
    - En el caso de inmuebles promovidos o adquiridos con posterioridad por la sociedad, desde la fecha en que fueron arrendados u ofrecidos en arrendamiento por primera vez.

- » Las acciones o participaciones en el capital de entidades a las que se refiere el artículo 2.1 de la LSOCIMI, deberán mantenerse en el activo de la sociedad al menos durante tres años desde su adquisición o, en su caso, desde el inicio del primer período impositivo en que se aplique el régimen fiscal especial.

- **Requisito de distribución de resultados.** Las SOCIMI y entidades residentes en territorio español en las que participan a que se refiere la letra c) del artículo 2.1 de la LSOCIMI, que hayan optado por la aplicación del régimen fiscal especial, estarán obligadas a **distribuir en forma de dividendos a sus accionistas, una vez cumplidas las obligaciones mercantiles que correspondan, el beneficio obtenido en el ejercicio,** debiéndose acordar su distribución dentro de los seis meses posteriores a la conclusión de cada ejercicio, en la forma siguiente:

  - » El 100 % de los beneficios procedentes de dividendos o participaciones en beneficios distribuidos por las entidades a que se refiere el artículo 2.1 de la LSOCIMI.
  - » Al menos el 50 % de los beneficios derivados de la transmisión de inmuebles y acciones o participaciones, realizadas una vez transcurridos los plazos de mantenimiento antes mencionados, afectos al cumplimiento de su objeto social principal. El resto de estos beneficios deberá reinvertirse en otros inmuebles o participaciones afectos al cumplimiento de dicho objeto, en el plazo de los tres años posteriores a la fecha de transmisión. En su defecto, deberán distribuirse en su totalidad, conjuntamente con los beneficios, en su caso, que procedan del ejercicio en que finaliza el plazo de reinversión. Si los elementos objeto de reinversión se transmiten antes del plazo de mantenimiento, aquellos beneficios deberán distribuirse en su totalidad conjuntamente con los beneficios, en su caso, que procedan del ejercicio en que se han transmitido. La obligación de distribución no alcanza, en su caso, a la parte de estos beneficios imputables a ejercicios en los que la sociedad no tributaba por el régimen fiscal especial.
  - » Al menos el 80 % del resto de los beneficios obtenidos.

  El dividendo deberá ser pagado dentro del mes siguiente a la fecha del acuerdo de distribución.

  Cuando la distribución del dividendo se realice con cargo a reservas procedentes de beneficios de un ejercicio en el que haya sido de aplicación el régimen fiscal especial, su distribución se adoptará obligatoriamente con el acuerdo antes mencionado. La reserva legal de las sociedades que hayan optado por la aplicación del régimen fiscal especial establecido no podrá exceder del 20 % del capital social. Los estatutos de estas sociedades no podrán establecer ninguna otra reserva de carácter indisponible distinta de la anterior.

- **Admisión a negociación de las acciones.** Sus acciones deberán estar admitidas a negociación en un mercado regulado o en un sistema multilateral de negociación español o en el de cualquier otro Estado miembro de la UE o del Espacio Económico Europeo, o bien en un mercado regulado de cualquier país o territorio con el que exista efectivo intercambio de información tributaria, de forma ininterrumpida durante todo el período impositivo. Además, las acciones de las SOCIMI deberán tener carácter nominativo. Por otra parte, estas obligaciones también se exigirán a las participaciones representativas del capital de las entidades no residentes a que se refiere la letra b) del artículo 2.1 de la LSOCIMI.

- **Capital social**. Las SOCIMI tendrán un capital social **mínimo de 5 millones de euros**. Las aportaciones no dinerarias para la constitución o ampliación del capital que se realicen en bienes inmuebles tendrán que tasarse en el momento de su aportación conforme al artículo 67 de la LSC y, a dicho fin, el experto independiente designado por el registrador mercantil habrá de ser una de las sociedades de tasación previstas en la legislación del mercado hipotecario. También se exigirá tasación por una de tales sociedades de tasación para las aportaciones no dinerarias que se efectúen en inmuebles para la constitución o ampliación del capital de las entidades señaladas en la letra c) del artículo 2.1 de LSOCIMI. Por lo demás, solo podrá haber una clase de acciones.
- **Denominación social**. Cuando la sociedad haya optado por el régimen fiscal especial, deberá incluir en su denominación la indicación «Sociedad Cotizada de Inversión en el Mercado Inmobiliario, Sociedad Anónima» o su abreviatura, «SOCIMI, S.A.».

CUESTIÓN

¿Las SOCIMI tienen que tener los inmuebles en propiedad?

Sí, el artículo 2.4 de la LSOCIMI expresamente indica que «los bienes inmuebles adquiridos lo deberán ser en propiedad». Además, y en particular, se entenderá incluida la propiedad resultante de derechos de superficie, vuelo o subedificación, inscritos en el registro de la propiedad y durante su vigencia, así como los inmuebles poseídos por la sociedad en virtud de contratos que cumplan los requisitos para ser considerados como de arrendamiento financiero a efectos del IS.

RESOLUCIÓN ADMINISTRATIVA

Consulta vinculante de la Dirección General de Tributos (V1905-24), de 21 de agosto de 2024

Asunto: consideración del efectivo y otros activos líquidos equivalentes procedentes de financiación bancaria que vayan a destinar a aumentar los activos inmobiliarios afectos al objeto de una SOCIMI a efectos del requisito de inversión.

«A efectos del cumplimiento del requisito de inversión del artículo 3.1 de la Ley, es criterio de este Centro Directivo (contestación vinculante a consulta V2014-17, de 24 de julio) que el efectivo y otros activos líquidos equivalentes procedentes de la financiación bancaria que se fueran a destinar a aumentar y mejorar el portfolio de activos inmobiliarios afectos a su objeto social, no deberían interferir en el cómputo del porcentaje del valor del activo que exige el apartado 1 del artículo 3 de la Ley, de manera que los mismos habrán de distribuirse de manera proporcional entre el valor

del activo correspondiente a bienes inmuebles de naturaleza urbana destinados al arrendamiento, terrenos para la promoción de bienes inmuebles que vayan a destinarse a dicha finalidad en el plazo requerido, así como a participaciones en el capital o patrimonio de otras entidades a que se refiere el apartado 1 del artículo 2 de la Ley, y el valor de los demás activos, con objeto de que su efecto sea neutral en lo que se refiere al cálculo del porcentaje exigido en este apartado 1 del artículo 3 de la Ley. Ello siempre que el efectivo y otros activos líquidos equivalentes descritos se destinen a aumentar y mejorar el portfolio de activos inmobiliarios afectos al objeto social de la consultante (entendiéndose que se trataría de activos aptos a efectos de computar el requisito de inversión), en un plazo razonable y justificado.

Por tanto, en el supuesto concreto planteado, en la medida en que efectivamente la tesorería que provenga de la línea de financiación otorgada por el Banco Europeo de Inversiones y de los bonos verdes, se destine a aumentar y mejorar el portfolio de activos inmobiliarios afectos al objeto social de la consultante en un plazo razonable y justificado, dicha tesorería habrá de distribuirse de manera proporcional entre el valor del activo correspondiente a bienes inmuebles de naturaleza urbana destinados al arrendamiento, terrenos para la promoción de bienes inmuebles que vayan a destinarse a dicha finalidad en el plazo requerido, participaciones en el capital o patrimonio de otras entidades a que se refiere el apartado 1 del artículo 2 de la Ley y el valor de los restantes activos.

Al margen de lo anterior, el artículo 3.1 de la Ley determina que no computarán, a efectos de la ratio de inversión, el dinero o derechos de crédito procedentes de la transmisión de inmuebles o participaciones que se haya realizado en el mismo ejercicio o anteriores siempre que, en este último caso, no haya transcurrido el plazo de reinversión a que se refiere el artículo 6 de esta ley. El artículo 6 se refiere a un plazo de reinversión de tres años posteriores a la fecha de transmisión de inmuebles y acciones o participaciones a que se refiere el apartado 1 del artículo 2 de esta Ley, realizada una vez transcurridos los plazos a que se refiere el apartado 3 del artículo 3 de esta Ley, afectos al cumplimiento de su objeto social principal. Por tanto, la tesorería derivada de la transmisión de V y R no computará a efectos del cálculo de la ratio de inversión, siempre que se produzca la reinversión en los plazos estipulados por la Ley».

Opción por la aplicación del régimen fiscal especial de las SOCIMI y obligaciones de información

Las SOCIMI y las entidades residentes en territorio español a las que se refiere la letra c) del artículo 2.1 de la LSOCIMI que cumplan los requisitos exigidos, podrán **optar por aplicar en el IS el régimen fiscal especial** establecido en la norma, que también será de aplicación a sus socios.

Asimismo, según señala la disposición transitoria primera de la LSOCIMI, también podrá optarse por la aplicación de este régimen fiscal especial, aún cuando **no se cumplan los requisitos exigidos en la norma, a condición de que se cumplan dentro de los dos años siguientes** a la fecha de la opción. En este último caso, el incumplimiento de la condición mencionada supondrá que la sociedad pase a tributar por el régimen general del IS a partir del propio período impositivo en el que se manifieste dicho incumplimiento. Además, estará obligada a ingresar, junto con la cuota de dicho período impositivo, la diferencia entre la cuota que por dicho impuesto resulte de aplicar el régimen general y la cuota ingresada que resultó de aplicar el régimen fiscal especial en los períodos impositivos anteriores, sin perjuicio de los intereses de demora, recargos y sanciones que, en su caso, resulten procedentes.

Sin embargo, con respecto a la posibilidad de aplicar dicha disposición transitoria, la DGT viene reiterando que solo se podrán cumplir en los dos años siguientes a la opción los requisitos no esenciales, exigiéndose como requisito *sine qua non* que los **requisitos esenciales se cumplan con carácter previo** al ejercicio de la opción. En este sentido, su consulta vinculante (V0582-24), de 9 de abril de 2024, indica lo siguiente:

> «Sin perjuicio de lo dispuesto en la disposición transitoria primera de la Ley 11/2009 (...), dada la configuración del régimen fiscal especial como instrumento de inversión destinado al mercado inmobiliario y, más particularmente, al mercado de alquiler, y teniendo en cuenta que una de las características fundamentales de dicho régimen especial estriba, en términos generales, en la ausencia de tributación en sede de la sociedad y en una tributación mínima (al menos, un 10%) en sede del socio con participación significativa (al menos, un 5%), con ocasión de la distribución de dividendos al mismo, deben considerarse como **elementos esenciales en dicho esquema tanto la obligatoria distribución de dividendos, desde la sociedad hacia los socios, como los requisitos relativos al objeto social principal y al carácter nominativo de las acciones de la sociedad**. Por tanto, **tales requisitos deberán cumplirse, como condición sine qua non, con carácter previo al ejercicio de la opción por el mencionado régimen especial.**
>
> Por el contrario, **los restantes requisitos en materia de inversión y origen de rentas, negociación en mercados regulados, capital social, y forma jurídica podrán cumplirse, tal y como señala la citada disposición transitoria, en los dos años siguientes a la fecha del ejercicio de la opción**. Esto es, se exceptúan dos años para la aplicación de dichos requisitos.
>
> Tal y como se ha señalado, los requisitos no esenciales no tienen que cumplirse con carácter previo al ejercicio de la opción por el régimen fiscal especial y podrán cumplirse en los dos años siguientes a la fecha del ejercicio de la opción».

Por lo demás, la opción por el régimen especial de las SOCIMI:

- Tendrá que adoptarse por la junta general de accionistas y que **comunicarse a la Delegación de la AEAT del domicilio fiscal de la entidad, antes de los tres últimos meses previos a la conclusión del período impositivo**. Si la comunicación se realiza fuera de plazo, no podrá aplicarse el régimen fiscal especial en dicho período impositivo.
- Es **incompatible** con la aplicación de cualquiera de los regímenes especiales previstos en el título VII de la LIS, excepto el de las fusiones, escisiones, aportaciones de activo, canje de valores y cambio de domicilio social de una sociedad europea o una sociedad cooperativa europea de un Estado miembro a otro de la UE, el de transparencia fiscal internacional y el de determinados contratos de arrendamiento financiero.

El régimen fiscal especial **se aplicará en el período impositivo que finalice con posterioridad a dicha comunicación y en los sucesivos** que concluyan antes de que se comunique la renuncia al régimen. Por lo demás, y en todo lo no previsto expresamente en la LSOCIMI, se aplicará lo establecido en las normas tributarias generales (en particular, en la LIS y la LIRPF).

Finalmente, conviene resaltar que las sociedades que hayan optado por aplicar este régimen especial tendrán que **crear en la memoria de sus cuentas anuales un apartado con la denominación «Exigencias informativas derivadas de la condición de SOCIMI, Ley 11/2009»**, en la que se incluirá la información que especifica el artículo 11.1 de la LSOCIMI. Asimismo, las sociedades deberán aportar, a requerimiento de la Administración tributaria, la información detallada sobre los cálculos efectuados para determinar el resultado de la distribución de los gastos entre las distintas fuentes de renta.

CUESTIONES

1. ¿Qué información tendrán que incorporar las SOCIMI que hayan optado por aplicar el régimen especial en el apartado específico que han de crear en la memoria de sus cuentas anuales?

Según el artículo 11.1 de la LSOCIMI, deberán incorporar la siguiente información:

- Reservas procedentes de ejercicios anteriores a la aplicación del régimen fiscal especial; y reservas procedentes de ejercicios en los que se haya aplicado el régimen fiscal especial, diferenciando la parte que procede de rentas sujetas al tipo de gravamen del 0 %, del 15 % o del 19 %, respecto de aquellas que, en su caso, hayan tributado al tipo general de gravamen. Estas menciones deberán ser efectuadas mientras existan reservas a las que se refiere este punto.
- Dividendos distribuidos con cargo a beneficios de cada ejercicio en que ha resultado aplicable el régimen fiscal especial, diferenciando la parte que procede de rentas sujetas al tipo de gravamen del 0 %, del 15 % o del 19 %, respecto de aquellas que, en su caso, hayan tributado al tipo general de gravamen. En caso de distribución de dividendos con cargo a reservas, designación del ejercicio del que procede la reserva aplicada y si las mismas han estado gravadas al tipo de gravamen del 0 %, del 15 %, del 19 % o al tipo general.
- Fecha de acuerdo de distribución de los dividendos a que se refiere el punto anterior.
- Fecha de adquisición de los inmuebles destinados al arrendamiento y de las participaciones en el capital de entidades a que se refiere el artículo 2.1 de la LSOCIMI.
- Identificación del activo que computa dentro del 80 % a que se refiere el artículo 3.1 de la LSOCIMI.
- Reservas procedentes de ejercicios en que ha resultado aplicable el régimen fiscal especial, que se hayan dispuesto en el período impositivo, que no sea para su distribución o para compensar pérdidas, identificando el ejercicio del que proceden dichas reservas.

2. ¿Qué sucederá si la SOCIMI incumple las obligaciones de información?

El incumplimiento de las obligaciones de información que exige el artículo 11 de la LSOCIMI, en relación con cada ejercicio, constituirá una infracción tributaria grave, que se sancionará de acuerdo con lo indicado en el apartado 4 de dicho precepto.

Régimen fiscal especial de las SOCIMI en el IS

Las entidades que opten por la aplicación del régimen fiscal especial se regirán por lo establecido en la LIS, sin perjuicio de las disposiciones especiales previstas en la LSOCIMI (Ley 11/2009, de 26 de octubre).

Las especialidades del régimen fiscal especial son las siguientes (artículo 9 de la LSOCIMI):

- Las entidades tributarán al **tipo de gravamen del 0 % en el IS**.
- De generarse bases imponibles negativas, **no resultará de aplicación el artículo 26 de la LIS**.
- **No resultará de aplicación el régimen de deducciones y bonificaciones** establecidas en los capítulos II, III y IV del título VI de la LIS (deducciones para evitar la doble imposición, bonificaciones y deducciones para incentivar la realización de determinadas actividades).
- El **incumplimiento del requisito de mantenimiento** (artículo 3.3 de la LSOCIMI) implicará:
  - » En el caso de inmuebles, la tributación de todas las rentas generadas por dichos inmuebles en todos los períodos impositivos en los que hubiera resultado de aplicación este régimen fiscal especial, de acuerdo con el régimen general y el tipo general de gravamen del IS.
  - » En el caso de acciones o participaciones, la tributación de aquella parte de las rentas generadas con ocasión de la transmisión, de acuerdo con el régimen general y el tipo general del IS.

  Procederá la misma regularización en el caso de que la sociedad, cualquiera que fuese su causa, pase a tributar por otro régimen distinto en el IS antes de que se cumpla el referido plazo de tres años.

> **A TENER EN CUENTA**. Todas estas regularizaciones se realizarán en los términos establecidos en el apartado 3 del artículo 125 de la LIS.

- Estarán **sujetos a retención los dividendos o participaciones en beneficios**:
  - » Cuando el perceptor sea contribuyente del IS, del IRNR con establecimiento permanente o del IRPF, excepto que se trate de entidades que reúnan los requisitos para aplicar la LSOCIMI.
  - » Cuando el perceptor sea contribuyente del IRNR sin establecimiento permanente, de acuerdo con lo establecido en el artículo 31 de la LIRNR, salvo aquellos a los que resulte de aplicación lo dispuesto en el punto anterior.

Por otra parte, en el marco de este régimen se establecen los siguientes **gravámenes especiales** (apartados 2 a 4 del artículo 9 de la LSOCIMI):

a) Gravamen especial sobre beneficios distribuidos

La entidad estará sometida a un gravamen especial del **19 %** sobre el **importe íntegro de los dividendos o participaciones en beneficios distribui-**

dos a los socios cuya participación en el capital social de la entidad sea igual o superior al 5 %, cuando dichos dividendos, en sede de sus socios, estén exentos o tributen a un tipo de gravamen inferior al 10 %. Dicho gravamen tendrá la consideración de cuota del IS.

Ahora bien, este gravamen **no se aplicará**:

- Cuando el socio que percibe el dividendo sea una entidad a la que resulte de aplicación la LSOCIMI.
- Cuando los dividendos o participaciones en beneficios sean percibidos por entidades no residentes a las que se refiere la letra b) del artículo 2.1 de la LSOCIMI, respecto de aquellos socios que posean una participación igual o superior al 5 % en el capital social de aquellas y tributen por dichos dividendos o participaciones en beneficios, al menos, al tipo de gravamen del 10 %.

Este gravamen especial se devengará el día del acuerdo de distribución de beneficios por la junta general de accionistas, u órgano equivalente, y deberá ser objeto de autoliquidación e ingreso en el plazo de dos meses desde la fecha de devengo, a través del correspondiente **modelo 217**, «Gravamen especial sobre dividendos o participaciones en beneficios distribuidos por Sociedades Anónimas Cotizadas de Inversión en el Mercado Inmobiliario. Impuesto sobre Sociedades. Autoliquidación», aprobado por la Orden HFP/1922/2016, de 19 de diciembre.

CUESTIÓN

¿Existirá obligación de presentar el modelo 217 en los dos supuestos antes enumerados en los que no se aplicará el gravamen especial sobre beneficios distribuidos?

No, en esos dos casos no existirá obligación de presentar el modelo 217, tal y como indica el artículo 2.2 de la Orden HFP/1922/2016, de 19 de diciembre.

b) Gravamen especial sobre beneficios no distribuidos

Este gravamen especial fue introducido por la Ley 11/2021, de 9 de julio, en el apartado 4 del artículo 9 de la LSOCIMI, con efectos para los períodos impositivos iniciados a partir de 1 de enero de 2021. En su virtud, la entidad estará sometida a un gravamen especial del **15 %** sobre el **importe de los beneficios obtenidos en el ejercicio que no sea objeto de distribución**, en la parte que proceda de rentas que no hayan tributado al tipo general de gravamen del IS ni se trate de rentas acogidas al período de reinversión regulado en el artículo 6.1.b) de la LSOCIMI. Dicho gravamen tendrá la consideración de cuota del IS.

El gravamen especial se devengará el día del acuerdo de aplicación del resultado del ejercicio por la junta general de accionistas, u órgano equivalente. Deberá ser objeto de autoliquidación e ingreso en el plazo de dos meses desde la fecha de devengo, a través del **modelo 237**, «Gravamen especial sobre beneficios no distribuidos por sociedades anónimas cotizadas de inversión en el mercado inmobiliario. Impuesto sobre Sociedades. Autoliquidación», aprobado por la Orden HFP/1430/2021, de 20 de diciembre.

Régimen fiscal especial de los socios

El régimen fiscal especial de los socios se regula en el artículo 10 de la LSOCIMI:

- Los **dividendos distribuidos con cargo a beneficios o reservas respecto de los que se haya aplicado el régimen fiscal especial** recibirán el siguiente tratamiento:
  - » Cuando el perceptor sea un contribuyente del IS o del IRNR con establecimiento permanente, no será de aplicación la exención del artículo 21 de la LIS.
  - » Cuando el perceptor sea un contribuyente del IRPF, se aplicará lo dispuesto en el artículo 25.1.a) de la LIRPF.
  - » Cuando el perceptor sea un contribuyente del IRNR sin establecimiento permanente, se aplicará lo dispuesto en el artículo 24.1 de la LIRNR.
- Las **rentas obtenidas en la transmisión o reembolso de la participación en el capital de las sociedades que hayan optado por la aplicación de este régimen** recibirán el siguiente tratamiento:
  - » Cuando el transmitente o perceptor sea un contribuyente del IS o del IRNR con establecimiento permanente, no será de aplicación la exención del artículo 21 de la LIS.
  - » Cuando el transmitente o perceptor sea un contribuyente del IRPF, la ganancia o pérdida patrimonial se determinará de acuerdo con el artículo 37.1.a) de la LIRPF.
  - » Cuando el transmitente o perceptor sea un contribuyente del IRNR sin establecimiento permanente cuya participación en el capital social de la entidad sea igual o superior al 5 %, no será de aplicación la exención del artículo 14.1.i) de la LIRNR.

Los socios cuya participación en el capital social de la entidad sea igual o superior al 5 % y que reciban dividendos o participaciones en beneficios que tributen a un tipo de gravamen de, al menos, el 10 %, estarán obligados a notificar tal circunstancia a la entidad en el plazo de 10 días a contar desde el siguiente a aquel en que los mismos sean satisfechos. De no existir esta notificación, se entenderá que están exentos o tributan a un tipo de gravamen inferior al 10 %.

A su vez, los socios que tengan la condición de entidades no residentes a las que se refiere la letra b) del artículo 2.1 de LSOCIMI deberán acreditar en el plazo establecido en el párrafo anterior que, a la vista de la composición de su accionariado y de la normativa aplicable en el momento del acuerdo de distribución de dividendos, estos quedarán gravados, ya sea en dicha entidad o en sus socios, al menos, al tipo de gravamen del 10 %. La no sujeción al gravamen especial, sin embargo, quedará condicionada a que los referidos dividendos tributen al tipo de gravamen de, al menos, el 10 %, cuando sean objeto de distribución por las entidades a las que se refiere la letra b) del artículo 2.1 de LSOCIMI.

Régimen fiscal de entrada y salida del régimen fiscal especial de las SOCIMI

Las sociedades que opten por la aplicación de este régimen fiscal especial, que estuviesen tributando por otro régimen distinto, aplicarán las reglas que señala el artículo 12.1 de la LSOCIMI (**régimen de entrada**):

- Los ajustes fiscales pendientes de revertir en la base imponible en el momento de aplicación del presente régimen se integrarán de acuerdo con el régimen general y el tipo general de gravamen del IS.
- Las bases imponibles negativas que estuvieran pendientes de compensación en el momento de aplicación del régimen especial de las SOCIMI se compensarán con las rentas positivas que, en su caso, tributen bajo el régimen general, en los términos del artículo 26 de la LIS.
- La renta derivada de la transmisión de inmuebles poseídos con anterioridad a la aplicación del régimen especial, efectuada en períodos en que sea de aplicación dicho régimen, se entenderá generada de forma lineal, salvo prueba en contrario, durante todo el tiempo de tenencia del inmueble transmitido. La parte de dicha renta imputable a los períodos impositivos anteriores se gravará aplicando el tipo de gravamen y el régimen tributario anterior a la aplicación de este régimen fiscal especial. Se aplicará ese mismo criterio a las rentas procedentes de la transmisión de las participaciones en otras sociedades a las que se refiere el artículo 2.1 de la LSOCIMI, así como al resto de los elementos del activo.
- Las deducciones en la cuota íntegra pendientes de aplicar se deducirán de la cuota íntegra que, en su caso, proceda de la aplicación del régimen general, en los términos previsto en el título VI de la LIS.

Por lo que se refiere al **régimen de salida**, en el caso de sociedades que estuviesen tributando por este régimen fiscal especial y pasen a tributar por otro régimen distinto, el artículo 12.2 de la LSOCIMI señala que la renta derivada de la transmisión de inmuebles poseídos al inicio del período impositivo en el que la entidad pase a tributar por otro régimen fiscal distinto, realizada en períodos en los que sea de aplicación ese otro régimen, se entenderá generada de forma lineal, salvo prueba en contrario, durante todo el tiempo de tenencia del inmueble transmitido. La parte de dicha renta imputable a ejercicios en los que resultó de aplicación este régimen especial se gravará según lo establecido en la LSOCIMI. Ese mismo criterio se aplicará a las rentas procedentes de la transmisión de las participaciones en otras entidades a las que se refiere el artículo 2.1 de la LSOCIMI.

A los efectos de lo establecido en el artículo 89.2 de la LIS, **se presumirá que las operaciones de fusiones, escisiones, aportaciones de activos y canjes de valores acogidas al régimen especial establecido en el capítulo VII del título VII de la LIS** (régimen FEAC o de neutralidad fiscal), se efectúan con un **motivo económico válido** cuando la finalidad de dichas operaciones sea la creación de una o varias sociedades susceptibles de acogerse al régimen fiscal especial de las SOCIMI regulado en la LSOCIMI o bien la adaptación, con la misma finalidad, de sociedades previamente existentes.

Pérdida del régimen fiscal especial

La entidad perderá el régimen fiscal especial establecido en la LSOCIMI, pasando a tributar por el régimen general del IS, en el propio período impositivo en el que se manifieste alguna de las circunstancias siguientes (artículo 13 de la LSOCIMI):

- La exclusión de negociación en mercados regulados o en un sistema multilateral de negociación.
- El incumplimiento sustancial de las obligaciones de información a que se refiere el artículo 11 de la LSOCIMI, excepto que en la memoria del ejercicio inmediato siguiente se subsane ese incumplimiento.
- La falta de acuerdo de distribución o pago total o parcial, de los dividendos en los términos y plazos a los que se refiere el artículo 6 de la LSOCIMI. En este caso, la tributación por el régimen general tendrá lugar en el período impositivo correspondiente al ejercicio de cuyos beneficios hubiesen procedido tales dividendos.
- La renuncia a la aplicación de este régimen fiscal especial.
- El incumplimiento de cualquier otro de los requisitos exigidos en la LSOCIMI para que la entidad pueda aplicar el régimen fiscal especial, excepto que se reponga la causa del incumplimiento dentro del ejercicio inmediato siguiente. Ahora bien, el incumplimiento del plazo a que se refiere el artículo 3.3 de la LSOCIMI no implicará la pérdida del régimen fiscal especial.

La pérdida del régimen supondrá que **no se pueda optar de nuevo por la aplicación del régimen fiscal especial de las SOCIMI mientras no hayan transcurrido al menos tres años** desde la conclusión del último período impositivo en el que fue de aplicación dicho régimen.

RESOLUCIÓN ADMINISTRATIVA

Consulta vinculante de la Dirección General de Tributos (V0582-24), de 9 de abril de 2024

Asunto: supuesto de renuncia al régimen especial de las SOCIMI cuando se aplicó al amparo de la D.T. 1.ª de la LSOCIMI y se prevé el incumplimiento de la condición de cumplir los requisitos para aplicarlo en los dos años siguientes.

«Tal y como ha señalado este Centro Directivo en su consulta V2390-20, de 13 de julio de 2020, en un supuesto análogo al aquí planteado, en el que dentro del plazo de dos años previsto en la disposición transitoria primera la consultante renunció al régimen fiscal especial al prever el incumplimiento de los requisitos legalmente previstos en el plazo de dos años previsto en la disposición transitoria primera de la Ley 11/2009, y tras haber procedido a regularizar su situación tributaria en aquellos períodos impositivos en los que aplicó el régimen fiscal especial de SOCIMI, concluyó que no resultaría de aplicación la limitación prevista en el último párrafo del artículo 13 de la LSOCIMI, en la medida en que la entidad no habría aplicado el régimen especial de SOCIMI en ningún período impositivo, puesto que procedió

a regularizar su situación tributaria y tributó bajo el régimen general del Impuesto sobre Sociedades. De lo anterior se desprende que, en caso de que posteriormente la referida entidad optara de nuevo por la aplicación del régimen fiscal especial de SOCIMI, de acuerdo con el artículo 8 de la Ley 11/2009, el régimen fiscal especial se aplicaría en las condiciones previstas en la LSOCIMI».

2.21. Otros regímenes especiales en el Impuesto sobre Sociedades

Otros regímenes especiales en el Impuesto sobre Sociedades

Los regímenes especiales del Impuesto sobre Sociedades en España son aquellos diseñados para abordar supuestos particulares y proporcionar un tratamiento fiscal adecuado a determinadas situaciones, que se aplican de manera preferente respecto a las normas generales del impuesto, debido a la naturaleza específica de los contribuyentes o de los hechos, actos u operaciones de que se trate.

En concreto, el artículo 42 de la LIS establece que serán regímenes tributarios especiales los que se encuentren regulados en el título VII de la LIS, ya sea por razón de la naturaleza de los contribuyentes afectados o por razón de la naturaleza de los hechos, actos u operaciones de que se trate, pero ello no obsta para que a través de otras leyes se introduzcan especialidades que permitan dar un tratamiento fiscal específico y diferenciado del régimen general a distintos colectivos, como, por ejemplo, la Ley 49/2002, de 23 de diciembre, con relación a las entidades sin fines lucrativos.

En todos estos casos hay que recordar que las normas reguladoras de estos regímenes especiales se aplicarán con carácter preferente respecto de las previstas en el resto de títulos de la LIS, que tendrán carácter supletorio.

Si bien hemos desarrollado los regímenes especiales más destacados en los apartados previos, sin pretender realizar un listado taxativo, también podemos citar a título de ejemplo, el caso de los partidos políticos —que cuentan con su propio régimen fiscal—, o de ciertas especialidades que se aplicarán en las diputaciones forales del País Vasco o de Navarra, que además de contar con una regulación propia, tienen un régimen especial para aquellos casos en los que se debe tributar conjuntamente a la Administración Foral y a la Estatal.

Régimen especial de los partidos políticos

En el caso de los partidos políticos hay que señalar que los mismos se encuentran parcialmente exentos del impuesto, tal y como se recoge en el artículo 9 de la LIS y en el artículo 10 la Ley Orgánica 8/2007, de 4 de julio, sobre financiación de los partidos políticos, no obstante, deberán declarar la totalidad de sus rentas, tanto las exentas como las no exentas en virtud de lo dispuesto en el artículo 124.3 de la LIS.

La exención parcial de los partidos políticos afecta a las rentas obtenidas por estos para la financiación de las actividades que constituyen su objeto o finalidad específica, y en concreto, resultará de aplicación a los siguientes rendimientos e incrementos de patrimonio:

- Las cuotas y aportaciones satisfechas por sus afiliados.
- Las subvenciones percibidas conforme a la Ley Orgánica 8/2007, de 4 de julio, sobre financiación de los partidos políticos.
- Las donaciones privadas efectuadas por personas físicas, así como cualesquiera otros incrementos de patrimonio que se pongan de manifiesto como consecuencia de adquisiciones a título lucrativo.
- Los rendimientos obtenidos en el ejercicio de sus actividades propias. En el caso de que se trate de rendimientos procedentes de explotaciones económicas propias la exención deberá ser expresamente declarada por la Administración tributaria. Se incluyen también en la exención las rentas puestas de manifiesto en la transmisión onerosa de bienes o derechos afectos a la realización del objeto o finalidad propia del partido político siempre que el producto de la enajenación se destine a nuevas inversiones vinculadas a su objeto o finalidad propia o a la financiación de sus actividades
- Los rendimientos procedentes de los bienes y derechos que integran el patrimonio del partido político.

Si bien el artículo 11 de la Ley Orgánica 8/2007, de 4 de julio, sobre financiación de los partidos políticos establecía la obligación de estos de presentar el Impuesto sobre Sociedades con relación a las rentas no exentas, la LIS en el artículo 124.3 amplía esta obligación, y la extiende a la totalidad de sus rentas, ya sean rentas exentas o no exentas.

CUESTIONES

1. Para que un partido político pueda disfrutar de la exención, ¿debe realizar algún trámite previo o se aplica automáticamente?

Siguiendo el artículo 55 del Real Decreto 634/2015, de 10 de julio, por el que se aprueba el Reglamento del Impuesto sobre Sociedades, cabe afirmar que para disfrutar se la exención los partidos políticos deberán formular solicitud dirigida al Departamento de Gestión Tributaria de la Agencia Estatal de Administración Tributaria antes de que finalice el periodo impositivo en que deba surtir efectos. Con la solicitud deberá acompañarse copia simple de la escritura de constitución y estatutos, certificado de inscripción en el Registro de Partidos Políticos del Ministerio de Interior, así como, memoria, en la que se explique y justifique que las explotaciones económicas para las que solicita la exención coinciden con su propia actividad.

2. ¿Es necesario reiterar la solicitud en cada período impositivo?

No, una vez que se haya concedido la exención no es preciso reiterar su solicitud en los períodos impositivos siguientes, salvo que se modifiquen las circunstancias que justificaron su concesión o la normativa aplicable.

3. ¿Qué ocurre cuando se incumplen los requisitos exigidos para la aplicación de la exención?

En el caso de que se incumplan los requisitos se perderá el derecho a la aplicación de la exención desde el propio período impositivo en el que se produzca el incumplimiento.

RESOLUCIÓN ADMINISTRATIVA

Consulta vinculante de la Dirección General de Tributos (V1324-24), de 7 de junio de 2024

Asunto: Conflicto entre la LOFPP y la LIS

«Por tanto, teniendo en cuenta que los artículos 11.Tres de la LOFPP y 124.3 de la LIS regulan ambos la obligación de los partidos políticos de presentar declaración por el Impuesto sobre Sociedades y que lo hacen en sentido no coincidente, podemos afirmar que nos encontramos, aparentemente, ante un supuesto de conflicto entre Ley orgánica y Ley ordinaria.

En el caso que nos ocupa, además resulta preciso tener en cuenta que la LOFPP contiene en la disposición adicional decimocuarta anteriormente reproducida la mención expresa de que los preceptos del Título III de la Ley, que es precisamente donde se sitúa el artículo 11.Tres de la LOFPP, tienen el carácter de ley ordinaria y que serían, por tanto, susceptibles de ser modificados mediante una Ley ordinaria.

Asimismo, hay que tener en cuenta que, si bien la disposición derogatoria 2.s) de la LIS exceptúa de dicha derogación a la LOFPP, no es menos cierto que la propia LIS contiene un precepto vigente (art.124.3) que de forma expresa establece que los partidos políticos "estarán obligados a declarar la totalidad de sus rentas, exentas y no exentas". Por tanto, la interpretación de ambos preceptos debe hacerse teniendo en cuenta que ambos son plenamente vigentes y aplicables.

En consecuencia, con base en lo dispuesto en la doctrina existente del TC en aplicación del régimen de congelación de rango establecido por el artículo 81.2 de la Constitución Española, en la medida en que el artículo 11.Tres de la LOFPP tiene el carácter de ley ordinaria y se considera que, tanto la disposición derogatoria 2.s) y el artículo 124.3 de la LIS son legalmente aplicables, la controversia ha de resolverse teniendo en cuenta que, si bien dicha disposición derogatoria 2.s) mantiene la vigencia general de la LOFPP, en este caso, debe hacerse una excepción, por cuanto la propia LIS en el artículo 124.3 regula un supuesto de hecho concreto atinente a los partidos políticos, siendo dicho precepto, se reitera, plenamente aplicable al estar vigente. Nótese que lo contrario, esto es, hacer prevalecer de forma absoluta lo previsto en el artículo 11.Tres de la LOFPP en base a la disposición derogatoria 2.s), implicaría vaciar de contenido el artículo 124.3 respecto de los partidos políticos.

Así, los partidos políticos vendrán obligados a presentar y suscribir declaración por el Impuesto sobre Sociedades con relación con la totalidad de sus rentas, las exentas y las no exentas, de acuerdo con lo dispuesto en el artículo 124.3 LIS.

Por lo tanto, en la medida en que la entidad consultante es un partido político, deberá presentar declaración con relación con la totalidad de sus rentas en el plazo previsto en el apartado 1 del artículo 124 de la LIS, esto es, en los 25 días naturales siguientes a los 6 meses posteriores a la conclusión del periodo impositivo».

Régimen especial de las Diputaciones Forales del País Vasco y de la Comunidad Foral de Navarra

En estos casos se aplican regímenes forales y de tributación conjunta entre el Estado y las Administraciones Forales, pudiendo repartirse el Impuesto sobre Sociedades en función del volumen de operaciones realizadas en cada territorio.

Tanto la Ley 12/2002, de 23 de mayo, por la que se aprueba el Concierto Económico con la Comunidad Autónoma del País Vasco, como la Ley 28/1990, de 26 de diciembre, por la que se aprueba el Convenio Económico entre el Estado y la Comunidad Foral de Navarra, regulan distintos regímenes de tributación foral y de tributación conjunta entre el Estado y las Administraciones Forales que incluyen el reparto del Impuesto de Sociedades.

En ambos casos para la determinación de las cuotas tributarias que corresponden a cada Administración se atenderá al volumen de operaciones realizadas en territorio común y foral durante el ejercicio.

|| País Vasco

El Impuesto sobre Sociedades es un tributo concertado de normativa autónoma para los sujetos pasivos que tengan su domicilio fiscal en el País Vasco, y como tal encuentra su regulación en los artículos 14 a 20 de la Ley 12/2002, de 23 de mayo, por la que se aprueba el Concierto Económico con la Comunidad Autónoma del País Vasco.

La normativa del País Vasco se divide en:

- Araba: Norma Foral 37/2013, de 13 de diciembre, del Impuesto sobre Sociedades.
- Bizkaia: Norma Foral 11/2013, de 5 de diciembre, del Impuesto sobre Sociedades.
- Gipuzkoa: Norma Foral 2/2014, de 17 de enero, sobre el Impuesto sobre Sociedades.

Esta **normativa específica vasca se aplicará a las entidades con domicilio fiscal en estos territorios cuyo volumen de operaciones no supere los 12 millones de euros en el ejercicio anterior**, y a aquellos que aun teniendo el domicilio fiscal en territorio común tengan un volumen de operaciones en el ejercicio anterior superior a 12 millones de euros y en dicho ejercicio hubieran realizado en el País Vasco el 75 % o más de su volumen de operaciones, salvo que se trate de sujetos pasivos que formen parte de un grupo fiscal y cuyo domicilio fiscal radique en territorio común, el volumen de operaciones en el ejercicio anterior hubiera excedido de 12 millones de euros, en cuyo caso, será de aplicación la normativa autónoma únicamente si en dicho ejercicio hubieran realizado en el País Vasco la totalidad de las operaciones.

Sin embargo, los sujetos pasivos cuyo volumen de operaciones en el ejercicio anterior hubiera excedido de 12 millones de euros, y en dicho ejercicio hubieran realizado en territorio común el 75 % o más de su volumen de operaciones, quedarán sometidos a la normativa de dicho territorio.

Con relación a la exacción del Impuesto de Sociedades, el artículo 15 de la Ley 12/2002, de 23 de mayo, por la que se aprueba el Concierto Económico con la Comunidad Autónoma del País Vasco, establece que corresponderá únicamente a las Diputaciones Forales en aquellos supuestos en los que los sujetos pasivos tengan su su domicilio fiscal en el País Vasco, y su volumen de operaciones en el ejercicio anterior no excediese los 12 millones de euros.

En el caso de sujetos pasivos cuyo volumen de operaciones en el ejercicio anterior hubiere excedido de 12 millones de euros tributarán, cualquiera que sea el lugar en que tengan su domicilio fiscal, a las Diputaciones Forales, a la Administración del Estado o a ambas Administraciones en proporción al volumen de operaciones realizado en cada territorio durante el ejercicio, es decir, en el Impuesto de Sociedades existe la posibilidad, cuando una entidad opera en ambos territorios y su volumen de operaciones exceda de 12 millones de euros, de que aplicando una sola normativa, se reparta entre varias Administraciones el resultado de la liquidación. Este reparto se realiza en proporción al volumen de operaciones realizado en cada territorio durante el ejercicio.

DOMICILIO FISCAL	VOLUMEN DE OPERACIONES EN EL EJERCICIO ANTERIOR	NORMATIVA APLICABLE
País Vasco	No superior a 10 millones de euros	Normativa foral del País Vasco
País Vasco	Superior a 10 millones de euros	Normativa foral del País Vasco, con excepción: • Si el 75 % o más de sus operaciones en el ejercicio anterior se realizaran en territorio común se aplicará la normativa estatal.
Territorio común	No superior a 10 millones de euros	Normativa estatal
Territorio común	Superior a 10 millones de euros	Normativa estatal con excepciones: • Si el 75 % o más de sus operaciones en el ejercicio anterior se realizaron en País Vasco se aplicará la normativa foral vasca.

A TENER EN CUENTA. La Ley 3/2025, de 29 de abril, ha modificado los artículos 14 y 15 de la Ley 12/2002, en vigor a partir del 1 de mayo de 2025, aumentando de 10 a 12 millones de euros todas las referencias al volumen de operaciones, por lo que para períodos impositivos anteriores habrá que estar a la redacción anterior.

Navarra

El Impuesto sobre Sociedades en la Comunidad Foral de Navarra también cuenta con una normativa foral propia conforme a lo establecido en la Ley 28/1990, de 26 de diciembre, por la que se aprueba el Convenio Económico entre el Estado y la Comunidad Foral de Navarra.

El artículo 18 de la Ley 28/1990, de 26 de diciembre, regula cual será la normativa aplicable a los distintos sujetos, y el artículo 19 de la mentada Ley se refiere a la exacción del impuesto, diferenciando:

- Los sujetos pasivos que tributen **exclusivamente a la Comunidad Foral de Navarra** aplicarán la normativa foral navarra, cuando tengan su domicilio fiscal en Navarra y su volumen total de operaciones en el ejercicio anterior no hubiese excedido de 10 millones de euros, o cuando excediendo dicho volumen operen exclusivamente en territorio navarro.

- Los sujetos pasivos que tributen **conjuntamente a ambas Administraciones** aplicarán la normativa correspondiente a la Administración de su domicilio fiscal. La ley recoge que los sujetos que operen en ambos territorios y cuyo volumen total de operaciones en el ejercicio anterior hubiese excedido de 10 millones de euros, tributarán conjuntamente a ambas Administraciones, cualquiera que sea el lugar en que tengan su domicilio fiscal. La tributación se efectuará en proporción al volumen de operaciones realizado en cada territorio durante el ejercicio.
  - » Los sujetos pasivos que tributando conjuntamente a ambas Administraciones y teniendo su domicilio fiscal en Navarra hubieran realizado en el ejercicio anterior en territorio común el 75 % o más de sus operaciones totales, quedarán sometidos a la normativa de territorio común.
  - » Los sujetos pasivos que tributen conjuntamente a ambas Administraciones y, teniendo su domicilio fiscal en territorio común, hayan realizado en el ejercicio anterior en Navarra el 75 % o más de sus operaciones totales, aplicarán la normativa foral navarra salvo que se trate de entidades que formen parte de un grupo fiscal.

DOMICILIO FISCAL	VOLUMEN DE OPERACIONES EN EL EJERCICIO ANTERIOR	NORMATIVA APLICABLE
Navarra	No superior a 10 millones de euros	Normativa foral de Navarra
Navarra	Superior a 10 millones de euros	Normativa foral de Navarra, con excepción: • Si el 75 % o más de sus operaciones en el ejercicio anterior se realizaran en territorio común se aplicará la normativa estatal.
Territorio común	No superior a 10 millones de euros	Normativa estatal
Territorio común	Superior a 10 millones de euros	Normativa estatal con excepciones: • Si el 75 % o más de sus operaciones en el ejercicio anterior se realizaron en Navarra se aplicará la normativa foral navarra.

ANEXO I.
CASOS PRÁCTICOS

Caso práctico | La libertad de amortización en entidades de reducida dimensión

PLANTEAMIENTO

Una sociedad de responsabilidad limitada unipersonal cuya actividad principal es el comercio al por mayor de productos para el mantenimiento del hogar y de bricolaje, inició su actividad en 2021 y ha tenido una cifra de negocios inferior a 10 millones de euros en los ejercicios 2021, 2022 y 2023, alcanzando dicha cifra en 2024. Para el ejercicio 2025, la entidad planea adquirir un terreno y construir una nueva nave para el almacenamiento de sus productos, con la intención de que entre en funcionamiento en el mismo ejercicio. ¿Puede la entidad aplicar el incentivo fiscal de libertad de amortización del artículo 102 de la LIS en los ejercicios 2025, 2026 y 2027?

RESPUESTA

Si, podrá aplicarse el incentivo fiscal de la libertad de amortización, siempre y cuando se cumplan todos los requisitos que establece el artículo 102 de la LIS.

El régimen fiscal especial para las entidades de reducida dimensión está regulado en el capítulo XI del título VII de la Ley 27/2014, de 27 de noviembre, del Impuesto sobre Sociedades (LIS).

El artículo 101 de la LIS establece que los incentivos fiscales se aplicarán siempre que el importe neto de la **cifra de negocios del período impositivo inmediato anterior sea inferior a 10 millones de euros**. Además, estos incentivos también serán aplicables en los **tres períodos impositivos inmediatos y siguientes al período en que la entidad alcance la cifra de negocios de 10 millones de euros**, siempre que haya cumplido las condiciones para ser considerada de reducida dimensión en dicho período y en los dos anteriores.

En este caso, la entidad ha sido considerada de reducida dimensión en los ejercicios 2022, 2023 y 2024, ya que las cifras de negocios en 2021, 2022 y 2023 fueron inferiores a 10 millones de euros. Aunque en 2024 alcanzó dicha cifra, podrá seguir aplicando los incentivos fiscales durante los ejercicios 2025, 2026 y 2027, siempre que cumpla las condiciones establecidas en el artículo 101 de la LIS.

Para aplicar el incentivo de libertad de amortización del artículo 102 de la LIS, se requiere que los elementos nuevos del inmovilizado material y de las inversiones inmobiliarias estén afectos a la actividad económica y se pongan a disposición del contribuyente en el período impositivo en que se cumplan las condiciones del artículo 101 de la LIS. Además, la plantilla media total de la empresa debe incrementarse respecto a la plantilla media de los 12 meses anteriores y mantenerse durante un período adicional de 24 meses.

En conclusión, la entidad podrá aplicar la libertad de amortización respecto de la inversión en la nueva nave en el ejercicio 2025, siempre que cumpla con los requisitos de incremento y mantenimiento de la plantilla establecidos en el artículo 102 de la

LIS. Si no se amortiza fiscalmente la totalidad de la inversión en 2025, la amortización pendiente podrá realizarse en períodos impositivos posteriores, incluso si la entidad no cumple los requisitos para ser considerada de reducida dimensión en esos períodos.

En este sentido se ha pronunciado la Dirección General de Tributos en su **consulta vinculante (V2577-23), de 26 de septiembre de 2023** en la que tras concluir que cabe la amortización en el ejercicio en que se pone a disposición y en los dos siguientes recalca que «(...) será preciso que durante los 24 meses siguientes a la fecha del inicio del período impositivo en que el bien adquirido entre en funcionamiento, la plantilla media total de la empresa se incremente respecto de la plantilla media de los 12 meses anteriores, y dicho incremento se mantenga durante un período adicional de otros 24 meses, en los términos previstos en el artículo 102 de la LIS».

Caso práctico | Régimen especial de entidades navieras en el Impuesto de Sociedades

PLANTEAMIENTO

La sociedad B con residencia en España titular de un buque-crucero suscribe un contrato de fletamento por tiempo con la empresa M residente en Malta. La sociedad B realizará la gestión técnica y de tripulación del buque-crucero, asumiendo el control y riesgo de la actividad marítima y la responsabilidad de la explotación náutica del mismo. Ambas entidades forman parte del mismo grupo.

En el supuesto expuesto, ¿puede aplicarse el régimen especial de entidades navieras en función del tonelaje? En caso de que sea posible, ¿en la base imponible se integrará la totalidad de los ingresos procedentes del contrato de fletamento y la renta positiva de una futra transmisión del buque?

RESPUESTA

En primer lugar, es preciso determinar si se cumplen las condiciones para poder acogerse al régimen especial de las entidades navieras en función del tonelaje. Para ello debemos acudir al artículo 113 de la LIS, apartado 1, el cual establece:

> «1. Podrán acogerse al régimen especial previsto en este capítulo.
>
> a) Las entidades inscritas en alguno de los registros de empresas navieras referidos en el texto refundido de la Ley de Puertos del Estado y de la Marina Mercante, aprobado por el Real Decreto Legislativo 2/2011, de 5 de septiembre, cuya actividad comprenda la explotación de buques propios o arrendados.
>
> b) Las entidades que realicen, en su totalidad, la gestión técnica y de tripulación de buques a que se refiere el apartado siguiente. A estos efectos, se entiende por gestión técnica y de tripulación la asunción de la completa responsabilidad de la explotación náutica del buque, así como de todos los deberes y responsabilidades impuestos por el Código Internacional de Gestión para la Seguridad de la Explotación de los buques y la prevención de la contaminación adoptado por la Organización Marítima Internacional mediante la Resolución A 741».

De los hechos que se han expuesto la entidad B explotará el buque mediante un contrato de fletamento por tiempo, asumiendo el riesgo de la actividad de transporte marítimo, como consecuencia del contrato suscrito. Adicionalmente, la gestión técnica y comercial del buque. En consecuencia, debe entenderse cumplido el requisito del artículo 113.1.a) de la LIS en la medida en que la gestión estratégica y comercial del buque se lleve a cabo por la entidad titular del buque residente en España.

Así mismo, se entenderá cumplido el requisito del artículo 113.1.b) de la LIS en cuanto la entidad B asume la responsabilidad de la explotación náutica del buque, así como de todos los deberes y responsabilidades impuestos por el Código Internacional de Gestión para la Seguridad de la Explotación de los buques y la prevención de la contaminación.

Para poder determinar la base imponible debemos atender a lo establecido en el artículo 114 de la LIS del cual deriva que solo podrán incluirse en la base imponible del régimen de tonelaje las rentas que se correspondan con la actividad de explotación, titularidad o gestión técnica y de tripulación del buque. En el caso expuesto dichas rentas estarán constituidas por el flete o renta periódica que se compromete a pagar M como contraprestación por los servicios prestado por B en virtud del contrato de fletamento.

Como consecuencia de que las entidades B y M son entidades vinculantes conforme al artículo 18 de la LIS, apartado 2, ya que pertenecen al mismo grupo, la operación de fletamento deberá valorarse por su valor de mercado.

En el supuesto de que se produzca la transmisión del buque en la medida en la que se encuentre afecto al régimen de tonelaje, las rentas derivadas de esa transmisión se considerarán integradas en la base imponible del régimen en los términos del artículo 114.2 LIS.

En los términos que hemos expuesto se ha pronunciado la Dirección General de Tributos en la consulta vinculante (V0098-17), de 20 de enero de 2017.

Caso práctico | Escisión total de la sociedad dominante de un grupo fiscal en favor de dos nuevas sociedades, ¿se extingue el grupo fiscal o continúa?

PLANTEAMIENTO

La sociedad A es una sociedad *holding*, dominante del grupo de consolidación fiscal A, que participa al 100 % en las sociedades B, C, D, E, F y G. Para reorganizar la estructura societaria y reorganizar las líneas de negocio, se va a realizar una operación de escisión total de la sociedad A, de la cual serán beneficiarias las sociedades X1 y X2, ambas de nueva creación. La sociedad X1 recibirá las participaciones de la *holding* en las entidades B, C y D; mientras que la sociedad X2, recibirá las participaciones en las sociedades E, F y G, así como los inmuebles con los que cuenta la entidad originaria.

Todas las sociedades son residentes en territorio español.

La operación de escisión total se acogerá al régimen de neutralidad fiscal del capítulo VII del título VII de la LIS, por cumplir todos los requisitos necesarios para ello.

¿Se extingue el antiguo grupo fiscal, concluyendo su período impositivo, o continúa con alguna de las sociedades beneficiarias?

RESPUESTA

La escisión total supone la extinción de la sociedad dominante A en favor de dos sociedades de nueva creación, así que se producirá la extinción del grupo fiscal A, cuyo período impositivo finalizará en la fecha en la que tenga lugar la extinción de la sociedad dominante A. Dado que la operación de escisión total se acoge al régimen FEAC y supone una sucesión a título universal, las sociedades beneficiarias, a la que se atribuyen los valores de las entidades dependientes, residentes en España, del extinto grupo fiscal, se subrogarán en la posición de dominantes de la sociedad extinta, de forma que podrán aplicar el régimen de consolidación en el primer período impositivo que concluya con posterioridad a la escisión realizada; siempre que se cumplan los requisitos para ello.

Según el artículo 58 de la LIS, apartado 6:

> «6. El grupo fiscal se extinguirá cuando la entidad dominante pierda dicho carácter. No obstante, no se extinguirá el grupo fiscal cuando la entidad dominante pierda tal condición y sea no residente en territorio español, siempre que se cumplan las condiciones para que todas las entidades dependientes sigan constituyendo un grupo de consolidación fiscal, salvo que se incorporen a otro grupo fiscal».

A su vez, el artículo 27.2.a) de la LIS establece que, en todo caso, concluirá el período impositivo cuando la entidad se extinga. Y, según el artículo 68.1 de la LIS, «el período impositivo del grupo fiscal coincidirá con el de la entidad representante del mismo», que en este supuesto sería la sociedad A dominante del grupo (apartado 2 del artículo 56 de la LIS).

Sobre la base de todo ello, se extraerían dos primeras conclusiones:

- Como consecuencia de la escisión total, **la sociedad A, que era la dominante del grupo fiscal, se extingue** en favor de dos sociedades de nueva creación (las sociedades X1 y X2), por lo que se producirá la **extinción del grupo fiscal A**.
- Dado que la escisión total supone que la sociedad escindida se extinga, **para la sociedad A concluye su período impositivo en la fecha de extinción**; y, en la medida en que hasta ese momento dicha sociedad tiene la condición de dominante del grupo integrado por ella y sus dependientes (las sociedades B, C, D, E, F y G), el **período impositivo de dicho grupo finaliza igualmente en la fecha en la que tiene lugar la extinción de la sociedad dominante** A. Ello obligaría a que todas las sociedades dependientes concluyan su período impositivo en la misma fecha.

Dicha extinción, en concreto, se producirá en la fecha de inscripción de la escritura de escisión en el registro mercantil. En ese sentido, conviene tener en cuenta que los efectos de la inscripción de estos actos se retrotraen a la fecha del asiento de presentación de la escritura que los documenta, de acuerdo con el artículo 55 del RRM. Así las cosas, con motivo de la conclusión del período impositivo a raíz de la extinción de la sociedad A, **deberán presentarse las correspondientes declaraciones tributarias, tanto en régimen de tributación consolidada como en régimen individual**, atendiendo al artículo 56 de la LIS.

Ahora bien, como aclara la DGT en su consulta vinculante (V0483-25), de 25 de marzo de 2025, «la terminación del período impositivo, por extinción de la sociedad dominante del grupo (...), no tiene que suponer el cierre del ejercicio mercantil de las entidades dependientes».

Por otra parte, dado que la operación de **escisión total va a acogerse al régimen de neutralidad fiscal o FEAC** regulado en el capítulo VII del título VII de la LIS, le resultará de aplicación lo establecido en el apartado 1 del artículo 84 de la LIS, a cuyo tenor:

> «1. Cuando las operaciones mencionadas en el artículo 76 u 87 de esta Ley determinen una sucesión a título universal, se transmitirán a la entidad adquirente los derechos y obligaciones tributarias de la entidad transmitente.
>
> Cuando la sucesión no sea a título universal, se transmitirán a la entidad adquirente los derechos y obligaciones tributarias que se refieran a los bienes y derechos transmitidos.
>
> La entidad adquirente asumirá el cumplimiento de los requisitos necesarios para continuar aplicando los beneficios fiscales o consolidar los aplicados por la entidad transmitente».

En consecuencia, como la operación de escisión total supone una sucesión a título universal, conforme al principio de subrogación en los derechos y las obligaciones tributarias que recoge este precepto, **las sociedades beneficiarias, a la que se atribuyen los valores de las entidades dependientes, residentes en España, del extinto grupo fiscal, se subrogarán respectivamente en la posición de dominantes de la sociedad extinta**, de forma que **podrán aplicar el régimen de consolidación en el primer período impositivo que concluya con posterioridad a la escisión realizada**. Tal derecho de subrogación se transmite en el momento en el que tiene efectos la operación de escisión: esto es, en el momento de su inscripción en el registro mercantil, según lo antes apuntado.

Así, las **entidades dependientes del grupo fiscal A que se extingue se integrarán obligatoriamente en el grupo fiscal X1 o en el grupo fiscal X2, según corresponda, con efectos en el período impositivo posterior a la extinción**, tal y como señala el artículo 59.1 de la LIS. La aplicación de dicho régimen requiere que se opte por el mismo y que se comunique dicha opción con anterioridad a la conclusión del primer período impositivo en que el nuevo grupo tribute en este régimen especial (artículo 61 de la LIS). A este respecto, por otra parte, se parte de la base de que las distintas entidades que integraban el grupo fiscal inicial y, posteriormente, los nuevos grupos fiscales reúnen los requisitos para tributar conforme al régimen especial de consolidación fiscal y no existe ninguna causa de exclusión.

A TENER EN CUENTA. La consulta vinculante de la DGT (V0483-25), de 25 de marzo de 2025, analiza a fondo los efectos de la extinción de un grupo fiscal producida en condiciones análogas a las de este supuesto práctico, en relación con las eliminaciones pendientes de incorporar respecto de aquellas entidades que pasarían a formar parte de los nuevos grupos y los criterios para la compensación de las bases imponibles negativas pendientes generadas en períodos impositivos en los que las entidades formaban parte del grupo fiscal inicial. Si se desea profundizar sobre dichos aspectos, recomendamos su lectura.

Caso práctico | Imputación en el IS de dividendos procedentes de filiales en el régimen de transparencia fiscal internacional

PLANTEAMIENTO

La sociedad mercantil T tiene su residencia fiscal en España cuyo capital social y derechos de voto pertenecen íntegramente a una sociedad con residencia fiscal en Reino Unido. En el ámbito del IS se encuentra sujeta al régimen de transparencia fiscal internacional. Su actividad económica principal comprende la gestión y administración de valores representativos de los fondos propios de entidades no residentes en territorio español, para lo cual cuenta con medios materiales y humanos adecuados y suficientes.

Entre las distintas participaciones que ostenta, mantiene desde hace más de un año un 96% de participación en el capital social de la sociedad C con residencia fiscal en Chile que es la matriz de un grupo chileno, cuya principal fuente de rentas proviene de los dividendos distribuidos por sus sociedades filiales, también con residencia fiscal en Chile. El ingreso por dividendos lo destina principalmente al repago de la deuda con terceros.

Tanto la entidad C como sus sociedades tienen derecho a la aplicación de los beneficios contemplados en el convenio para evitar la doble imposición entre España y Chile.

En los años 2023 y 2024, la entidad C ha recibido dividendos procedentes de las sociedades participadas que ha destinado principalmente al repago de la deuda con los acreedores financieros. Estos dividendos disfrutaron de una exención plena en el impuesto sobre sociedades chileno de la entidad C .

La cuestión que se plantea es, ¿estos dividendos deben ser objeto de imputación en el IS de la sociedad mercantil T?

RESPUESTA

Para dar respuesta a esta cuestión partimos del hecho de que la sociedad mercantil T tributa bajo el régimen especial de entidades de tenencia de valores extranjeros (régimen de transparencia fiscal internacional). Este régimen se encuentra regulado en el artículo 100 de la LIS.

Del mentado precepto se concluye que, procederá aplicar el régimen especial de transparencia fiscal internacional, en relación con las rentas obtenidas por la entidad C, que se corresponden con los dividendos distribuidos por sus filiales, siempre y cuando concurran las siguientes circunstancias:

- Conforme al artículo 100.1.a) de la LIS «Que por sí solos o conjuntamente con personas o entidades vinculadas en el sentido del artículo 18 de esta Ley tengan una participación igual o superior al 50 por ciento en el capital, los fondos propios, los resultados o los derechos de voto de una entidad no residente en territorio español, en la fecha del cierre del ejercicio social de esta última». Dado que la entidad T ostenta el 96 % este requisito debe entenderse cumplido.

- Conforme al artículo 100.1.b) de la LIS «Que el importe satisfecho por la entidad no residente en territorio español, imputable a alguna de las clases de rentas previstas en el apartado 2 o 3 de este artículo por razón de gravamen de naturaleza idéntica o análoga a este Impuesto, sea inferior al 75 por ciento del que hubiera correspondido de acuerdo con las normas de aquel (...)». Para determinar si este requisito se cumple en el caso planteado es necesario determinar si las rentas obtenidas se corresponden con alguna de los apartados 2 o 3 del artículo 100 de la LIS y posteriormente si dichas rentas han sido gravadas o no a través de un figura impositiva idéntica o análoga al IS que arroje una carga tributaria inferior al 75 % de la que hubiera correspondido de acuerdo con las normas de la LIS:
  - En este caso nos encontramos ante dividendos percibidos por C, distribuidos por sus filiales por lo que estamos ante el supuesto del artículo 100.3.b) de la LIS.
  - En cuanto a la tributación estas rentas han disfrutado de una exención plena en un impuesto chileno de naturaleza análoga al IS. Teniendo en cuenta que en España conforme al artículo 21 de la LIS estas rentas estarían exentas de tributación por el IS y por tanto la tributación chilena no determina una tributación inferior al 75 % de la que hubiera correspondido en España.

En conclusión, la obtención de dividendos por la entidad C, en 2023 y 2024, procedentes de sus filiales operativas chilenas, siempre y cuando cumplan los requisitos del artículo 21.1 de la LIS, no determinará una tributación inferior al 75 % de la que hubiera correspondido en España, ya que en ambos países goza de exención plena, por lo que no existirá obligación de transparentar las referidas rentas atendiendo a lo dispuesto en el artículo 100 de la LIS.

En este sentido se ha pronunciado la consulta vinculante de la Dirección General de Tributos (V2138-24) de 3 de octubre de 2024.

Caso práctico | En un piso adquirido proindiviso por una entidad dedicada al arrendamiento de vivienda, ¿puede aplicarse la bonificación del 40 % del artículo 49 de la LIS?

PLANTEAMIENTO

Una entidad está acogida al régimen especial de las entidades dedicadas al arrendamiento de vivienda regulado en el capítulo III del título VII de la Ley del Impuesto sobre Sociedades (LIS), cumpliendo los requisitos establecidos para ello, entre ellos, teniendo más de 8 pisos. La entidad adquiere la mitad indivisa de un piso que está arrendado, ¿podrá acogerse a la bonificación del 85 % del artículo 49 de la Ley del Impuesto sobre Sociedades?

RESPUESTA

Sí, Tributos en su consulta vinculante (V2629-16), de 13 de junio de 2016, reconoce esta posibilidad aun cuando el piso se haya adquirido en *proindiviso*, si se cumplen los requisitos del artículo 48 de la LIS.

El capítulo III del título VII de la Ley 27/2014, de 27 de noviembre, del Impuesto sobre Sociedades (LIS), regula el régimen especial de las entidades dedicadas al arrendamiento de vivienda. El artículo 48 de la LIS establece que las sociedades que tengan como actividad económica principal el arrendamiento de viviendas situadas en territorio español que hayan construido, promovido o adquirido pueden acogerse a este régimen especial, siempre que cumplan ciertos requisitos, entre ellos, tener al menos 8 viviendas arrendadas u ofrecidas en arrendamiento en cada período impositivo, y que las viviendas permanezcan arrendadas u ofrecidas en arrendamiento durante al menos 3 años.

Por su parte, el artículo 49 de la LIS contempla una bonificación del 40 % la parte de cuota íntegra que corresponda a las rentas derivadas del arrendamiento de viviendas que cumplan los requisitos del artículo 48 de la LIS.

En el caso planteado, la entidad consultante adquirirá la mitad indivisa de un piso que está arrendado. Según el artículo 392 del Código Civil, hay comunidad cuando la propiedad de una cosa o un derecho pertenece proindiviso a varias personas. Por lo tanto, la entidad consultante es partícipe de una comunidad de bienes.

Las comunidades de bienes no son contribuyentes del Impuesto sobre Sociedades, por lo que no podrán aplicar el régimen especial de las entidades dedicadas al arrendamiento de vivienda, sin perjuicio de su posible aplicación a los comuneros que sean contribuyentes por este Impuesto.

Para acogerse al régimen especial, las sociedades deben tener como actividad económica principal el arrendamiento de viviendas situadas en territorio español que hayan construido, promovido o adquirido, y cumplir con los requisitos del artículo 48 de la LIS. Por tanto, en el caso de que la entidad cumpliese con estos requisitos, **las rentas derivadas del arrendamiento de viviendas de la entidad consultante, incluidas las que le resulten atribuidas por la vivienda de la que adquiere la mitad indivisa, tendrán derecho a la bonificación regulada en el artículo 49 de la LIS.**